日本電産

일본전산 이야기

日本電産
일본전산 이야기

김성호 지음

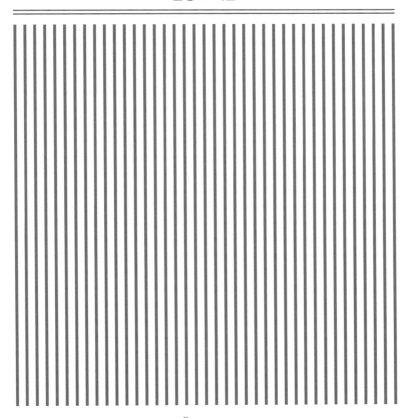

쌤앤
쌤앤파커스

50만 부 돌파
감사의 말

내가 일본전산에 대한 책을 쓰기로 처음 결심했을 때 가슴이 뛰어서 두 손을 불끈 쥐었던 기억이 있다. 당시 나는 다양한 직장 현장에서 변화코칭을 하면서 치열하게 열심히 일하고자 하는 직장인들에게 뜨거운 용기를 선사하는 책을 쓰겠다는 결의가 있었다. 현지에서 취재하면서 난관에 부닥칠 때마다 책을 읽고 '즉시 한다. 반드시 한다. 될 때까지 한다.'의 정신으로 새롭게 각오를 다질 독자들을 생각했다. 나 또한 절대 포기하지 않겠다는 마음을 다지고자 다음의 세 가지를 책의 지향점으로 삼았다.

첫째, '나도 할 수 있다', '우리도 할 수 있다'는 용기를 주는 책

둘째, 본질적이면서도 구체적인 사례로 삶과 일터에 바로 적용할 수 있는 영감을 주는 책

셋째, 무한한 잠재력을 가진 독자들에게 미래를 열 통찰을 주는 책

우리가 실질적이고 구체적인 사례를 공부하는 이유는 예찬론이 목적이 아니다. 시대가 바뀌어도 변하지 않는 본질적 가치를 기본기로 삼아 도전정신을 깨우고 시대를 뛰어넘기 위함이라고 생각한다. 결국 이런 마음이 통했는지 정말 많은 독자들에게 이 책이 오랫동안 사랑받고 있어 감사할 따름이다.

좋은 감정은 좋은 에너지가 된다. 그 대상에 대해 더 많이 생각하게 함으로써 더 많은 아이디어를 만들어서 남들이 생각지도 못한 해법을 탄생시킨다. 성과가 당연하게 따라오고 주체는 성장하게 된다. 우리가 일과 직장을 사랑해야 하는 이유다.

어려운 시기는 항상 찾아오지만, 본질은 언제든 통하게 되어 있다. 이 책을 사랑하는 독자들이 더 많은 영감과 통찰을 얻어 각자의 위치에서 계속 발전할 수 있기를 희망한다.

– 50만 독자에게 감사한 마음을 담아

지은이 김성호

10년 불황을 뛰어넘은
일본전산의 뚝심

정말 강한 기업은 위기에 더욱 강해진다

단군 이래 최대의 불황이라 한다. 뭐든 해보려고 하는데, 시장이 받쳐주질 않는다고들 한다. '노력하면 뭐하냐'는 말이 툭하면 입 밖으로 튀어나온다. 환율이 문제고 경기가 문제고, 구조조정이 코앞이라 의욕이 안 나는 게 문제란다.

경영자도 직원들도 살얼음판을 걷는 심정인 황망한 상황에, 이렇게 일갈을 한 사람이 있다.

"회사 다니기 싫으면 그만둬라! 불황이니 뭐니 지껄일 그 시간에 일을 해라. 주말도 반납하고 일하고자 하는 열의만 있으면, 어떤 회사도 살아날 수 있다. 우리는 남들이 어렵다 할 때 오히려 성장하고 있다. 그만큼 직원들도 더 많이 가져간다. 앓는 소리로는 아무것도 바꿀 수 없다!"

일본 열도를 얼어붙게 한 '10년 장기 불황'에 살아남은, 아니 무려 10배의 성장을 이룬 기업, 일본전산(日本電産, NIDEC)의 사장 나가모리 시게노부(永守重信)가 바로 이 망언(?)의 장본인이다. 일본 전역의 일간지들, 노동조합들이 불같이 일어나서 항의했다. 하지만 그해 회사 실적 평가표 앞에서는 그 누구도 더 이상 입을 열지 못한다.

나가모리 사장은 경영자들에게도 한마디 한다.

"평상시에 직원들에게 일하라고 호통치지 않고, 직원들을 혹독하게 훈련시키고 공부시켜 경쟁력을 갖추게 해주지 않고, 회사 사정이 어려워지면 은근슬쩍 '정리해고' 카드나 내미는, 그런 경영자는 경영자 자격이 없다!"

정말이지 '앗, 뜨거!' 싶은 발언이다.

"어려울 때일수록 '사람'이 움직여야 한다. 여유가 있을 때는 여유 자금을 융통시켜 살아갈 수도 있고, 기회도 많으니 적당히 하면서도 살 수 있다. 하지만 불황에는 그럴 여유가 없다. 사람 놓고 돈 먹기다. 인재는 어려울 때 더욱 힘을 발휘한다. 누가 우리 사람인지도, 어려울 때 비로소 알게 된다. 어렵다고 모두 다 함께 죽을 수는 없는 노릇이다. 누군가는 사람을 움직이고, 그 사람들은 또 자신을 움직여서 회사를 살려야 한다. 스피드가 5할이다. 중노동이라 할 만큼의 노력이 3할이다. 능력은 1할 5푼. 학력은 고작 3푼. 회사 지명도라야 2푼 값어치일 뿐이다. 이것이 불황을 이기고 돈 버는 기업의 전략 안배다."

필자가 일본전산의 성공 사례를 처음 접한 것은, 지금으로부터 꽤 오래전인 1990년대 중반의 일이었다.

소형 초정밀 모터 분야에만 집중해, 세계 최초로 'FDB(유체 베어링)를 적용한 컴퓨터 하드디스크 드라이브(HDD)용 스핀들 모터'를 만들어, 업계에서 선두를 달리고 있다는 내용이었다. 10여 년 전 그렇게 전 세계의 이목을 집중시킨 일본전산은, 지금까지도 세계 최고 자리를 놓치지 않고 있다.

1973년 사장을 포함해 단 네 명의 직원이 시골의 허름한 창고에서 시작한 회사는 현재, 계열사 140개에 직원 13만 명을 거느린 매출 8조 원의 막강한 기업이 되었다. 튼튼한 인프라로 무장한 회사도 아니었고, 문어발식으로 사업 분야를 늘려간 것도 아니다. 오로지 기술력과 끈기 하나로 만들어진 회사라 해도 과언이 아니다.

하나의 기업이 30년 동안 존속만 하는 것조차, 많은 경영 전문가들에 의하면 '쉬운 일'이 아니다. 더더군다나 일본전산은 창업 직후 오일쇼크를 맞았고, 가장 활발히 성장했던 지난 10여 년 동안에는 일본 열도를 침묵시킨 '장기 불황'의 회오리 한가운데에 있었다.

놀라운 것은 일본전산이, 모든 기업들이 움츠리고 살림을 줄여가던 그 10년 장기 불황의 와중에 10배가 넘는 성장을 이뤘다는 사실이다.

2007년에만 해도 일본전산은 20%의 매출 신장을 이뤄냈다. 가전제품, 자동차, 로봇 등 '모터로 작동하는 모든 제품 분야에서 세계 No.1이 된다'는 목표 아래, IBM, 애플, 3M, GE, 노키아, 필립스, 삼성전자, 도시바, BMW, 도요타 등 글로벌 기업들을 상대로 첨단의 전쟁에서 매일같이 승리하고 있는 것이다.

그러나 이 회사의 경영 철학과 방식은 무모하다고 할 만큼 '전근대적(?)'이다. 나가모리 사장은 '남들보다 두 배로 일하라', '주말도 없이 일하라', '신입 사원 주제에 쉴 생각을 하다니', '해결하지 못하면 죽는다고 생각하라'는 말을 아무렇지 않게 내뱉는다. 요즘 같은 파트너십 경영 시대에는 맞아죽을 소리다.

그런 폭군(?) CEO 밑에서 일하는 직원들은 주눅이 들어 있거나 불평에 절어 있거나 자주 이직을 할 것 같은데, 이직률 또한 장기근속 비율이 높은 일본 업계 중에서도 최저 수준이다. 책을 쓰기 위해 필자가 직원들을 인터뷰했을 때, 직원들의 눈빛에 사장에 대한 존경심이 가득한 것을 역력히 느낄 수 있었다. 종종 사장보다도 한 술 더 뜨는 직원들을 만나보면, '이 회사, 좀 수상하다'는 생각이 들 지경이었다.

나가모리 사장은 직업학교 졸업이 학력의 전부인 100% 현업 엔지니어 출신으로, 〈월스트리트저널〉이 뽑은 '가장 존경받는 CEO 30인'에 최초로 선정되기도 했다. 그와 이름을 나란히 한 사람들은 버크셔 해서웨이의 워렌 버핏, 애플의 스티브 잡스 같은 내로라하는 명사들이다. 30개에 가까운 불량 기업을 합병해 재건시킨 주인 공이기도 하며, 세계 석학들이 참석하는 '세계경영자회의'에도 두 번이나 대표 연사로 초청되었다. 유명한 소설가 무라카미 류가 진행하는 한 일본의 공중파 방송에서는 '일본전산의 불황 극복, 기업 재건' 사례를 1년 동안 밀착 취재해 무려 2주 동안이나 방영할 정도로 관심을 보였다. 이쯤 되면, '밀어붙이기식 똥고집 경영'이라고만 하기에는 뭔가 있는 것 같다.

물론 전 세계적으로 '일본전산'만큼 성공을 거둔 기업들은 무수히 많다. 하지만 나가모리 사장의 경우는 '나가모리 류(流)'라고 칭해질 만큼, 독창적이고도 독보적인 경영 노하우로 주목받고 있다. 밑바닥에서 아무것도 없이 시작해, 삼류라고 불리는 평범하다 못해 뒤떨어지는 인재들과 함께, 단기간 내에 엄청난 규모와 기술력의 회사를 만들어냈다는 것이 그 첫째 이유다.

그리고 두 번째 이유는 그들이 이미 대기업이면서도, 오늘 이 순간에도 '세계 1위'라는 타이틀을 추가해나가며 '만년 벤처'로서의 열정을 잃지 않고 있다는 것이다. 그저 '성장'하는 것이 아니라, 빠른 속도로 '진화'하고 있다는 게 일본전산이라는 기업의 특징이다.

그들은 1990년대 하드디스크용 모터 분야에서 세계 1위를 재패

했고, 초정밀 모터 분야에서도 1위에 등극했으며, 현재는 '모든 돌아가고 움직이는 것'에서 1위를 하겠다는 목표로 자동차용 모터 시장에서도 두각을 나타내고 있다. 단언컨대, 세계를 들썩이게 한 IBM의 노트북, 애플의 아이팟은 일본전산의 모터가 없었다면 탄생할 수 없었다.

'일본전산'이 중요한 전환기마다 내세웠던 슬로건은 나가모리 사장의 경영 방식과 일본전산 직원들의 마인드를 대변해준다.

1981년 〈우리의 다짐〉

'타협' 금지

'책임 전가' 금지

'변명' 금지

1983년 〈믿음이 가지 않는 사원의 조건〉

힘들 때 바로 도망가는 사원

자주 몸이 아파 쉬고 지각하며 건강 관리 의식이 없는 사원

쉽게 남의 일처럼 발언하는 평론가 사원

끝맺음이 어설픈 사원

쉽게 '하겠다'고 말하지만 약속을 지키지 못하는 사원

1999년 〈우리의 철학〉

행동에 있어서는 '스피드' – 경쟁 상대보다 두 배 빠르게

생각에 있어서는 '비용 개념' – 낭비하는 습관, 무리라고 말하는 습관, 기복이 있는 일처리 제거

경영에 있어서는 '개성' – 어설프게 남 흉내 내지 않도록

2003년 〈신성장 선언〉

경쟁 상대를 압도하는 스피드 넘치는 업무

이길 때까지 싸우는 집단

신제품 · 신시장 · 신고객, 3신(新) 전략 가일층 추진

얼마 전 한 일간지에서 '대한민국 샐러리맨, 일에 대한 만족도 꼴찌, 흥미도 꼴찌'라는 제호의 기사를 접했다. OECD(경제협력개발기구)의 〈2008년 통계연보〉에서 우리나라는 연평균 근로 시간이 2,357시간으로 회원국 중 1위였다. 또 비슷한 시기에 발표된 스위스국제경영개발원(IMD)의 〈세계경쟁력연감 2008〉에 따르면 한국의 노동 생산성은 조사 대상국 55개국 중 55위인 것으로 나타났다. 근무 시간은 많지만 생산성은 최하위인 것이다.

우리는 근성이나 재주 모두 뛰어난 민족임에 틀림없다. 하지만 '한강의 기적'을 만들었던 그 무언가가 지금 우리 안에 잠시 잠들어 있는 것은 아닐까 생각해본다. 그럴듯한 경영 전략이나 플랜 이전에, 가슴이 저절로 뜨거워져서 '결과가 나오는 일'에 매진하게 하는 불덩이 같은 저력이 말이다.

필자는 수년 전부터 일본전산을 연구하고 분석했으며, 강의할 기회가 있을 때마다 사람들에게 소개했다. 간판 하나 제대로 걸려 있지 않던 지방의 영세업체가 박사급 연구원이 즐비한 대기업을 이길 수 있었던 비결, 창업한 지 15년째 되던 1988년 일본 증권거래소에, 2001년에는 뉴욕 증권거래소에 상장할 수 있었던 비결, 일을 놀이처럼 즐기는 직원들, 이름 없는 지방대학 출신으로 세계 최고 기업의 임원이 된 인재들……. 그때마다, 참석자들의 눈빛이 달라졌다.

'일본전산의 경영 노하우'에 대한 필자의 연구 취재 결과를 한 권의 책으로 소개하게 된 것은 '이 회사라면 지금 흔들리는 우리들에게 무언가 지평을 열 힌트를 줄 수 있다'고 확신했기 때문이다. 분석이라고는 해도, 한 회사의 의욕적인 행보를 저자로서 스케치한 것뿐이다. 거창한 이론적 배경이나 체계적인 설명 따위는 달지 않았다. 이 책은 이성보다는 심장으로 읽어야 할 책에 가깝기 때문이다. 감히 이 책이 경영자에게는 '신념과 각성'을, 구성원들에게는 '열정과 자신감'을 심어줄 수 있기를 바란다.

우리는 이제 이 일본전산이라는, '학력 파괴', '연공서열 파괴', '능력 본위 무한경쟁'이라는 '교토식 경영'의 포문을 연 회사의 경영 비법을 들여다볼 것이다. 그리고 나가모리 시게노부라는 한 독특한 경영자의 머릿속도 들여다볼 것이다. 일본, 나아가 전 세계 굴지의 기업들이 왜 그의 앞에 머리를 조아리는지, 왜 '우리 회사도 좀 살려달라'고 자문을 구하는지, 그 이유도 찾아볼 것이다.

때로는 뻔뻔한, 때로는 저돌적인, '심플', '대담', '명쾌', '섬세'하다는 그의 경영 비결을 알아보는 동안, 심기가 좀 불편해지더라도 참기 바란다. 몸에 좋은 약은 입에 쓰게 마련이라니.

차례

01 위기에 강한 직원이 회사를 살린다!
이익도 성과도, 위기를 헤쳐 나갈 묘안도 '사람'에게 있다

02 채찍을 아끼지 않는 리더가 회사를 살린다!

리더의 열정은 회사와 직원들에게 고스란히 전염된다

03 조직 전체를 휘감은 열정이 회사를 살린다!
열정만큼 뛰어난 동기 부여 에너지는 없다

위기에 강한 직원이
회사를 살린다!

**이익도 성과도, 위기를 헤쳐 나갈 묘안도
'사람'에게 있다**

1

어설픈 정신상태의 일류보다, 하겠다는 삼류가 낫다

일본전산의 '직원 트레이닝' 방법

"일류 기업과 삼류 기업의 차이는 제품의 품질이 아니라 직원들의 질(質)에 달려 있다. 능력은 일류인데 인간성은 삼류라면, 당연히 그 실적은 오(五)류 이하가 되게 마련이다."

오늘날의 거대한 모터 제국을 세운 나가모리 시게노부 사장. 1973년 회사를 설립한 이래, 실로 짧은 기간 안에 만들어진 일본전산은, 일본뿐 아니라 세계 각국의 기업 경영자들이 손꼽는 독창적인 경영의 표본이다.

그가 강연하는 곳을 찾아가보면, 상상을 초월할 만큼 다양한 계

층들을 만날 수 있다. CEO의 꿈을 키우는 젊은 직장인, 인기 배우, 정치인, 학자, 공무원, 학생, 주부에 이르기까지 다양한 사람들로 넘쳐난다.

나가모리 사장은 여간해서 강연을 하지 않는 것으로 유명하다. 그래서인지 정말 듣기 힘든 그의 강연 서두는 이렇게 시작한다. "기업이 어느 정도 성공해서 궤도에 올랐다고, 경영자가 밖으로 나돌기 시작하고 자신의 성과에 대해 자랑하고 잘난 척하면서 '나의 경영 비결' 운운하는 것은 쇠락의 전조다."

그는 '경영자는 곧 회사의 직원과 그 가족들의 생활을 책임지고 있는 가장(家長)'이라고 생각한다. 그러니 한순간도 사업 외의 것에 정신을 빼앗겨서도 안 되고, 그런 여유가 생길 리도 없다고 말한다. 한가하게 골프를 치러 다니는 사장은 낙제점이다. 또 감투에 혹해서 여기저기 불려 다니며 자기 자랑을 늘어놓기 시작하면 집중력이 떨어질 수밖에 없다.

"우리 회사는 학교 성적은 전혀 보지 않고, 면접만으로 직원을 뽑는다. 그렇게 준비나 공부가 안 된 직원들을 뽑아놓으니, 사장인 나뿐 아니라 리더들 모두 직원을 가르치기에 바쁘다. 가르치려면 계속 배워야 하기 때문이다. 그래서 한눈팔 새가 없다. 우리에게는 일이 곧 직업이자 취미이자 소일거리다. 그것이 바로 우리들 삼류 인재들이 모여 일류가 된 비결이다."

그는 기업의 존속 이유 중 가장 중요한 것을 '고용'으로 꼽는다.

직원들이 꿈을 실현하고 그 분야 최고의 전문가로 거듭나도록 이끄는 것이, 기업이 해야 할 가장 중요한 역할이라고 확신하고 있다. 그 다음이 '이윤 추구'다.

물론 이윤을 추구하지 않는 기업은 존재 가치가 없다. 더 많은 사람들을 '고용'하기 위해서라도, 성장하지 않을 수 없다. 그렇다면 성장은 누가 만드느냐? 그것 또한 사람이 만든다. 직원들에게 철저하게 물밑 투자를 해놓으면, 자연스레 그 직원들이 회사의 성과를 만들어준다고 나가모리 사장은 믿는다. 그래서 그는 경영진들과 신년 계획을 짤 때, 직원 행사나 교육 스케줄을 가장 먼저 잡는다. 1년 중 무려 35주 동안 매주 일요일마다 잡혀 있는 두 시간의 'CEO와의 대화'는 온전히 그의 몫이다.

마지막에 웃는 놈이
결국엔 이기게 돼 있다

일본전산은 그리 주목받던 회사가 아니다. 별것 없는 회사, 직원들도 별 볼일 없는 회사가 어떻게 지금의 경쟁력을 갖추게 되었는지, 사람들은 궁금해한다.

지금도 학벌을 보고 사람을 뽑지는 않지만, 설립 당시에는 더더군다나 도시 출신의 최고 명문대를 졸업한 인재들이 교토 외곽에 있는 조그만 회사를 찾아줄 리 만무했다. 그런 열악한 환경에서 어떻게 창의적인 아이디어가 나오고 치열한 업무 성과가 도출됐는지, 모르는 사람 입장에선 고개를 갸웃거릴 수밖에 없다.

뛰어난 경영자의 역량으로 몇 년 정도 성과가 나올 수는 있어도, 지속적으로 효과를 발휘하긴 힘들다. 리더들을 포함한 직원 전체의 노력이 없이 30년에 걸친 지속적인 성장은 불가능한 일이다.

일본전산 직원들을 만나본 거래처 직원들은 '저 사람들, 왠지 어눌한 것 같다'는 인상을 지울 수가 없었다고 한다. 그도 그럴 것이, 번지르르한 외모와 언변으로 무장한 명문대 출신들 입장에선 일본전산 직원들이 촌스럽고 말주변이 없다고 느꼈을지 모른다.

"제품에 대해서 명쾌하게 설명하지도 못하면서, 그저 제품력만큼은 자신 있다고 호언장담을 하니, 저 친구가 바보스러워서 설명을 못하는 건지 아니면 자기 제품에 대한 확신이 너무 강해서 설명할 필요가 없는 건지 의아했습니다. 하지만 돌아와서 제품 성능을 테스트해보면, 정말 그 친구 말대로 품질 하나만은 최고였습니다."

일본전산의 제품을 공급받는 업체 직원의 말이다.

일본전산 직원들에 대한 평가는 한마디로 '똑똑하고 머리가 좋다기보다, 지독하리만큼 우직하고 끈질기다'는 것이다. 직원들은 어느 분야를 지원하든 반드시 처음부터 현장에 투입된다. 신입이든 경력이든 차이를 두지 않는다. 회계나 홍보 담당이라 해도 예외는 없다. 아무것도 모르는 신입 사원들조차, 연구하고 개발하는 실전에 배치

된다. 영업 일선에서 뛰어야 하는 것은 물론이다.

신입 사원들을 실전에 배치해놓으니, 처음엔 우왕좌왕하고 갈팡질팡한다. 하지만 일본전산에는 이런 직원들을 처음부터 강하게 훈련시키는 독특한 모토가 있기에, 이들은 시간은 좀 걸리더라도 결국 누구도 따라올 수 없는 막강한 역량으로 무장하게 된다.

저돌적이지만, 단순 무식해 보이는 이들의 모토는 이것이다.

일본전산의 모토
1. **즉시 한다** (Do it now)
2. **반드시 한다** (Do it without fail)
3. **될 때까지 한다** (Do it until completed)

나가모리 사장은 이렇게 확언한다.

"처음부터 체계가 확고하게 잡힌 대기업에 근무하게 되면 직접 해당 분야 일을 해본 경험이 없더라도, 소위 짬밥 세월이 지나면 이론적으로든 간접 경험을 통해서든 어느 정도는 기술의 원리에 대해 알게 마련이다. 그러니 그런 상대가 익히 알고 있는 이론을 가지고 이러쿵저러쿵 설명해봐야 먹힐 리 없다. 많은 기업들이 사원들에게 '거래처 응대하는 방법'이나 '상대에게 그럴듯하게 보이는 스킬'을 가르치느라 시간을 허비한다. 하지만 그렇게 머리가 잔뜩 커져봐야 결국 자신의 알량한 생각으로 '이건 안 되겠는데', '이건 어떤 책에서도 힘들다고 했고…….' 하는 식으로 지레 포기하는 나쁜 버릇만 들 뿐이다.

우리는 직원들을 영업 내보낼 때 '상대를 말로 설득하라'고 가르치지 않는다. '상대가 뭐라고 하건 모두 들어라, 그리고 빠짐없이 적어라. 그리고 돌아와서 즉시, 그리고 반드시 그 문제를 해결해라. 혼자서 안 되면 둘이서 토론하고, 토론으로 안 되면 밤을 새워 실험해서 반드시 결과를 내라. 고객이 무엇에 불만인지 알면, 그것을 어떻게 해결해 만족을 줄지만 고민하면 된다.' 이것이 우리가 직원을 가르치는 방식이다."

지금은 중견 직원이 된 일본전산 리더들도 처음 신입 사원으로 입사했을 때의 어안이 벙벙했던 경험을 털어놓으며 이렇게 말한다.

"학교 다닐 때는 전혀 관심도 없었던 전문 서적을 보고, 지하철에서도 고민하고, 걸어가면서도 궁리하고, 잠자리에 들면서도 구상하다 보면, 아이디어가 나왔습니다. 그 아이디어를 가지고 실험하면서 실패를 계속했죠. 실패할 때마다 '실패하는 것이 곧 개선하는 것'이라는 말을 선배들로부터 귀가 따갑도록 들었습니다. 그렇게 실패를 거듭하다 보면 어느 순간부터는 우리가 다른 회사 직원들보다 월등히 앞서고 있다는 것을 알고 스스로도 놀라게 됩니다."

일본전산의 철학은 '문제는 해결하기 위해 존재한다'는 것이다.

문제 해결을 향해 가다가 잘 안 되면 적당히 '안 되는 이유에 대한 이론'을 만들어 피해 가고 타협하는 문화는, 일본전산에는 없다. 처음부터 타협점을 찾는 것부터 배우기 시작하면, 그 회사 그 직원은 글러먹게 된다는 게 나가모리 사장의 지론이기도 하다.

"끈질긴 놈이 마지막엔 웃게 돼 있다."
이것이 사내에 불문율처럼 통하는 기업 풍토다.

일본전산에서는 직원 대상 교육 프로그램이 대부분 토요일과 일요일에 배치되어 있다. 특히 교육을 받아야 하는 신입 사원과 사장을 포함해 그 교육의 가장 핵심에 있는 리더들은 열외가 없다. 신입 사원은 업무 자체에도 능숙해지지 않아 밥값을 못하고 있으니, 주중에 교육받겠다는 안일한 태도로는 제대로 된 심지가 만들어질 수 없다는 것이다. 대신 신입 교육 때문에 휴일을 반납한 직원들은 1년 단위로 자율적으로 자신의 휴일을 설계하고 조정할 수 있다.

강한 직원을 만드는
3대 정신

나가모리 사장은 필자와의 인터뷰에서 '일본전산의 최대 강점'에 대해 이렇게 대답해주었다.

"우리를 표현하는 단어를 세 가지 대라면, 그것은 바로 '정열', '열의', '집념'입니다. 세상에 능력이 없는 사람은 없습니다. 또 유별나게 능력이 출중한 사람도 없습니다. 신이 아닌 이상 인간의 능력이란 다 거기서 거깁니다. 문제는 '못할 것'이라는 생각, 관념을 버리는 것입니다. 우리는 무슨 수를 써서라도 해내기로 한 것은 결국 해냅니다. 그래서 강합니다.

똑똑한 사람들은 이론을 들이대면서 못할 이유를 열거합니다. 하지만 우리는 그렇게 이론을 들이댈 시간에 한 번 더 시도하고 백 번 더 실험해서 만들어냅니다. 그것밖에 없습니다."

사실 못할 것 같은 일도 고민하고 궁리하다 보면 풀리고, 하다 보면 해낼 수 있는 법이다. 세상엔 할 수 없는 일보다, 할 수 있는 일이 훨씬 더 많다는 얘기다.

그러나 '할 수 있는 일'을 하기 위해서는 구성원들의 강한 신념이 필요하다. 일에 대한 동기와 가치, 일에 대한 사명감, 일에 대한 성취욕, 일을 통해 궁극의 행복 추구가 가능하다는 믿음 말이다.

일본전산은 첨단의 테크놀로지 업체이지만, 촌스럽다 할 만큼 전근대적인 면도 가지고 있다. 일례로 해결해야 할 과제가 주어졌을 때, 팀 단위나 그룹 단위로 "할 수 있다!"를 외치는 것으로 프로젝트를 시작한다. 회사에 들어가보면 여기저기서 "할 수 있다!", "할 수 있다!"를 복창하는 고함소리가 들린다. '할 수 있다'를 외치는 순간, 할 수 있는 회로가 심어진다는 것이 이들의 믿음이다.

또 일본전산 직원들은 매일 아침 자사의 '3대 정신'을 전 직원이 큰 소리로 복창한다.

• • •　아마 명문대 출신에 학교 성적도 좋고 똑똑해 보이는 신입 직원에게 "자네, 지금부터 자리에서 일어나서 '할 수 있다'는 구호를 100번 외쳐보게." 하고 말하면, 그 친구는 눈치를 슬슬 보다가 화장실엘 좀 다녀오겠다고 하고는 아무 연락 없이 사라질 것이다. '이 회사 이거, 이상한 종교 집단 아니야?' 하고 투덜대거나, 얼굴을 붉히면서 '지금 나를 바보 취급하는 거야, 뭐야?' 하고 화를 낼지도 모른다. 그러나 우리 직원들은 그 구호를 다 같이 천 번이고 만 번이고 외칠 수 있다. 외치는 것으로 반은 이룬 것이나 다름없다면, 창피한 마음 따위는 문제될 게 없다. - 나가모리 시게노부

나가모리 사장은 특정한 자기 강화 의식에 대한 신념이나 철학이 있어도, 그것을 과감히 직원에게 권유하지 못하는 CEO들에게 매우 의미심장한 이야기를 들려주고 있다.

일본전산은 창업주가 아직도 경영자로 있는 날것 그대로의 회사다. 그리고 이들은 창업주가 가진 초심을 전수하고 그것을 전염시키는 아주 강력한 도구로 '구호 복창회'를 선택하고 있다. 거의 몰아(沒我)의 상태가 되어 전 직원이 한목소리로 구호를 복창하는 그들만의 행사는 처음 보는 사람의 입장에서는 마치 '종교 집단의 신들린 이벤트'처럼 보일 수도 있다.

하지만《좋은 기업을 넘어 위대한 기업으로》의 저자 짐 콜린스의 말대로 '위대한 기업'은 조금은 사이비 종교 집단과 같은 면을 가지

고 있게 마련이다. 자기만의 자긍심, 일사불란한 축제와도 같은 열광, 그리고 뭐든 할 수 있다는 자아도취 정신 같은 것 말이다.

아주 규모가 작았을 때부터 그들에게 '구호 복창회'는 서로를 위로하고 힘을 한데 모으는 기회가 됐다. 일본전산은 그렇게 몇 안 되는 직원들과 '할 수 있다'를 큰 소리로 외치는 자못 엉뚱해 보이는 행사를 정말이지 끊임없이 진행했다. 그리고 그 구호를 열정적으로 실천하다 보니 '포기하는 집단'이 아닌 '정말 끝까지 해내는 집단'이 됐다는 말이다.

"우리는 애초부터 삼류라고 평가받았던 사람들입니다. 그러니 처음부터 이길 순 없는 노릇이지요. 하지만 우리는 결심했습니다. '처음엔 질 수 있다, 하지만 마지막엔 기필코 이긴다.' 그리고 그렇게 마지막에 이기는 경험을 직원 모두가 체험하면서, 그 근거 없던 자신감에 자신감이 더 달라붙게 됐습니다. '나는 박사도 아닌데 그런 것을 만들 수 있겠어?' 하는 심리적 나약함을 극복할 수 있었다는 말입니다.

돌이켜 생각해 보면 참 신기한 일입니다. 평소에는 그 위력이 드러나지 않더라도, 급박한 상황이나 위기가 닥쳤을 때 직원들은 대단한 위력을 발휘해주었습니다."

나가모리 사장이 일본전산 직원들의 강점에 대해 소개한 말이다.

"마지못해 기어들어가는 소리로 외칠 거라면 차라리 하지 말라고 합니다. 온몸의 힘을 다 쏟아부은 우레와 같은 목소리로 박력 있게 외칠 수 있어야 합니다. 그래야 최면에 걸리고 동력도 생깁니다. 우리 직원들 지능지수의 합은 일류 기업에 뒤질지도 모릅니다. 하지만 에너지의 합만큼은 수백, 수천 배라고 자랑할 만하지요."

일본전산이 직원들에게 강조하는 실천 강령은 '하드워킹(Hard-Working)'이다. 하지만 이것은 무조건 오랫동안, 밤새워 일하는 '엉덩이로 일하기'식의 하드워킹이 아니다. 거기에 하나의 단어가 더 붙는다.

그것은 바로 '지적인(Intellectual)'이라는 말이다. 그들이 지향하는 실행 모토는 '지적 하드워킹'이다. 즉 '얼마나 오랫동안 일을 했느냐?', '얼마나 많은 사람들이 그 일에 매달렸느냐?' 하는 산술적 수치가 아니라, 반드시 만족스러운 결과를 도출하는 '지적 노동'을 중요하게 생각한다는 것이다. 그것이 가능하려면 머뭇거림이 없어야 한다.

'실패하면 어떡하지?', '하다가 안 되면 내 체면이 말이 아닌데.', '괜히 하겠다고 했다가 실패하면 고과만 깎이게 돼 있어.' 등등의 사고방식이 그들에겐 없다. 그리고 그런 지적 하드워킹을 가능하게 하는 정신적 자극요법이 바로 '구호 복창회'다.

나가모리 사장은 지금도 전 직원들과 함께 대열에 서서 똑같이 큰 소리로 구호를 외치는 자리에 빠지는 법이 없다. 그들이 석·박사들이 즐비한 쟁쟁한 경쟁사들을 이길 수 있는 토대가 바로 거기에서 나온다고 믿기 때문이다.

영업 일선에서 일하는 사람들은 구호를 복창하는 데 익숙하다. 하지만 왠지 지식 산업이나 연구 개발에 종사하는 사람들은 그런 일에 시니컬하다. 하지만 구호는 심리전에서 게을러지기 쉬운 자기 자신을 이기는 아주 효과적인 처세술이라고도 할 수 있다.

일을 하건 개인적으로 목표를 세우건, 머릿속으로 결심을 하기는 어렵지 않다. 문제는 현실화를 향해 한발 내딛는 그 순간이다. 그 순간에 머뭇거리느냐 과감하게 돌파하느냐에 따라, 일과 인생의 향배는 달라진다. 그리고 그렇게 첫걸음을 딛는 상징적 행위가 바로 '구호'다. 물론 매일 구호를 외치고 그것으로 끝나게 된다면 또 다른 자기최면 효과에 불과할 것이다. 하지만 우선 남들이 하지 않는 것, 부끄럽거나 멋쩍다고 꺼리는 것을 하는 것만으로도 반은 시작한 셈이다.

일본전산을 강하게 만든 '3대 정신'

"할 수 있다!"

- 핵심 가치 : 정열, 열의, 집념
- 행동 강령 : 지적 하드워킹
- 행동 지침 : 즉시 한다, 반드시 한다, 될 때까지 한다

너 같은 괴짜는
회사에 필요 없어!

"일본전산은 보통 사람들이 생각하는 업무 능력과 전혀 차원이 다른, 정말이지 지독하다 할 정도의 역량을 직원들에게 요구합니다. 사실 대학에서 회계학을 전공했고 그런 공부밖에 한 적이 없으니 회사엘 들어가도 당연히 그 일밖에 할 수 없다고 생각한 적도 있었습니다. 그게 특별히 무능력한 것이라고 생각하지도 않았고요. 하지만 이 회사엘 들어오고 나니 그게 정말 대단한 착각이었다는 것을 알 수 있었습니다. 다른 회사에 다니는 친구들과 비교해보면, 지금의 저는 정말 달라졌습니다. 이 회사가 아니었다면 절대로 배울 수 없는 경지를 남들보다 수십 배는 빨리 배운 셈이지요."

영업부 5년 차인 여직원 다기 씨의 말이다.

나가모리 사장은 원래 전자 회사에서 6년 정도 직장 생활을 하던 직장인이었다. 기술전문대학을 나와 대기업에 속한 전자 회사에서 3년 정도 경력을 쌓은 후, 그는 나름대로 뜻한 바가 있어 1969년 고향 교토에 있는 S사로 이직했다. 직원 500명 정도의 규모인 그곳에서는 자신이 하고 싶은 바대로 날개를 펼 수 있으리라는 계산이었다.

단시간 내에 회사로부터 실력을 인정받은 그는, 입사한 지 얼마 되지 않아 새로 설립된 모터 사업부를 총괄하게 되었다. 하지만 도전적이면서도 물불을 가리지 않는 그의 모습이 상사들 입장에선 눈엣

가시처럼 성가셨다. '가만히 있으면 중간은 가는 상황'인데, 괜히 일을 벌여서 윗사람을 괴롭히는 돌출행동의 대가(大家)였기 때문이다.

　나가모리는 입사하자마자 이전 회사에서 함께 개발 업무를 하던 똘똘한 친구 몇 명을 불러들였다. 그들과 함께 거의 밤을 새우다시피 개발에 몰두한 결과, 모터 사업부는 신상품 모터를 개발하는 데 성공했고, 발이 부르트도록 거래처를 돌며 납품도 확보했다. 그런데 그렇게 사업부를 안정 궤도에 올려놓자, 업적을 시기한 상사들의 요구 사항이 시작됐다. '독보적인 상품을 개발해두었으니 원자재 값이 올랐다는 핑계를 대고 납품가를 올려 마진을 더 높이자'는 것이었다.

　비즈니스에도 '상도(商道)'가 있는 것인데, 계약한 지 채 몇 개월도 되지 않은 시점에서 일방적으로 값을 올리다니, 받아들일 수 없는 지시였다. 그는 S사의 근본적인 경영 방침이나 영업 철학이 자신과는 맞지 않다는 것을 절감했다. 그가 S사에 있을 때, 상사들로부터 귀가 따갑도록 들은 얘기는 '타협', '복종', '포기'와 같은 것이었다.

　"자네 근성은 대단하네. 실험 정신을 가지고 기술 개발에 매진하는 것도 좋아. 하지만 윗사람 비위도 좀 맞출 줄 알아야지. 직장이란 게 능력만 가지고 다닐 수 있는 게 아니지 않나? 좋은 게 좋은 거라고, 제발 상사들과 불화만은 일으키지 말아주게!"

　심지어 S사의 사장조차 그를 불러 이렇게 타이를 정도였다.

마침, 전에 일하던 기업에서 받았던 스톡옵션 주가가 올라 목돈을 쥐게 된 나가모리는 그 길로 미련 없이 사직서를 제출했다. '35세에 창업한다'는 것이 애초의 목적이었지만, 자신의 철학과 맞지 않는 곳에서 피 같은 청춘을 낭비할 생각은 없었다. 특히 그를 괴롭힌 것은 '고민하는 것 자체를 원천 봉쇄하는' 나른한 기업 문화였다.

　'고민하면 문제는 풀리고 일은 해결되게 마련이다. 그런데 왜 사람들은 고민거리를 붙들고 늘어지지 않는가?'
　그런 의욕을 내비칠 때마다, 그가 직장 선배라는 사람들에게 들었던 얘기는 한결같았다.
　"그건 기업 물정을 모르는 어리석은 생각에 불과하다."
　"날고 기는 일류 인재에, 시설과 환경도 우리보다 몇 배나 좋은 곳과 싸워 이긴다는 건 불가능하다."
　"아무리 시간을 투자한다 해도 안 되는 일은 안 된다."
　그는 그런 표현을 들을 때마다, 그리고 조직 전체에 그런 식의 사고방식이 마취제처럼 녹아드는 것을 볼 때마다 부아가 치밀었다. 나가모리는 '시간만 들이면 엄청나게 많은 일들이 가능해진다'는 자신의 확신을 '실험'하기 위해 과감히 창업의 길에 나선 것이다.
　처음 창업을 하면서부터 그는 일본 시장뿐 아니라 세계 시장을 염두에 두었다. 첫 회사에서 일할 때 IBM과 기술 제휴를 맺으며 글로벌 경영을 하는 모습을 지켜본 적이 있어, 생각보다 해외 진출이 그리 어렵지 않다는 것을 잘 알고 있었기 때문이다.

"남들이 두 손 들고 떠날 때까지, 끝까지 버티면 못 해낼 것도 없다. 모두가 포기하게 된다면, 우리밖에 남는 사람이 없게 될 것 아닌가? 그게 바로 '부전승(不戰勝)'이다."

그러나 막상 창업을 하고 나자, 상황은 만만하지 않았다. 우선 일본전산이 처음 부딪힌 것은 '사람 문제'였다.

기존의 방식으론
인재를 뽑을 수 없다

회사를 창업한 후 그는 S사에서 같이 호흡을 맞춘 창업 멤버 세 명과 하루 16시간씩 일을 했다. 나가모리 사장을 포함한 창업 멤버들의 믿음은 한결같았다. 서너 명밖에 되지 않는 인원, 보잘것없는 자본금, 기존의 실력 차이를 극복할 수 있는 방법은 단 하나밖엔 없었다.

그것은 바로 '끝까지 고민해 풀어가는 버릇', '새로운 방법을 찾아가는 버릇'이다. 실력 차이는 결국 문제를 해결하는 버릇, 즉 '문제 해결 습관'에서 나온다는 발상이었다.

비즈니스 정글에서 애초에 승패나 승률의 차이는 크지 않다. 하지만 처음의 아주 작은 차이를 만들어내고, 결국 점점 더 큰 갭을 만들어내는 것이 바로 문제 해결 습관이다. 그것은 천성도 아니고 특별한 능력도 아니다. 문제를 만날 때마다 무슨 수가 있어도 그것을 꼭 해결하고 마는 습관을 몸에 '주입'하면 된다.

나가모리 사장은 짧게나마 직장 생활을 하면서 '안일한 사고방식'들과 자주 대립했다. 수차례 새로운 제안을 해도 '안 될 것'이라 지레 무시하고, 문제에 부딪히면 몇 번 해보다가 포기한다. 애초에 시작할 때부터 '안 되면 말지.' 하는 태도로 접근하니 안 되는 건 당연지사다. 그는 뻔히 기회가 보이는데도 기존의 방식만 고집하며 새로운 시도를 하지 않으려는 그런 태도에, 환멸감을 느꼈다.

그래서인지 그와 창업 멤버들은 일을 시작하면서, "세상의 모든 문제에는 반드시 해결책이 존재한다."는 말을 입버릇처럼 해왔다. 지금까지 일본전산은 '해결하지 못한 문제'나 '만들어내지 못한 제품'이 없다고 단언한다. 조금이라도 '안 될 것 같다'는 뉘앙스의 말을 하는 직원이 있으면, "그렇게 안 된다고 설명할 시간에 차라리 새로운 방법을 찾아라. 끝까지 해보아서 안 되었다면 인정하겠다. 하지만 해보지도 않고 안 된다는 말을 하는 건 용납할 수 없다." 하고 호통을 친다.

된다고 생각해도 넘어야 할 산이 많은데, 안 된다고 말하는 구차한 변명 따위를 듣느라 시간 낭비 할 수는 없다는 것이다. 나가모리 사장은 '끝까지 밤새워 방법을 찾아보는 사람들이 성공할 수 있도록 돕는 것'이 일본전산의 창립 취지라고 강조한다.

한마디로 '어정쩡하게 살지 말라'는 것이다.

이런 기업 문화의 정착에는 나가모리 사장의 리더십도 한몫을 했지만, 전 직원의 열정과 헌신이 필수적이었다. 교토 외곽 지역의 농촌에서 작은 규모로 출발한 영세 업체 입장에선 직원 채용조차 녹록지 않았다. 하지만 결국 그들은 '인재 양성 시스템'을 구축하는 데 성공했다.

초창기에는 '전원 영업·전원 개발'이라는 올라운드 플레이어 정신으로 밤에는 개발을 하고 낮에는 거래처를 만나러 뛰어다니며, 몸이 열 개라도 모자랄 정도로 모든 직원이 혼신의 힘을 다했다. 하지만 어느 순간부턴가 열 명도 안 되는 직원들만으로는 쏟아지는 주문을 소화해낼 수 없게 됐다.

그런 영세한 회사에, 처우 좋은 기업을 선호하는 일류 인재들이 올 리 없었다. 하지만 처음부터 제대로 된 공개 채용을 해보고 싶었다. 어딘가에는 '꿈으로 중무장한 인재', '당장의 처우보다는 미래를 중요시하는 인재'가 자신들의 러브콜을 기다리고 있으리라 믿었다. 결국 교토 인근 대학의 졸업 예정자들을 대상으로 대대적인 채용 공고를 단행했다.

1975년 가을, 일본전산은 첫 공채를 시작했다. 수천 장의 포스터를 대학에 배포하고, 널찍한 은행 지점을 빌려 '취업 설명회 겸 면접' 장소로 꾸몄다. 깨끗하고 모던한 은행은 일본전산의 미래 비전을 설명하고 열정을 전달하기에 안성맞춤의 공간이라 생각했다.

면접일은 하루 앞으로 다가왔다.

"과연 몇 명이나 올까?"

불경기인데다 취업난도 심한 만큼, 아무리 알려지지 않은 회사라 해도 스무 명은 오지 않겠냐는 판단이 들었다. 교토에서 제일 유명한 최고급 식당에 초밥 20인분을 주문해 준비했다. 그리고 열 명의 직원들이 깔끔한 정장을 차려입고 면접장 안팎에 포진했다.

예정됐던 설명회 시간인 11시가 지나고, 12시, 1시가 지나고, 2시가 다 돼갔지만 개미 한 마리 보이지 않았다. 결국 나가모리 사장은 직원들에게 설명회 종료를 알렸다.

"초밥 다 상하겠다. 다들 이거나 먹고 끝내자."

결국 제1회 취업 설명회는 직원 회식 자리가 되고 말았다. 그것이 현실이었다.

의욕에 가득 차 준비했던 행사가 무산돼 낙담하긴 했지만 포기할 수는 없었다.

연말에 다시 설명회를 열었다. 결과는 마찬가지였다. 새해가 된 후, 1월에 또다시 설명회를 열었지만 역시나 아무도 오지 않았다. 결국 다른 기업들이 공채를 거의 마칠 무렵인 2월이 돼서야, 참석자가 '있는' 설명회를 열 수 있었다. 대여섯 명의 졸업 예정자들이 설명회장을 찾아온 것이다. 하지만 한눈에 보기에도 '어느 기업도 뽑지 않게 생긴' 친구들이었다.

'앞서 어디 어디 면접을 봤느냐'고 물었더니, A사, B사, C사……, 인근에 알려진 기업들 이름이 모조리 나왔다. 결국 가는 곳마다 고배를 마시고 여기까지 밀려온 것이다. 한두 군데도 아니고 수십 군데씩 면접을 보고서도 모두 낙방한 '한심한 친구들'이었다. 취업난이 심하다곤 해도 지방 기업들은 여전히 인력난에 시달리던 터라, 어지간했다면 뽑혔을 것이다.

학벌이나 성적도 평균 이하였다. A나 B학점은 찾아보기 힘들고, C학점마저도 드문드문 보일 뿐이었다. '전기공학'을 전공했다기에 '플레밍의 오른손 법칙'을 아느냐고 물었더니 모르겠다고 할 정도였다. '전기공학과를 졸업하고도 플레밍의 오른손 법칙도 모르는 놈을 채용해서 앞으로 같이 일을 해나갈 수 있을까, 정말이지 눈앞이 캄캄했다.' 나가모리 사장의 회고담이다.

기대와는 정반대의 취업 설명회였다. 대학 나온, 배울 만큼 배운 인재를 채용해보겠다는 기대를 가지고 설명회를 열었더니 찌꺼기들만 모였다. 솔직히 말하자면 찌꺼기 중에서도 상(上)찌꺼기들이었다.

그런 일을 겪고나자 나가모리 사장은 고민에 빠졌다. 그 모습을 보고 장인어른이 이유를 캐물었다. 나가모리 사장은 '다들 불황이라 하고, 대기업들조차 현상 유지도 하기 힘들다고 아우성인데, 막상 사람을 뽑으려고 하니 오지 않는다'고 하소연했다.

그때 장인어른이 황금 같은 조언을 건넸다.

"자네 회사는 아직 그럴 걸세. 지방에 있는 회사인데다가 아직 규모도 작은데, 자네가 기대하는 똑똑한 직원이 올 거라고 생각하면 착각이야. 우선 기본기가 있는 사람을 뽑게나. 가르쳐서라도 써야 할 것 아닌가? 내가 오랫동안 군 생활을 하면서 기본이 있는 사람에 대해서는 좀 알지. 머리가 기발하게 좋진 않아도 '일처리를 똑 부러지게 하는' 사람은 따로 있네. 밥 먹는 게 빠르고, 용변 보는 게 빠르고, 씻는 게 빠른 놈이야."

나가모리 사장은 그 말을 듣고 무릎을 쳤다. 그리고 여러 명의 삼류들 중에서 옥석을 가려내는 방법을 터득하기 시작했다. 결국 고민 끝에 일본전산은 '상상을 초월한 입사 시험'을 치르게 됐다. 실로 파격적인 시험이었다.

'무엇이든 할 수 있다'는 정신상태만 본다

궁여지책이 낳은 '채용 시험'

"하루 연습을 하지 않으면 나 자신이 압니다.

이틀을 연습하지 않으면 동료들이 알지요.

사흘 동안 연습을 하지 않으면 청중 모두가 압니다."

세계적으로 유명한 피아니스트의 말이다.

꾸준히 무언가를 갈고 닦으며, 어딘가를 향해 그 목표치를 완수해본 경험이 있는 사람이라면 누구라도 이 말에 공감할 것이다. 어느 수준에 한 번 도달했다고 해서, 늘 그 수준을 유지할 수 있다는 생각은 망상이다. '현상 유지!' 이 생각을 품는 순간,

내리막길이 시작된다.

반대의 이야기도 성립한다. 제아무리 평범한 능력을 타고난 범부라 하더라도, 한 분야를 철저하게 파고들어 남들보다 더 열심히 그리고 부지런히 공략한다면, 반드시 성공할 수 있다.

되지도 않을 허황된 일에 매달리라는 뜻이 아니다. 먼 허공 위에 번듯하게 지어진 남의 집을 부러워하지 말고, 내가 오늘 할 수 있는 '작은 기둥 세우기'에 몰두한다면, 성공의 길에 더 가까이 다가갈 수 있다는 말이다. 그리고 무엇보다 그런 인생 쪽이 더 달콤하고 행복하다.

세상을 살다 보면 소위 달인들을 만나게 된다. 한 분야의 달인이 된다는 것은 그 사람이 맡은 '직업'이나 '업무'를 뛰어넘어, 인생 예술이라는 화려한 무대에서 공연할 자격이 주어지는 것과 같다. 일개 하청업체에서 시작해 세계 굴지의 글로벌 기업으로 변신한 '일본전산'에는 그런 달인들이 수없이 많다.

하지만 그들 역시 처음부터 달인은 아니었다. 학교에서는 공부 못한다고 손가락질 받고, 번듯한 기업들은 뽑아주지도 않던 범부 중의 범부였다. 그들의 '될성부른 싹'을 알아본 것은 일본전산이 유일했다.

한큐철도(阪急電鐵)의 설립자 고바야시 이치조(小林一三)는 이런 말을 한 적이 있다.

"신발을 정리하는 일을 맡았다면, 신발 정리를 세계에서 제일 잘할 수 있는 사람이 되어라. 그렇게 된다면 누구도 당신을 신발 정리만 하는 심부름꾼으로 놔두지 않을 것이다."

집요한 근성을 이야기하고 있는 것 같지만 사실 여기엔 깊은 뜻이 담겨 있다. 실로 하찮은 일일지라도 철저하게 파고들면 언젠가 도사의 경지에 도달한다. 그리고 작고 하찮은 일과 크고 위대한 성취는 동전의 양면처럼 연결돼 있다. 궂은일이라도 그것에 통달하면 그때부터는 궂은일만 하는 머슴의 세계가 아니라, 창공을 붕붕 날아다니는 도사의 세계가 열린다.

일본전산이 고육지책으로 실시했던 입사 시험 얘기를 하려다 서론이 길어지고 말았다. 그들의 입사 시험 내용을 읽다 보면 피식 웃음이 나올지도 모른다. '뭐 이런 우스운 걸 자랑거리라고……' 하는 생각도 들지 모른다. 하지만 나가모리 사장은 비즈니스 정글에서 최고가 되기 위한 자질을 '열정', '자신감', '스피드'로 꼽았다. 그것을 확인하기 위한 방법은 몇 가지 없었다. 학력도, 이력도 비교 기준이 되지 못하는 범부들 중에서 옥석을 가려내기 위해선, 그런 방법밖에 없었을 것이라는 공감도 든다. 여하간 이렇듯 우스꽝스러운 입사 시험을 통해 뽑힌 직원들은 결국, 일본전산을 최고의 회사로 만든 임직원들로 성장했다.

골 때리는
입사 시험

공채 첫해의 취업 설명회에서 큰 교훈을 얻은 일본전산은, 1976년에 신입 직원을 뽑으면서는 아예 이력서를 보지도 않았다. 이력서는 기본 인적 사항을 확인하는 용도였고, 면접에선 기초 소양 정도만 확인했다. 글자를 읽고 쓰고, 말을 알아듣고, 자기 의견을 표현할 줄 아는 정도면, 면접은 무조건 통과였다. 대신, 요즘에 기업들이 많이 하는 압박 면접이나 현장 면접, 노래방 면접처럼 '일본전산만이 할 수 있는 시험 과목'을 새로 만들었다.

첫해에 그들이 시도한 것은 '큰 소리로 말하기' 시험이었다. 나가모리 사장이 자신의 첫 직장 동기들을 떠올려 봤더니, 대체적으로 '목소리가 큰 사람이 일도 잘 한다'는 결론이 도출된 것이다. 목소리가 크다는 것은 대부분의 경우 '자기 실력에 자신이 있고, 최선을 다해 노력한다'는 방증이다. 하다못해 상사에게 보고를 할 때도, 일처리를 제대로 한 사람은 목소리가 자신만만하고 큼직하게 마련이다. 반면, 꼬투리라도 잡힐까 지레 겁을 먹은 사람은 목소리가 기어들어간다.

'큰 소리로 말하기' 시험이라 해도, 목소리의 데시벨을 재는 그런 시험은 아니었다. 먼저, 한 문장을 준비해두고 지원자들에게 순서대로 읽게 한다. 물론 '큰 소리로 읽어야 한다'는 요구 사항은 알려주지 않은 상태다.

"이번에 일본전산 신입 사원으로 입사하게 된 아무개입니다. 앞으로 잘 부탁드리겠습니다."

이런 문장을 일어서서 읽게 한다. 우선 면접장의 면접관을 향해 읽게 하고, 책상 앞에 놓인 수화기를 들고 회사 내 다른 부서로 전화를 걸어 말하게 한다. 전화를 걸어 자기 소개를 하고 상대방이 놀라거나 당황하지 않도록 말하고자 하는 바를 전달하려면, 명료하면서도 예의 바른 태도가 기본이다.

단 두 문장밖에 되지 않지만, 면접관들의 날카로운 눈에는 그 사람이 그간 자라왔던 배경, 특유의 습관, 말버릇 등등이 걸려들게 마련이다. 무엇보다 가장 중요한 것은 '자신감 있는 큰 목소리'로 말하느냐 하는 것이다.

대부분 큰 소리로 자기 표현을 할 줄 알고, 상대방이 당황하지 않도록 배려하며 말하는 경우는 요즘 흔히 말하는 설탕사원(가정에서 지나치게 간섭받으며 자라거나, 과보호되어서 직장 생활에 적응하지 못하는 젊은 직원) 중엔 찾아보기 힘들다. 아주 간단한 것이지만, 특히 전화하는 태도를 테스트해보면 그 사람의 많은 점을 알 수 있다.

'큰 소리로 말할 수 있는 사람은 자신감이 있을 뿐만 아니라, 실수했을 때 반성도 빠르다. 그것은 곧 진보할 수 있는 가능성으로 표출된다.'

이것이 나가모리 사장의 지론이다.

긍정적 태도를 점검하는
'밥 빨리 먹기' 시험

두 번째로 일본전산이 실행했던 입사 시험은 '밥 빨리 먹기' 시험이었다.

이 시험은 1978년도 입사 전형에서 채택됐다. '응시자에게는 점심 식사를 제공한다'고 했더니, 이전에는 상상도 할 수 없었던 160명이나 되는 지원자가 몰려들었다. 물론 일본전산이라는 기업이 주변에 꽤 알려진 덕택이었을 것이다. 서류와 구두 면접을 통해 반 정도를 거른 후, 점심 식사가 준비된 장소로 안내했다.

준비된 도시락은 음식점에 미리 특별히 주문한 것이었다. 뚜껑을 열어본 응시자들은 코웃음을 쳤다. 밥은 거의 '돌처럼 단단하다'고 표현해야 할 정도로 설익은 데다, 반찬은 말린 오징어, 멸치 볶음, 콩자반 같은 씹기 고약한 것들뿐이었다.

당연히 응시자들은 미간을 찡그렸다. '그래도 호기 있게 구인 광고까지 낸 회사가 돈 좀 아껴보겠다고 이따위 부실한 음식을 준비하다니…….' 실망이라는 표정이 역력했다. 당연히 응시자 대부분은 깨작깨작 먹는 둥 마는 둥 하거나, 무엇을 어떻게 먹어야 할지 몰라 망연자실했다.

일본전산은 이 '밥 빨리 먹기 시험'을 치르기 전에, 전 직원을 대상으로 모의 실험을 한 적이 있었다. 통상 10분 정도가 걸렸다. 그래서 합격선을 10분 정도로 잡고, 가장 빨리 먹은 순서대로 서른세 명을 무조건 합격시켰다. 제일 빨리 밥을 먹어치운 사람의 기록이 3분을 약간 넘었고, 제일 늦은 사람은 식사가 시작된 지 40분 정도 후에야 식당을 나섰다.

점심 식사를 마친 응시자들이 "본 시험 장소가 어디냐?"고 물어왔다. 담당관이 "시험이 끝났다"고 하니, 멍한 표정으로 그대로 한참을 서 있는 응시자도 많았다고 한다. 한마디로 어이가 없다는 것이다. 개중에는 "밥을 빨리 먹는 순서대로 채용을 하다니 말도 안 된다! 사람을 바보 취급해도 분수가 있지, 뭐 이런 회사가 다 있냐?" 하고 화를 내며 시험장을 떠난 응시자도 있었다.

상상해보면 실로 가관이다. 아무것도 필요 없이 그저 밥을 빨리 먹은 순서대로라니. 어떤 응시자는 도시락에 손도 안 대고 인상만 쓰고 있고, 어떤 사람은 반찬은 건너뛰고 밥만 먹기도 했다. 그러나 결국 재미있다는 표정, 활기찬 표정으로 호기 있게 먹어치운 사람이 '최고'라고 판단한 것이다. 눈치나 보고 시간만 끌고 있는 친구들은 자신감도 없게 마련이고, 일을 시켜도 시원찮다는 결론이다. 고민할 것도 없이 빨리 먹는 순서대로 합격자를 선정했다.

이 입사 전형과 관련해서 일본전산은 당시 지역 신문의 기사를 통해 대대적인 빈축을 샀다. 누가 봐도 당연히 놀림감이 될 만한 일이었다. 성적은 전혀 보지도 않고, 전공 공부에 대해 제대로 물어보지도 않았다. 당연히 기대했던 질의응답이 없었으니, 여러 예상 질문에 대한 답변을 준비해갔던 응시자들은 허탈했을 것이다. 일반인들이 봤을 땐 참으로 요상한 회사가 아닐 수 없다.

도시락을 10분 이내에 먹은 서른세 명을 무조건 합격시켰으니, 합격한 사람들도 당연히 깜짝 놀랐다. 합격자 중엔 대학에서 2~3년씩 유급당한 학생들도 몇 명 있었지만, 지금은 모두들 회사의 간부로 성장했다.

"밥 빨리 먹기 시험을 도입한 이유는 간단했다. '밥을 빨리 먹는 사람은 일하는 것도 빠르다'는 판단에서였다. 그런 유형은 대부분 결단력이 빠르고, 동작이 빠르며, 일하는 속도도 빠르다. 더불어 위가 튼튼해서 소화도 잘 시킨다. 건강한 신체를 포함해, 갖춰야 할 기본기는 다 갖춘 사람들인 것이다."

나가모리 사장은 이제까지 치른 시험 중에서 가장 획기적이고 성공적이었던 것이 바로 이 '밥 빨리 먹기 시험'이라고 자신 있게 말한다.

프로세스를 엿보는 '화장실 청소' 시험

세 번째로 그들이 시행했던 시험은 '변소 청소'였다.

창업한 지 몇 년이 되지 않은 1975년부터, 일본전산에는 신입 사원이 들어오면 무조건 1년 동안 화장실 청소를 하는 것이 관행처럼 내려오고 있다. 그렇게 1년 정도 직접 자기 손으로 화장실 청소를 해보면, 일단 화장실을 더럽게 쓰지 않게 된다. 그것이 일상으로 이어지면 자신이 일하는 현장, 즉 사무실이나 공장에서도 정리 정돈이 습관화되고 집기와 장비를 소중히 여기는 문화가 정착된다.

일본전산에서는 '청소'를 모든 일의 기본이라고 생각한다. 청소를 못하는 사람은 제아무리 잘났어도 큰일을 제대로 처리할 수 없다는 뜻이다.

그래서 평일 아침에도 조례를 하기 전까지, 전 임직원들이 모두 모여 청소를 하는 경우가 많다. 다른 회사들이라면 청소 같은 허드렛일쯤이야 용역업체에 맡기겠지만, 일본전산의 생각은 좀 다르다. 밑바닥 일을 제대로 할 수 있어야 '모든 일'을 잘할 수 있다는 것이다. 밑바닥 일을 제대로 경험하지 못하면, 나중에 관리자로 성장했을 때 직원들을 제대로 통솔하기 어렵고, 부하 직원들을 이해하기도 어렵다는 것이 이들의 지론이다.

그래서 아예 입사 시험을 '변소 청소'로 치른 것이다. 그야말로 빈축을 살 만한 일이었다. 실제 응시자 중에는 심한 모욕감을 표현하며, 화를 내고 집으로 돌아가는 사람들도 있었다. '변소 청소나 하는 저급 인력 취급하다니 참을 수가 없다'는 것이다.

하지만 그들이 이 시험을 치른 데는 다 이유가 있었다. 겉과 속이 일치하는 순수한 사람, 한 치의 불량도 용납하지 않는 꼼꼼한 사람을 뽑기 위한 것이었다. 나가모리 사장은 말한다.

"화장실 청소를 하는 걸 보면, 그 사람의 겉과 속을 그대로 들여

다볼 수 있습니다. 우리 회사가 꼽는 좋은 인재란 명문 대학을 졸업한 사람이나 성적이 우수한 사람, 혹은 일류 기업 경력자가 아닙니다. '마음속에 불씨를 가지고 있어서, 언제든 그것을 점화할 수 있는 사람'입니다. 그런 불씨를 가진 사람이라면 화장실 청소처럼 남들이 싫어하는 일도 서슴없이 할 수 있어야 합니다."

어찌 보면 상식을 파괴한 시험이지만, 직원 채용이나 교육 방법을 두고 고뇌하는 많은 사람들을 공감하게 하는 바다. 경영자의 능력이란 결국 사람이나 사물의 표리를 꿰뚫어볼 수 있는 혜안이다. 그런 면에서 이들의 경험담은 많은 이들에게 영감을 준다.

일본전산이 이렇게까지 밑바닥 일을 철저하게 체험하게 하는 것은 '일을 통해 제대로 자신의 꿈을 키울 줄 아는' 직원을 양성하기 위해서다. 우선, 공장이나 사무실을 청소하거나 하는 단순 반복적인 일을 제대로 수련하지 않으면, 매일 반복적으로 그런 일을 해야 하는 사람들의 심정을 헤아리지 못하게 되고 만다. 그리고 무엇보다 그 어떤 뛰어난 전략을 세우는 데도 꼭 필요한 '끈기'와 '집요함', '인내력' 같은 것이 생길 리 만무하다.

아무리 훌륭한 대학에서 제대로 공부했다 해도 밑바닥 경험을 제대로 하지 않고서는 한 직장에서 오래 견뎌낼 수 없을뿐더러, 나중에 아랫사람을 제대로 부릴 수도 없다. 그리고 제대로 성장할 수 있도록 아랫사람을 키울 힘도 없다. 그러므로 화장실 청소 입사 시험은 끝까지 책임지고 다른 사람 손이 안 가도록 일처리 하는 버릇을 확인함과 동시에, 그런 것이 중요하다는 기업 문화를 처음부터 강하게 인식시킨 계기가 됐다.

컴퓨터실을 청소한다고 예를 들어보자.

보통 직원들에게 청소를 시키면 바닥을 쓸고 닦고, 컴퓨터 모니터와 케이스를 닦는 정도에 그칠 것이다. 하지만 일본전산 직원들은 컴퓨터를 모두 바닥으로 내려놓고 구석구석 보이지 않는 부분에 쌓인 먼지까지 다 닦아낸 다음, 컴퓨터를 닦아 제자리에 올려놓은 다음에야 바닥을 쓸고 닦는다.

근본적으로 문제를 일으킬 원인을 찾아 없애는 것, 그리고 상황에 맞는 가장 적절한 프로세스에 입각해 청소하는 버릇이 몸속 깊이 배어 있는 것이다. 그렇게 사고하는 사람은 당연히 일반 직장인들과 생각하는 회로 자체가 다를 수밖에 없다.

청소 하나에서도 프로 의식을 강조하는 이유를 이제 알 것 같은가?

진정한 프로가 된다는 것은 남들에게는 '보이지 않는 곳'까지 생각이 미치는 것이다. 똑똑한 것과는 다르다. 자신의 생각을 끊임없이 확장시키고, 문제가 생기면 책임지고 해결하려는 습관을 들인 사람만이 프로가 될 수 있다. 바로 이런 습관이 지금, 기업들의 성패를 좌우하고 있다.

변소 청소 시험은 '일을 미루지 않고 해내는 습관', '문제를 완벽히 해결하는 습관', '스스로 일을 책임지는 습관'을 심어준 시험이 됐다.

GE의 전 회장 잭 웰치는 6시그마(6 Sigma, 품질 관리 기법 중 하나로 불량률을 최소화하는 경영 방법)를 도입하면서 이렇게 강조했다.

"누구나 당연하다고 생각하는 것, 기본 혹은 상식이라고 생각하는 것을 '제대로' 수행할 수 있는 기업. 그런 기업이 바로 역량 있는 기업이다."

투지를 테스트하는 '오래달리기' 시험

네 번째로 일본전산이 시행했던 시험으로 소개할 만한 것은 '오래달리기 시험'이다.

앞서도 말했듯이 지방에 있는 조그만 회사가 일반 대기업처럼 전형적인 입사 시험을 치렀다면, 올 사람도 없고 뽑을 사람도 없었을 것이다. 그들의 참신한 시험 아이디어 중 또 다른 것은 '오래달리기 시험'이었다.

오래달리기 입사 시험을 통과한 직원들에게 나가모리 사장은 이렇게 말했다.

"결국 성패는 누가 자신에게 지속적으로 투자하느냐에 달려 있다. 회사도 자기계발에 지속적으로 투자할 수 있는 인재가 많아야 결국 성장한다. 반짝 잘해서는 얻을 수 있는 게 없다. 이 시험을 통과한 만큼 여러분은 '인내심'과 '끈질김'을 인정받았다. 앞으로도 이 자질을 잘 발휘한다면, 우리 회사에서뿐 아니라 어딜 가도 성공할 수 있다. 이 시험을 볼 때의 초심을 잃지 말기 바란다."

오래달리기 시험은 계속해서 노력을 '이어나갈 수 있는' 사람을 채용하기 위한 것이다.

흔히 알고 있는 '토끼와 거북이 경주 이야기'를 떠올려보면 그 원리는 명쾌하다. 토끼는 머리가 좋고 실력이 좋은 사람을 가리킨다. 머리가 좋고 실력이 좋은 만큼 남보다 더 먼저 빨리 뛰어나갈 수 있다. 주위 사람들도 인정해주고 그만큼 자기 만족도도 높아진다. 그런데 계속 그 페이스로 해주면 좋으련만, 머리 좋고 실력 좋은 사람의 특징은 '끝까지 밀어붙이는 데' 익숙하지 않다는 것이다.

어린 아이들이 노는 모습을 유심히 관찰해보면 재밌게도 각각의 아이들이 장차 어떤 일을 하게 될지 들여다보이는 경우가 있다. 리더십이 있고 재기발랄한 아이들은 선생님의 눈에도 금세 띄고 주위의 관심도 많이 받는다. 하지만 우직한 면이 부족하고 상대적으로 이기적이다. 천성이 이기적이어서 그런 게 아니라, 주위의 '재능이 없는' 아이들이 자신보다 한 단계 아래로 보이기 때문에 배려의 레이더망에 걸리지 않는 것이다. 하느님이 공평하셔서인지, 대개 재기발랄한 아이들일수록 무언가를 오랫동안 하는 일에 익숙하지 않다. 조금만 더 하면 되는데 그것보다는 '매력적으로 보이는 다른 일'

에 눈길을 돌린다. 한 번 실패를 경험하게 되면 슬럼프에서 빠져나오는 데도 시간이 오래 걸린다.

반면 평범해 보이는 아이들 중에서도 집중력이 뛰어나서 한 가지 일을 오랫동안 해내는 아이도 있다. 다른 사람 눈에는 '뭐가 그리 재미있을까' 싶지만, 침을 질질 흘려가며 한 가지 장난감을 가지고 오랫동안 지겨워하지 않고 논다.

전자의 아이들이 창의적이고 의사 결정의 패턴이 빠른 직업에 어울린다면, 후자의 아이들은 대부분의 '회사가 요구하는 업무'에 적합하다. 여러 이해 당사자가 얽혀 있는 와중에 끈기 있게 일을 추진해나가면서 주위의 평가나 시선으로부터 심리적 영향을 크게 받지 않는, 이런 유형의 인재들은 '개발'이나 '사무' 업무에서 의외의 성과를 낼 수 있다.

나가모리 사장이 착안한 것도 바로 이런 인재 유형이었다. 그리고 오래달리기 시험은 그런 노력을 지속할 수 있는 사람을 채용하기 위한 방편이다. 토끼와 거북이 중에서 거북이 같은 사람, 그것도 '게으른' 거북이가 아니라 '부지런한' 거북이 말이다.

나중에 서술하겠지만, 일본전산의 직원 교육 방식 대부분은 다분히 '지식을 주입하거나 기술을 가르치는 것'보다는 '부지런한 거북이가 되는 버릇을 들이는 것'에 집중돼 있다. 물론 '거북이' 같은 사람을 뽑는다 해서 '토끼' 같은 사람을 배제하는 것은 아니다. 하지만 어설픈 토끼, 즉 게으른 토끼들은 재능을 지속적으로 발휘하기는커녕 동료들로 하여금 이질감을 느끼게 하고 조직 문화를 흐트러뜨릴 수 있기에 '부지런할 태세가 된' 토끼들을 선별해온 것 같다. 어렵사리 만들어놓은 기업 문화도 '단 한 사람'에 의해 파괴될 수 있다는 것을 나가모리 사장은 잘 알고 있었던 듯하다.

시험 방식은 이랬다. 주파해야 할 전체 구간은 20대의 건강한 사람이라면 누구나 쉽게 완주할 수 있는 정도의 거리로 정했다. 그리고 그것을 완주하는 것이 1차 요건이다.

하지만 시험 참가자들이 모르는 또 하나의 요건이 있었다. 그것은 '끝까지 한 번도 쉬지 않고' 달려야 한다는 것이다. 걷건 뛰건 기어서 가건, 중간에 주저앉아 쉬지 않는다는 전제 조건이었다. 아무리 빨리 들어왔어도 중간에 쉰 사람은 무조건 불합격 처리했다. 비록 기록이 늦더라도 끝까지 한 번도 주저앉지 않고 지친 발걸음을 끌고 최종 지점까지 도달한 사람은 합격이었다.

이것은 '열정을 가지고 문제에 접근하는' 습관, 그리고 비록 남보다 뒤지더라도 '절대 포기하지 않고 끝까지 지속하는' 습관을 보기 위함이었다.

이렇듯 괴짜 테스트를 통해 일본전산의 일원이 된 직원들은 이제부터 그 어디서도 경험하지 못한 가장 혹독한 신고식을 치러야 했다. 그들이 초일류로 단련된 비결은 바로 여기에 있었다.

3

실력이 없으면 깡으로 해라,
'배'와 '절반'의 법칙

일본전산이 말하는 '투입 – 산출의 원리'

'작은 놈이 큰 놈을 잡아먹는다는 건 어려운 일이다. 하지만 불가능하지는 않다. 빠르기만 하다면 작은 놈도 큰 놈을 잡아먹을 수 있다.'

나가모리 사장이 직장 생활을 하는 내내, 그를 사로잡은 한 가지 확신이었다. 그렇다면 '빠르다'는 것은 무엇으로 담보할 수 있는가?

시간을 단축하는 방법엔 두 가지가 있다. 하나는 남들보다 더 '많은' 시간을 투자하는 것이다. 다른 사람들이 잠잘 때, 먹을 때, 놀 때 해내면 결국 시간은 단축되게 마련이다. 일본전산식으로 말하면 '배

(倍)의 법칙'이다.

또 한 가지 방법은 숙련도를 올려서 결국엔 일을 하는 데 적은 시간이 들도록 만드는 것이다. 다른 말로 하면 '절반의 법칙'이라 할 수 있다. 절반의 시간을 들이고도 해낼 수 있는 숙련도를 만드는 것이다.

이러한 일본전산의 일 철학은 자칫 '생산 전문 회사'에만 국한되는 공장식 근면함으로 비춰질 수도 있다. 하지만 필자 역시 여러 경험을 돌이켜보면, 일을 배우기 시작할 초창기에 남들보다 앞서가려면 무조건 남보다 '오래', 숙련될 때까지 '열심히' 하는 것 외에는 방법이 없다. 정신 노동에서든 육체 노동에서든, 남들보다 시간을 두 배 들여 숙련된 사람을 이리저리 요령만 피우던 사람이 따라잡을 방도는 없다.

마치 타자를 배울 때, 처음엔 자판을 익히는 게 힘들고 어렵지만 남보다 더 집요하게 수련하면 나중에는 눈을 감고도 타자를 칠 수 있게 되는 것과 마찬가지 논리다. 처음 기량의 차이는 크지 않다. 하지만 일단 차이가 벌어지기 시작하면, 그다음에는 기하급수적으로 그 갭이 넓어진다.

더더군다나 실력도 어중간하고 주어진 환경이나 여건, 기존의 시장 평판으로 경쟁할 수 없다면, 적어도 남보다 두 배 정도 더 하는 것 외에는 승산이 없다. 시장 상황 운운하면서 손 놓고 있는 것보다는 낫다. '하면 된다'는 정신으로 지금까지 불가능한 것을 가능하게 만들어왔지만, 현재는 안주하거나 주춤하고 있는 '대한민국 기업들'

에게 이보다 명쾌한 해법은 없지 않을까?

 1970년대 중반, 일본의 모터 업계 대부분은 대기업이 장악하고 있었다. 그런 대기업들은 대개 50년 이상의 역사와 숙련된 인력을 자랑하는 명문 기업들이다.

 그런 회사와 싸워 이기려면 무엇이 필요할까? 자금력? 참신한 인재? 지명도? 그동안 쌓아올린 기업 실적? 그런 것들로는 도저히 게임이 되지 않는다. 아무리 생각해도 이길 방도가 없다. 그렇다고 손을 떼고 포기할 수도 없다.

 나가모리 사장은 그때 자신의 시도가 '무모한 도전'과도 같았다고 회고한다.

 "하지만 결국에는 이길 수 있다는 확신이 있었습니다. 지금에 와서도 뭐라 설명할 수 없는 자신감이었습니다. '잘 다니던 회사 때려치우고 애먼 짓한다', '거 봐라, 내가 뭐라고 했냐'는 소리가 죽기보다 듣기 싫었던 것 같기도 합니다."

 '접대나 뇌물로 인맥을 만들어 문제를 해결하려 한다면, 결국엔 내 함정을 내가 파는 일이 될 것이다. 실적을 올리려고 단기전으로 승부한다면, 하루살이 같은 목숨을 연명하느라 구차해질 것이다. 사실 전통 있는 회사라 해도, 내가 근무해보니 대단할 것도 없더라. 크다고 이기는 건 아니다. 돈이 없어도 이길 수 있는 방법은 얼마든지 있다. 한두 사람만이라도 제대로 일한다면 큰 조직도 이길 수 있다.'

이렇게 생각한 그는 우선 모터 하나에 집중하기로 결정했다. '누구도 따라올 수 없을 정도의 품질을 갖춘 최고의 모터만 개발할 수 있다면 모든 것을 해결할 수 있다'고 생각한 것이다.

수십 년에서 수백 년의 전통을 가진 회사들을 당장 이길 수 있는 뾰족한 경쟁력은 없었다. 하지만 모터 부문은 이미 몇 년에 걸쳐 개발해보았던 전력이 있기 때문에, 시도할 만했다. 하지만 그것만으론 부족했다. 남들보다 조금 잘하는 것으론 부족하고, 월등히 잘하지 않으면 곤란하다.

나가모리 사장은 '월등히 잘하기 위한' 행동 강령을 정해두었다.

배(倍)로 투자하라
(두 배 더 오래 일하라)

'인간이 아무리 자신의 시간을 전부 일에 투자한다고 해도, 누구에게나 하루는 24시간이다. 24시간 내내 일을 할 수 있다면야 좋겠지만, 사람이라면 잠도 자두어야 하고 목욕도 해야 하고 한 끼에 최소한 10~20분 정도는 밥 먹는 데도 시간이 든다. 이것저것 불필요한 것을 아무리 떼어내도, 적어도 하루 8시간은 최소한의 건강 유지를 위해 필요한 시간이다.

하루 24시간 중에서 이렇게 개인적으로 써야 하는 8시간을 빼면 16시간이 남는다. 보통 사람들이 8시간을 일한다고 치면, 16시간을

일하면 딱 두 배를 일하는 것이다.'

　그렇게 계산을 마친 나가모리 사장은 창업 직후, 자신의 업무 원칙을 이렇게 세웠다.

　'앞으로 5년간은 죽었다 생각하고 토요일, 일요일을 포함해서 정확히 다른 사람의 두 배를 일하자. 그렇게 하지 않고서는 이길 방법이 아무것도 없다. 그렇게 해서도 안 된다면 그때는 깨끗이 포기하자.'

　그렇게 하고도 이길 수 없다면, 그만두겠다는 것이 그의 결론이었다. 물론 그 전에 체력이 고갈되거나 도저히 그런 생활이 지겨워 미쳐버리고 말거나, 이길 힘이 비축되기도 전에 자본금이 말라버린다면 그것으로 끝이지만 말이다.

　나가모리 사장은 그런 각오로 사업을 시작했다. 세 명의 직원들에게도 마찬가지의 조건을 내세웠다. 회사가 살아남지 못한다면 드높은 기상도 꿈도 모두 사라지고 마니까, 지금 당장 할 수 있는 일은 그것뿐이었다.

　'일에 미치고 또 미쳤을 때, 과연 결과가 어떻게 나올까?'

　참으로 흥미진진한 게임이라고 생각했다. 창업 당시부터 그는 회사의 성패가 자기만의 문제가 아니라고 생각했다. 물론 자신을 믿고 한 배를 타준 세 명 후배들의 미래를 책임져야 했다. 그리고 자신처럼 기존의 기업 문화에 신물이 나 있는, 그래서 어디선가 '안 된다고 말하지 않는 상사를 만나고 싶다'고 생각하고 있을 미래의 직원들 인생도 책임지고 싶었다. 그는 무언가 보이지 않는 짐을 잔뜩 짊어진 사람처럼 절박했다. 이미 수천 명의 직원들과 함께 하는 미래를 그렸기 때문에, 마치 가장의 심정으로 죽을힘을 다해 일에 매진할 수 있었는지도 모른다.

하지만 그저 피상적으로 '열심히 일한다', '하루 16시간 일한다'는 원칙을 세워놓는다고 해서 일이 되는 것은 아니다. 오래 일하는 것에도 '목적'이 있어야 한다. 의무감이나 무조건적인 부지런함만으로는 그렇게 오랫동안 열심히 일한다는 것이 불가능하다. 그는 '시간 투여 대비 효과'에 대한, 즉 '남다른 성과'에 대한 밑그림을 그려두었다.

첫째, 납기일은 무조건 다른 회사의 절반으로 한다.

'경쟁 업체가 1개월 만에 납기를 해낸다면, 일본전산은 15일 만에 가능하게 한다'는 전제 조건을 세웠다. 경쟁 업체보다 절반의 기일로 가능하다는 것은 결국 무엇을 의미하는가? 만약 구상하고 설계한 제품을 생산하는 데 한 번 실패한다고 해도 '한 번 더' 해볼 수 있다. 한 번 샘플을 완성시켜 납품했는데 거절당하면, '한 번 더' 해볼 수 있는 기회가 생긴다는 의미. 결국 다른 사람보다 두 배 이상 일을 하면, 기회도 두 배로 늘어난다는 것이다.

세상 물정 모르는 '시골 양산박의 영웅들'은 처음부터 시간과의 싸움에 돌입했다. 이미 수십 걸음 앞서 있는 경쟁사와 대등하게 경쟁할 수 있는 그 유일한 환경은 '누구에게든 하루는 24시간'이라는 조건뿐이다. 결국 시간 투입을 두 배로 늘려서 경쟁 우위를 점할 수밖에 없다고 생각했다. 남들보다 배 이상 일한다는 생각으로 시간을 투자하다 보니 개발과 납품 일정을 앞당길 수 있었다. 그래서 자연스럽게 한 가지 경쟁 우위를 가지게 된 것이다. 이들은 업계 정보지에 광고를 내면서 '납기를 절반으로'라는 문구를 썼다. 절대 '가격을 깎아준다'는 말은 쓰지 않았다.

대부분의 회사들은 자사가 가진 기술력을 어필하려 한다. 그래서 기술력은 '모두가' 내미는 매력적이지 못한 카드가 되고 말았다. 가격 역시 마찬가지다. 모두 다 싸게 주겠다고 제 살 깎아먹기 식으로 가격을 내리면, 결국 시장이 공멸하고 만다. 그래서 그들은 무명의 소기업이지만, 가격은 제대로 받겠다고 선을 그었다. 그 대신 '납기를 절반으로'라는 문구는 확실하게 결정타를 날려주었다.

"처음 영업을 다니면서 그렇게 말하면, 믿지 못해 몇 번을 확인해오곤 했다. 믿지 못하는 것도 당연하다. 거래처의 필요를 듣기만 하고, 샘플 요청도 별도로 없었는데도 채 며칠 지나지 않아 제품을 만들어 보여준 적도 있다."

그들의 창업 당시 열정을 읽을 수 있는 부분이다. 이것은 일본전산이 성장할 수 있었던 첫 관문과도 같은 것이었다. 분명한 것은 '절반의 납기'를 달성하기 위해 사장부터 직원까지 배 이상으로 일할 수밖에 없었다는 점이다.

나가모리 사장 자신도 24시간 중 개인적으로 써야 하는 시간을

8시간 이내로 줄이기 위해 온갖 수단을 동원했다고 한다. 머리 감는 시간을 줄이기 위해 머리를 짧게 깎고, 옷 빨리 갈아입는 방법, 출근 빨리 하는 방법, 이 빨리 닦는 방법, 회의 빨리 끝마치는 방법 등을 궁리했다. 어떻게든 일할 수 있는 시간을 16시간으로 만들면, 그것으로 남들보다 두 배는 일할 수 있다는 생각 때문이었다. 그런 전략은 '밥을 빨리 먹는 사람'이라는 직원 채용 방법 등과 잘 맞물렸다. 다른 회사가 할 수 있는 것으로는 승부할 수 없었다.

둘째, 무조건적으로 '오래, 열심히'가 아니라, '지적 하드워킹'을 한다.

일본전산이 '지적 하드워킹'을 내세우는 데는 이유가 있다. 업무 시간에 발휘하는 기능적인 면만 가지고 성과를 평가하지 않겠다는 것이다. 이들이 연간 행사로 개인과 팀이 아이디어를 발표하고 제안할 수 있는 다양한 '경진 대회'를 개최하고 있는 것도 그런 이유 때문이다. 1등 상인 사장상의 경우 1천만 엔의 상금이 지급된다. 이런 유형의 대회가 매년 수십 회 열린다.

이는 평소 자신의 일과 회사의 발전을 위해 많이 고민하고 연구하는 직원들에게 기회를 부여하기 위한 방침이다. 즉 보이지 않는 곳에서 애사심을 가지고 고생하는 직원이라면, 모두 인정받을 기회가 주어져야 한다는 것이다.

똑같이 출근해서 8시간 일을 했더라도 퇴근 후에 자기계발을 하는 사람도 있다. 또 출퇴근 시간, 밥 먹는 시간, 출근을 준비하는 시간, 잠자리에 드는 시간, 운동이나 산책을 하는 시간에 '일에 대해 생각하는' 사람들이 많다. 근무 시간 8시간 동안은 '몸'으로 노동한다면, 나머지 시간은 '생각'으로 노동한다는 말이다. 이렇게 '생각으로 일하는 시간'을 많이 내는 사람일수록, 조직에서 더 좋은 성과를 내는 것이 당연하다.

나가모리 사장은 자신이 솔선해서 '생각으로 일하는 시간'에 투자하는 직원을 최고로 꼽는다. 일 자체에 에너지와 시간을 쏟는 것도 중요하다. 하지만 일을 쉬고 있을 때나 무의식중에도 자신의 일에 대해 고민하는 사람, 풀리지 않은 문제에 대해 끝까지 골몰하는 사람은 반드시 답을 내오게 되어 있다. 마치 아르키메데스가 망중한의 목욕 중에 '부력의 원리'를 착안했듯이, 진짜로 대단한 아이디어와 상황을 반전시킬 획기적인 생각은 이 '생각으로 일하는 시간'에 나온다.

강한 놈이 아니라, 빠른 놈이 이긴다

아무것도 시도하지 않는다는 것은 그저 '제자리걸음'에 그치는 것일까? 답이 너무도 빤한 수수께끼다. 나 혼자만 있다면 '아무것도 시도하지 않는 것'은 그저 그 자리에 머물러 있는 상태와 달리 보이지 않을지도 모른다. 하지만 앞서 달려가면서 새로운 시도까지 하고 있는 경쟁자를 떠올려본다면, 결국 아무것도 시도하지 않는 나는 두 배 더 뒤떨어지는 셈이다. 다시 말해 뒷걸음질을 치고 있는 것이다. 그리고 현 시대에는, 그 뒷걸음질의 속도가 더욱 빨라지고 있다. 앞선 사람들이 그만큼 빨라지고 있기 때문에, 가만히 있는다는 것은 두 배를 넘어 세 배, 네 배의 '낙오'를 의미하게 되었다.

더군다나 아무것도 시도하지 않으면 기량이 늘지 않는다. 그래서 열심히 배워서 새로운 것에 도전하는 사람과 비교해보면, 상대적으로 계속해서 기량이 떨어진다. 따라서 조직에서 주는 승진이나 승급의 혜택도 받을 수 없다. 결과적으로 자신의 역량 면에서도, 사회에서 받는 대우 면에서도 두 배 이상 격차가 벌어질 수밖에 없다.

일본전산이 투명한 경영과 직원에 대한 효과적이고 성과 중심적인 처우를 위해, '가점(加點) 제도'를 채택하고 있는 데는 바로 이런 배경이 있다.

'조직의 우열은 평범한 인간을 데리고 비범한 것을 할 수 있는가 없는가에 달려 있다!' 피터 드러커(Peter Drucker)의 이 말을 실현하기 위해서, '조직은 무엇을 생각하고 무엇을 실천해야 하는지' 골몰한 것이다.

일본전산의 모든 직원들은 '고객이 감동할 때까지 품질로 승부한다'는 모토에 동의한다. 무엇보다 행동과 실천으로 그 모토에 부합하려 노력하고 있다. 그리고 그 모토의 앞에는 한 가지 전제 조건이 붙는다. 그것은 '가장 빠르게'다.

오늘날 기업의 생존 무기 중 가장 핵심적인 것은 '스피드'다. 최근 위기를 목도한 많은 대기업들 역시, 이 주제의 심각성에 대해 절감하고 있다. 많은 기업들이 '스피드 경영'의 중요성을 강조한다. '효율과 스피드'라는 키워드에 미치도록 집중한 오쿠다 히로시(奧田碩) 전 도요타 사장은 "스피드 경영에 적응하라. 선진 기업은 항상 빨라야 한다." 하고 직원들을 독려하기도 했다.

굳이 그런 대기업을 예로 들 것도 없다. 이제는 '큰 기업'이 '작은 기업'을 잡아먹던 시대는 지났다. '빠른 기업'이 '느린 기업'을 잡아먹는다는 것이 정설이 되었다. 변화의 속도는 점점 빨라지고, 조금이라도 그 템포를 따라가지 못하면 아무리 튼튼한 철옹성 같은 기업도 경쟁사에 잡아먹히는 것이 비즈니스 정글의 속성이다.

일본전산은 속단속결의 '스피드 경영'을 창업 이래 줄곧 실천하고 있다. 나중에 더 자세히 설명하겠지만 창업 이후 새로운 기회의 물꼬를 터주었던 3M과의 거래 역시, 바로 이 '스피드'를 통해서 성사시킨 기적 중 하나였다. 3M에 납품을 하게 되자, 국내 영업에서도 자연스레 기회가 많아졌다. 거래를 희망한 기업 중 하나가 당시 유명한 통신기기 회사였던 '일본무선주식회사'다.

어느 날 일본전산 영업팀에 전화 한 통이 걸려왔다.

'어선용 탐지기에 들어가는 모터를 구입하고 싶은데, 빠른 업무 커뮤니케이션을 위해 도쿄에 사무소를 설치해달라.'

이것이 요구 조건 중 하나였다. 일본전산이 있는 교토에서 도쿄까지는, 우리나라로 치면 서울에서 부산까지보다도 먼 거리다. 게다가 당시는 교통 수단도 변변치 않던 때였다. 하지만 일본전산은 겨우 일주일 만에 도쿄 사무소를 개설했다. 창업 후 채 2년이 안 된, 1975년 4월의 일이었다.

도쿄 사무소의 담당자로는, 창업 멤버 중에서 가장 어렸던 고베 히로시(小部博志)가 부임했다. 당시 고베는 신혼으로, 첫 딸이 이제 겨우 생후 1개월의 젖먹이였다. 하지만 군소리 한마디 없이 부인과 딸을 데리고 도쿄로 이주한 고베는, 지원 인력 하나 없는 상태에서 사무소를 열었다. 처음 사택도 구하지 못했을 때는 사무실에서 온 식구가 먹고 잤다. 고베의 부인은 사무실에서 젖먹이 딸을 업은 채, 전화를 받으며 영업 지원을 해주었다. 그러니 누가 이런 열정과 스피드에 감동하지 않을 수 있겠는가?

도쿄 사무소가 개설되었을 즈음, 일본전산은 무려 1천만 엔의 부도를 맞아 큰 경영 위기를 겪었다. 하지만 이런 한 사람 한 사람 직원들의 절대적 헌신과 실행을 통해, 결국 위기를 극복할 수 있었다. 고베는 일이 바쁘게 돌아갈 때면, 구두를 신은 채 잠을 청했다고 한다. 언제 무슨 일이 일어날지 모르니, 마치 비상 대기 중인 군인처럼 생활했던 것이다. 일본무선주식회사의 오더 때문에 사무소를 개설했기에 한 사람 인건비는 빠질 정도의 기본 물량은 확보돼 있었지만, 그는 시간이 날 때마다 구두 뒷굽이 다 닳도록 개척 영업을 다녔다. 고베 히로시는 지금 일본전산의 부사장이다.

고객을 얻는 건 서비스가 아니라
약속을 지키는 '실행'이다

일본전산이 창업할 당시 업계에는, 이미 알려진 글로벌 기업이나 상장 기업을 포함해 130여 개의 선발 업체들이 있었다. 그들 공룡과 같은 거대 기업을 따라잡기 위해서는 엄청난 에너지와 시간이 필요했다. 일본전산이 지방의 보잘것없는 영세 기업으로 출발해 이미 오랜 역사가 축적돼 있는 업계에서 1등이 될 수 있었던 원동력 중 하나는, 앞서 말한 것처럼 남들보다 두 배 더 뛰어다니는 '실행력'이었다.

"사업은 이미 만들어진 물건을 파는 것이 아니다. 불가능한 제품, 세상에 없던 물건을 만들어내는 일이다. 어딘가의 누군가가 머릿속으로 간절히 바라는 그 제품을 만들어, 필요한 사람에게 안겨줄 수만 있다면 어떤 사업이든 성공한다."

나폴레옹이 '내 사전에는 불가능이란 없다'고 했던가? 일본전산식으로 해석하면, '불가능이 없다'는 것은 '무엇이든 다 만들어낼 수 있다'는 의미가 아니다. '무엇인가 꼭 해야 하는 것을 절대 포기하지 않고, 할 수 있는 방법을 계속 찾아내 해결하는 것'을 의미한다. 나가모리 사장이 요구한 것도 '세상에 없는 물건을 요술방망이 두드리듯 뚝딱 만들어내라'는 것이 아니었다.

일본전산이 가장 경계하는 것은 '할 수 있는 일'을 어중간한 상태에서 '중간에 그만두는 패턴'이다. 자신을 온전히 불태워 헌신하지 않고, 어떻게 하면 '날로 먹을 방법은 없을까?' 궁리하며 쉽게 얻으려 하는 것. 조금 더 시간과 노력을 투자하는 것이 힘드니까, '안 되는 이유를 찾아 열심히 짜 맞추어 둘러대는 것' 그리고 그런 패턴이 회사 내에서 쉽게 통용되는 문화가 바로 '경계 대상 1호'다.

이런 원칙은 영업에서도 유효하다. 많은 사람들이 영업 하면 떠올리는 것이 '손바닥을 비비며 고객의 비위를 맞추는 모습'이다. 서비스를 떠올리는 것이다. 하지만 일본전산이 생각하는 영업의 본질은 '이제까지 세상에 없던 물건을 필요로 하는 고객을 찾아내는 것', 그리고 '기존의 제품으로는 성에 차지 않아서 무언가 갈증을 느끼고 있는 고객에게, 그가 원하는 것을 정확히 채워주는 것'이다.

그래서 '제안 영업'이나 '개척 영업'은 일본전산의 주특기다. 특히 '전원 영업, 전원 개발'이라는 원칙으로 움직이던 초창기에는 '무엇이든 요구하는 대로 만들어본다'는 맨땅 정신이 필수적이었다. 그리고 그 일을 해낸 주역들은 대부분, 이론이나 번드르르한 설명 따위에는 젬병인 삼류 인재들이었다.

　무엇보다 '실패에도 끄떡없는 면역력'이 필수인 일이었다. 바보스럽다고 할 만큼, 부딪치고 부딪치고 또 부딪쳐야 가능한 일이었다. 그럴 때마다 일본전산 삼류 인재들의 우직함은 그 빛을 발했다. 엘리트들은 주위의 시선이나 평가에 지나치게 신경을 쓴 나머지, 대담하게 실행하거나 기존의 방식에서 탈피해 방법을 달리하는 과감한 시도를 두려워한다. 아니, 엘리트라는 표현보다는 '엘리트라는 껍질을 벗지 못한 무늬만 전문가'라고 말하는 편이 더 옳을 것이다.

　"대학 졸업장이나 성적이나 토플 점수 따위는 소용없습니다. 우선 그 사람이 열정으로 똘똘 뭉쳐 있는가, 그래서 그 어떤 일에 대해서든 '해낼 수 있다'고 자신 있게 대답할 수 있는가가 중용의 첫 번째 조건입니다. 대답은 그렇게 해도, 리더는 또다시 직원에게 다짐을 두게 합니다. '정말 할 수 있는 것이지? 나중에 죽는소리 하지 마라. 중간에 포기하는 건 안 된다.' 그런 다음 리더가 직원과 함께 뜁니다. 리더가 앞장서서 '할 수 있다'를 같이 외치며, 직원에게도 최면을 걸어줍니다. 이렇듯 끝까지 고집스럽게 물고 늘어지면서, '우리도 해낼 수 있다'는 기업 풍토가 유지된다면, 그런 인재들은 결국 해냅니다. 적어도 일본전산은 기술력이 부족하고 제대로 된 기초를 갖추지 못한 직원들을 데리고 실적을 올릴 때, 그렇게 실천했습니다."

　일본전산 부사장 고베 히로시의 말이다.

실적은 인재의 '수준'이 아니라 '사고의 패턴'에 의해 결정된다. 될 수 있는 방법을 찾는 사고 패턴과 안 되는 이유를 찾는 사고 패턴, 이 두 가지 사이에서 판세는 갈린다.

나가모리 사장은 '불황일 때 더 강한 기업'이 되어야 한다고 생각한다. 그리고 직원들 역시 자신들의 회사가 '불황일 때 더 발전하는 기업'이라고 자신 있게 말한다.

"불황이 이어지면 호황 때보다 훨씬 더 많은 문제가 생깁니다. 불황일수록 뭐든 더 작아야 하고 더 가벼워야 하고 더 경제적이어야 합니다. 우리는 언제고 그런 제품을 만들고 있고, 더욱 불가능한 것을 만들 수 있도록 끊임없이 거듭나고 있기 때문에 불황이 두렵지 않습니다. 불황에 우리는 더 강해집니다."

일본전산은 처음부터 '요구 사항이 많고 까다로운 일'에 관심을 가졌다. 직원들 사이에도 '까다로운 일이란 풀어야 할 문제가 산적해 있는 오더지만, 그것만 해결하면 선두로 치고 올라갈 수 있다'는 흔들리지 않는 공감대가 형성돼 있다. 참으로 엄청난 위력이다. 그런 모습을 보면, 고객은 감동하게 되어 있다. 문제가 많다고 다들 회피하는 일을 척척 해내는 상대를 싫어할 사람은 없다. 고객은 입에 발린 말이나 서비스 콜(Call), 굽실대는 태도에 감동하는 것이 아니다. 바로 남들이 안 하는 일, 어려운 일을 척척 해내는 '실행'에 감동한다.

모든 조직, 대기업과 중소기업을 통틀어 각 신규 사업 부서, 제로에서 출발하는 사람들이 귀 기울여야 할 대목이다. '불황을 이기는 비결' 따위가 궁금한 사람도 귀 기울여주기 바란다. 무(無)에서 시작하려면, 해내야 할 과제가 한두 가지가 아니다. 신상품도 만들어야 하고 그에 따른 신규 고객도 창출해야 한다. 비단 신규 사업이나 불황기의 사업이 아니더라도, 우리는 늘 신상품과 신규 고객을 '만들어내는', 그 일과 씨름한다.

하지만 이미 마음 둔 곳이 있는 고객들은 바위처럼 흔들림이 없다. 발바닥을 간질이는 정도의 시도로는 끄떡도 하지 않는다. 그래서 많은 사람들은 그 즈음에 백기를 들고, '역시 이 고객은 움직이지 않아', '막강한 경쟁사가 있으니', '기존에 사용하던 제품이나 서비스가 대단해서' 하고 포기를 하고 만다.

하지만 정작 고객의 마음은 그렇지 않다. 겉보기엔 바위처럼 흔들림이 없는 것 같지만, 언제든 등을 돌려 이쪽을 바라봐줄 준비가 돼 있다. 누가 그것을 가능하게 하느냐의 차이일 뿐이다. 반대의 관점에서 보면, 지금 '대단한 충성 고객 군단'이 우리 회사를 지켜주고 있는 것 같아도 그것은 바람 앞의 촛불처럼 위태로운 상태라는 것을 알아야 한다. '사랑이 움직인다'고 했나? 고객은 움직이는 것이다. 그리고 그 고객은 끈질긴 실행을 통해서만 사로잡을 수 있다.

일본전산의 나가모리 사장 자신부터가 대단한 수재가 아니었다. 겨우 기술전문대학을 나온 게 고작이다. 그런 그는 직원들에게도 항상 말한다.

"너보다 똑똑한 사람이 있느냐? 그럼 두 배로 노력하면 된다. 똑똑하고 머리 좋은 사람이 오후 6시에 '해결했다'며 룰루~ 랄라~ 퇴근했다면, 똑똑하지 못한 우리는 포기하지 않고 밤 11시까지 해서 해결하면 된다. 그럼 결과는 같아지는 것 아니냐?"

쉬운 것만 찾는 놈은
성공할 수 없다

일본전산이 처음으로 대기업으로부터 제대로 된 수주를 따냈을 때의 일이다. 그 과정이 참 흥미롭다.

1973년 10월, 중동 전쟁이 발발하면서 산유국들은 생산을 축소하고 가격을 올렸다. 1974년부터는 원유 가격을 두 배로 올리기로 결정한 것이다. 유가 상승이 경제에 미친 파장은 엄청났고, 인플레이션으로 이어지면서 세계 각국은 앞다투어 에너지 절감 운동을 펼쳤다. 한국, 일본을 비롯한 아시아 각국에서도 1974년 소비자 물가지수가 20% 이상 올랐을 정도로, 시장이 일대 충격에 휩싸였고 곧바로 경기 침체로 이어졌다.

일본전산이 창업한 시기는 이런 경제적 위기의 상황이었다. 그러니까 이들이 기업 대상 영업을 시작했을 무렵이 바로, 소위 '오일쇼크'의 시장 침체기였던 것이다. 하지만 그들은 오일쇼크를 하나의 기회로 보았다. 각 기업들이 에너지 효율에 지대한 관심을 갖게 된 것을 포착한 것이다.

어차피 기존 경쟁사와 정면 대결은 힘드니, 어렵고 까다로운 기술 개발 쪽으로 승부하자는 판단을 내렸다. 당시 모터 전문 기업들 대부분이 에너지 효율을 높인 '신제품 개발'보다는, '긴축과 매출 유지' 쪽으로 관심을 기울일 때였다.

하지만 아무리 에너지 효율을 낮춘 모터에 대한 아이디어가 충만하다 해도, 실적도 변변치 않은 회사 직원이 대기업 담당자를 만나 영업하기란 쉬운 일이 아니었다. 당연히 상대방이 먼저 연락해줄 리는 만무했다. 연락처를 남겨도 회신이 없었다. 방법은 더 많이 찾아가고 더 끈질기게 담당자에게 접근하는 일뿐이었다. 어렵사리 담당자를 만나도 그들의 말은 한결같았다.

"이미 우리가 거래하고 있는 모터 회사만 열다섯 개가 넘는다. 이제 와서 모터를 팔겠다고 찾아온들 도와줄 수가 없다. 그렇지 않아도 지금 거래처를 줄이려고 하고 있다. 그런 상황에서 모터 이야기라니 가당치도 않다."

쟁쟁한 기업들이 즐비한데 아무 검증도 되지 않은 기업체에게 '알았소. 믿고 맡겨보겠소.' 하고 일을 줄 사람은 없었다. 그래서 일본전산이 내세운 것은 '기존 거래처들이 못하겠다는 것, 어려운 것만 달라'는 조건이었다.

나가모리 사장은 '거래하는 회사가 많아 부담된다'며 외면하려 하는 대기업 담당자에게 '요즘 고민거리가 뭐냐?'고 되물었다. '현장 돌아가는 실태라도 파악하고 싶어 여쭤본다'며 '고민거리를 풀어주겠다'고 친해지려 애썼다. 또, 다른 하청업체에서 못하겠다고 하는 일이나 개발 부서에서 진행은 하고 있지만 진척이 없는 '고민거리'를 달라고 졸랐다. 그의 말에는 자신감에 넘쳤다. 나가모리 사장뿐 아니라 모든 직원들의 믿음이 한결같았기 때문이다. '쉬운 일감만 찾아 회사를 키울 순 없다. 우리가 크려면 어려운 일을 하는 게 수순이다.'

매일 출근하다시피 찾아와 이것저것 물어보고, '문제를 해결해드리겠다'고 약속하는 나가모리 사장의 모습을 보고, 드디어 담당자도 마음의 문을 열었다.

"지금 당장은 도움을 줄 수 없지만, 어떻게든 거래를 해보고 싶다면 우선 회사 소개 자료를 한번 가져와봐라. 처음부터 바로 거래를 트기는 어렵다. 더욱이 대량 발주는 기대하지 마라."

회사 소개 자료를 가져오라고 했지만, 딱히 서면으로 기록할 만한 것이 별로 없었다. '1973년 7월 창립', 그것밖에는 약력이나 특이 사항에 적을 내용이 없었다. '나가모리 시게노부 사장, 나이 28세'……, 하는 식으로 직원들의 이름과 나이를 적는 정도가 고작이었다. 그런 자료를 내놓고 이야기를 하다 보면, 담당자가 "어이고, 사장님이 우리 아들 뻘이네." 하고 농을 던질 정도였다.

며칠 간격으로 담당자를 찾아갔다. 그러자 결국 담당자는 개발 부서의 직원을 소개시켜주었다. 그러면서 이렇게 언질을 주었다. "그렇게 자신 있고 꼭 뭔가 해보고 싶다면, 우리 회사 연구소로 직접 찾아가보라. 거기 가보면 시제품을 만들기 위해 담당자들이 밤 늦도록 실험과 연구를 거듭하고 있을 테니, 그중에서 몇 가지 일을 받아보는 것이 좋을 것이다."

마침 기업 연구소에서도 '에너지 절약'을 위한 제품 개발에 한창 이었다. '가볍게, 작게, 얇게'라는 슬로건 하에 연구에 연구를 거듭 하고 있었던 것이다. 전 세계 전력의 50% 이상을 모터가 소비하고 있으니, 모터의 진화는 '에너지 절약'과 밀접한 관계를 갖고 있다. 에너지 절약에 적합한 제품을 만들려면 슬림하고 효율 높은 모터가 필수였다. 나가모리 사장은 연구소 담당자를 찾아가 인사를 했다. 그러자 이미 소개를 받았는지 담당자는 처음부터 고민을 털어놓으며 직설적으로 말했다.

"이 모터의 크기를 반으로 줄여달라. 석 달 안에 반으로 줄일 수 있다면, 당신 회사와 거래를 하겠다."

처음 그 이야기를 듣고, 나가모리 사장은 대뜸 '가능할 것 같다' 는 생각이 들었다고 한다. 하긴 스물여덟의 젊은, 거기에 경험도 부족한 사람이었으니, 쇠라도 씹어 먹으라면 그러는 시늉이라도 했을 것이다. 지금 돌이켜보면 '모르니 쉬워 보인 것'인지도 모른다. 어떻게든 일을 찾아야 할 시기였기 때문에, 우선 '가능하다'는 말부터 튀어나왔다.

"이거 가능할 것 같습니다. 반으로 줄이면 된단 말씀이죠? 한번 해보겠습니다. 할 수 있습니다."

나가모리 사장은 그때의 상황을 추억한다. 겁 없는 이십대였기 때문에, 경험이 풍부하지 않았기 때문에, 그렇게 대답할 수 있었다고. 그리고 그것이 이후 일본전산의 '정신'을 공고히 해준 '섣부른 대답'이었다고.

'세상에 없는 것, 지금까지 불가능했던 일'이 주는 매력은 묘한 것이었다. 그 자리에서 딱 부러지게 설명할 수 없었지만, 돌아가서 연구해보면 풀 수 있을 것만 같았다. 같이 뛰어든 창업 멤버 세 명 모두 '물고 늘어지는 것에는 자신 있다'는 공감대를 가지고 있었기 때문에, 머리를 맞대면 어떤 문제든 해낼 수 있다는 자신감을 가질 수 있었다.

만약 직원들이 "이런 힘든 일을 왜 가져오느냐? 사서 고생하는 일이다. 쉽게 할 수 있는 일도 많다." 하고 불평불만을 퍼붓고 행동을 함께 해주지 않았다면, 사장인 그도 그렇게 배포 있는 영업을 하지는 못했을 것이다.

이렇게 해서 일본전산은 처음으로 대기업으로부터 일을 의뢰받았다. 이 첫 연구에 3개월 동안 전 직원이 매달렸다. 밤낮을 안 가리고 일에 몰두했다. 하지만 여간해서 결과가 나오지 않았다. 말이 '크기를 반으로 줄이는 것'이지 몇 달 안에 해낼 만한 일이 아니었다.

아니, 불가능에 가까운 일이었다.

아무리 연구해도 진척이 없으니, 어떤 날은 만들어진 모터를 망치로 사정없이 두들겨 패보기도 했다. '더 가볍고 작고 얇게 만들어야 하니, 두들기면 조금이라도 작아질 것 아닌가?' 하는 생각이 들었던 것이다. 물론 모터를 망치로 두들긴다고 가벼워지거나 얇아지는 건 아니니, 속 시원히 스트레스라도 풀 심산이었다.

아무튼 여러 방법을 다 동원해도 기존 제품보다 반 정도의 크기로 줄이기는 힘들었다. 대신 15% 정도 줄일 수는 있었다. 하지만 처음 약속한 대로 반으로 줄이려면 아직 멀었다.

나가모리 사장은 계속 시간 투자를 하겠다는 생각을 했다. 어차피 기업 연구소 직원들도 자신들이 풀기 어려운 숙제라서 '시험 삼아 속는 셈 치고 맡겨보자'는 심산으로 맡긴 것이다. '잘하면 좋고, 실패해도 어쩔 수 없는 노릇이다.' 그렇게 생각하니 오히려 마음이 홀가분해졌다. 마음속으로는 '남들이 다 포기한 것이니 꼭 해내고 싶다'는 오기가 더 강해졌다.

하지만 열 일을 제쳐두고 한 가지 프로젝트에 전원이 매달리다 보니, 회사 운영이 제대로 될 리 없었다. 대충 끼니 때우고 일하는 것도 하루 이틀이지 무엇보다 몸이 축나게 생겼다. 한 직원이 "이대로 가면 자본금도 다 까먹겠다, 담당자에게 못하겠다고 하자." 하고 제안을 해왔다.

며칠 동안 직원들과 의견을 모은 결과, '여기까지밖에 못하겠다'

고 보고하고, 약속을 못 지킨 것을 사과하러 가기로 결정했다. 절대 '못하겠다'는 이야기를 꺼낼 성격의 소유자가 아니었지만, 일단 총대는 나가모리 사장이 메기로 했다.

다음 날 나가모리 사장은 대기업 담당자를 찾아갔다. 그런데 사무실로 채 들어가기도 전에 복도에서 담당자와 마주쳤다. 그는 나가모리 사장을 먼저 알아보고, 대뜸 말을 꺼냈다.

"나가모리 사장, 웬일인가? 일전에 부탁한 것, 못하겠다고 찾아온 것 아니야? 그래, 잘 생각했어. 어차피 자네들도 해내기는 어렵다고 봤네. 사실 규모가 있는 다른 회사 예닐곱 군데에도 부탁했었는데 다들 '못하겠다'고 손을 들었어. 자네도 하기 힘들다는 이야기지? 지금까지 고생했네. 다른 일거리가 있는지 찾아보게나."

그 말을 듣는 순간, 나가모리 사장은 마음을 바꿨다.

"과장님, 무슨 말씀이십니까? 제가 중간에 포기할 사람이 아니잖습니까? 오늘은 그저 납기도 가까워졌고 해서, 중간 보고를 하려고 왔습니다. 지금까지 별 문제없이 순조롭게 잘 진행되고 있습니다."

하지만 담당자는 전혀 믿으려 하지 않았다. '대기업들도 못한다고 손을 뗀 개발인데, 설비 하나 제대로 갖추지 못한 자네들이 가능하겠는가? 고작 신출내기 네 명이 모였다는데, 기대도 안 한다.' 하는 표정이었다. 상황이 어찌 되었든 나가모리 사장은 그곳 복도에서 '다른 곳에 들렀다 시간이 남아 잠시 인사를 드리러 왔다'는 식으로 대충 얼버무리고는 회사로 돌아왔다.

사무실로 돌아온 그는 직원들에게 이렇게 말했다.

"다들 기뻐해. 경쟁사들이 다들 손을 털고 나가떨어졌다. 이제 우리만 남았다. 어차피 승산은 더 높아졌다. 최대한 에너지 절약형으로 만들어내면 가능성이 있다. 아직 15일 정도 남았으니 한 번 끝까지 해보자. 할 수 있어!"

나가모리 사장은 이렇게 격려 아닌 격려를 한 후, 다시 직원들과 실험에 몰입했다. '지금부터는 우리가 물고 늘어지는 만큼 결과가 나온다. 어차피 우리만 만들 수 있는 제품이다.' 이런 생각으로 연구에 몰두한 것이다. 여기서 물러서면 그렇고 그런 하청업체로 전전해야 한다는 생각이었다.

막연한 목표를 가지고 연구하던 것과, '이것만 성공시키면 대기업과 거래할 수 있다'고 기대에 차서 연구하는 것은 분명 차이가 있었다. 다행히 거래에 대한 기대감에 다들 다시 기운을 차리고 일에 매진했다. 하지만 역시나 결과는 기대만큼 나오지 않았다. 주어진 기간 내내 남들보다 두 배 이상 시간을 투자하면서 몰입했지만, 처음 약속한 절반 수준으로 '가볍게, 작게, 얇게' 만들지는 못했다. 어쩌면 처음부터 그 기간 내로는 불가능했던 일이었는지도 모른다. 그래도 18% 정도 '가볍게, 작게, 얇게' 만드는 데 성공했다. 더 중요한 수확은 앞으로 '실험을 거듭하면' 더 가볍고 작게 만들 수 있다는 사실을 '검증'했다는 것이었다.

주어진 기간 동안 노력했지만, 최종 목표치는 달성하지 못했다. 그러나 지금까지 노력한 것이 아까워 상황 보고라도 제대로 하기로 했다. 일단 목표 달성을 못한 것을 사과해야 했다. 처음 호언장담했던 '50% 축소'라는 목표는 달성하지 못했기 때문이다. 나가모리 사장은 담당자에게 경과 보고를 하고 시제품과 자료를 건넸다.

하루나 지났을까? 작업을 의뢰한 대기업에서 내사하라는 연락이 왔다. 담당자는 '설마 크기를 줄일 수 있을까 기대도 안 했는데, 3개월 만에 18% 축소면 기적과도 같은 일'이라며 혀를 내둘렀다. 애초부터 반으로 줄인다는 것은 불가능하다고 생각하고 의뢰를 했고, 그나마도 일본전산만이 최후까지 남아 기록적인 성공을 이뤘다는 것이다.

그 자리에서 발주를 받았다. 이것이 일본전산이 대기업과 이룬 첫 거래였다. 시제품 연구에 동참했던 기업들 대부분이 이미 잘 알려진 규모 있는 회사들이었기에, 그들을 물리치고 주문을 받았다는 것 자체로 대단한 결과였다. 이 사건은 일본전산 조직 전체에 엄청난 자신감을 불어넣는 기폭제가 됐다. 그리고 '불가능이라는 것은 핑계'라는 문화가 자리잡게 된 계기가 되었다.

오직 현장에만
답이 있다

1990년대 중반의 어느 가을날, 주요 고객사인 대기업 공장에서 일이 벌어졌다. 그 공장 설비에는 일본전산에서 납품한 모터가 탑재돼 있었다. 하지만 그 회사와 거래를 한 지 얼마 되지 않은 탓에 납품한 수량은 미미했고, 대부분의 설비에는 다른 회사들이 납품한 모터가 들어 있었다. 일본전산보다 크고 지명도가 높은 두 회사가 거의 대부분의 수량을 납품해 설비를 가동하고 있던 것이다.

일이 벌어진 것은 금요일 오후였다. 원인 모를 문제 때문에 생산 라인이 멈춰선 것이다. 공장 책임자는 생산 설비를 담당한 회사에 정신없이 전화를 걸었다. 생산이 정지됐으니, 공장은 물론이고 본사에까지 비상이 걸렸다. 원인이 '모터 때문'이라는 결론이 내려지자, 모터를 담당하던 직원은 즉각 모터를 납품한 관련사에 전화를 걸었다.

첫 번째로 전화를 건 곳은 설비 중 가장 많은 모터가 들어간 전통 있는 대기업이었다. 이미 그 기업과는 몇십 년째 거래를 해오고 있었다. 오랫동안 모터를 생산해온 회사로 기술력도 뛰어나고 신뢰도 확보하고 있는 훌륭한 기업이었다. 그런데 그곳 직원은 전화를 받자마자, "우리 회사 모터에 그런 문제가 있을 리 없다. 다시 한 번 차근차근 점검해보라." 하고 오히려 담당자를 훈계하며 전화를 끊었다. 현장으로부터 '모터 문제'라는 설명만 듣고 전화를 걸었던 담당자는 더 이상 할 말이 없었다.

이번엔 다른 회사로 전화를 걸었다. 두 번째 회사는 그나마 결함 이야기를 듣고 깜짝 놀라, 어느 부분이 문제를 일으켰느냐고 물었다. 담당자는 공장 책임자도 원인을 알 수 없으니, 직접 공장을 방문해달라고 부탁했다. 그러자 두 번째 회사 직원은 이렇게 대답했다. "알겠다. 기술자를 보내 점검하도록 하겠다. 하지만 오늘은 금요일이라 지금 출발해도 너무 늦다. 월요일 아침 일찍, 서둘러 출발하겠다. 점심 무렵에는 도착할 것 같다."

월요일까지 공장을 방치할 수 없다고 생각한 담당자는 속이 타서 세 번째 회사에 전화를 걸었다. 거래량도 적고 후발업체라 큰 비중은 없었지만, 하소연이라도 하고 싶었던 것이다. 그렇게 마지막으로 전화를 건 곳이 일본전산이었다.

당시 해당 업무를 맡은 일본전산 직원은 입사 2년 차인 신입이었다. 그러니 상대편에서 아무리 설명해도 무슨 말인지 제대로 알아들을 수가 없었다. 하지만 신입의 느낌에도 수화기 저편 담당자의 목소리에는 긴장감이 역력했다.

"아, 그렇습니까? 상황이 어떤지 상세히 알려주셨으면 합니다. 부탁드립니다!"

일본전산 담당자는 열심히 메모를 하며 전화 내용에 귀를 기울였다. 하지만 잘 이해되지 않는 내용을 반복해서 물을 형편이 못 되니, 아무리 메모를 해도 정리가 되지 않았다. 신입 사원은 잠시 양해를 구하고 '보류' 버튼을 눌렀다.

그런데 그 순간 그만 전화가 끊겨버리고 말았다. 자신이 처리하기 어렵다는 판단에, 상사에게 전화를 돌리려다 전화가 끊긴 것이다. 신입 사원은 어쩔 수 없다는 생각에 메모한 내용을 챙겨 사무실을 나왔다. 상대편 담당자는 '기본 예의도 없는 회사'라며 흥분해 다시 전화를 걸었지만, 신입 사원은 이미 자리를 비운 뒤였다.

설비가 멈춰선 공장에서는 공장 책임자를 중심으로 대책 회의가 열렸다. 공장 측에서는 생산 설비가 멈춰선 상태가 길어지면 길어질수록 손해다. 하지만 원인을 파악해줄 모터 전문가가 없으니, 애가 타도 어찌할 방도가 없었다. 결국, 금요일이고 업무 시간도 거의 끝나 어쩔 수 없으니, 월요일 아침부터 정상 가동을 하자는 쪽으로 의견이 모아졌다.

그런데 회의가 진행되고 있는 와중에, 모터 회사 직원이라는 사람이 나타났다. 입사 2년 차의 일본전산 직원이 현장에 도착한 것이다. 전화를 끊은 지 두 시간 정도 지나서였다.

그는 도착하자마자 90도로 인사를 하면서 "죄송합니다. 즉시 조치하겠습니다."라고 말하고는 현장으로 달려갔다. 그러나 현장으로 달려간들, 입사 2년 차인 신출내기의 눈으로 보고 만지고 살펴본다고 금방 원인을 찾아낼 수는 없는 노릇이었다. 그는 즉시 일본전산 기술 연구소 담당자, 유사업체에 납품 경력이 있는 선배, 설계 담당자, 시제품 실험 담당자 등과 전화 통화를 하기 시작했다.

현장을 살펴보고 메모도 하고, 그림도 그렸다. 필요하다고 생각하는 부분은 복사를 해서 팩스로 보내고, 전화로 소통했다.

"현장을 보니 이런저런 문제가 생겼다. A부분은 이렇고, B부분은 이렇고, 이쪽은 이렇고 다른 쪽은 이렇다. 어쩌고저쩌고…….” 이런 식으로 계속해서 본사 기술진에게 상황을 설명했다.

현장 상황을 파악하느라 본사 기술진도 바빠졌다. “그럼 A부분을 이렇게 해보고, B부분의 변화를 살피고, C부분을 다시 한 번 체크해보라, 그리고 이상이 없으면 다시 가동해보고…….”

그렇게 통화를 주고받는 모습에 공장 관계자들은 크게 감동했다. 입사 2년 차의 일본전산 직원으로서는 목소리에 힘이 들어갈 수밖에 없다. 쟁쟁한 선배들의 교육을 받았고, 목소리가 크다고, 밥을 빨리 먹는다고 뽑힌 인재이니 ‘정열적’이지 않을 수 없었다.

이렇게 서로가 의견을 주고받는 사이에 원인이 모두 파악되었다. 원인을 해결하자 모터가 돌아가기 시작했고, 임시 조치이긴 하지만 공장 가동이 재개되었다. 문제 해결을 해낸 것이다. 금요일과 토요일에 시험 가동을 하고, 토요일 오전에 모터를 다시 교체하는 등 최종 마무리가 되어갈 때까지 일본전산 직원은 자리를 뜨지 않았다.

토요일 오전에, 현장 소식을 보고받고 고객사 사장이 현장에 나왔다. 상황을 살피고 전후사정을 들은 고객사 사장은 입사 2년 차인 일본전산 직원을 불렀다. 그리고 이렇게 말했다.

“공장에 설치되어 있는 모터 전량을 일본전산의 신제품으로 교체해주시오. 어차피 월요일 아침부터 정상 가동을 하는 것이 우리로서는 가장 급선무니까.”

토요일 오후, 일본전산 본사로 긴급 발주서가 들어왔다. 당연히 월요일 아침부터는 다른 회사 모터를 사용할 수 없게 됐다. 이 사건 이후에는 그 고객사의 다른 공장 확장 때도 전량 일본전산 모터를 사용할 수밖에 없었다.

'즉시 한다. 반드시 한다. 될 때까지 한다.' 하는 모토가 일군 승리였다.

일을 '서로 지기 싫어 미치도록 몰두하는 게임'이 되게 하라

"고객의 소리를 듣는 개발자가 되어, 내 손으로 회사를 키우고 싶다. 자장, 진동, 음향 등에 대한 시뮬레이션을 끊임없이 반복하면서, 소음이 적은 모터를 개발하기 위해 전력을 다하고 있다. 어려운 점도 많지만 고객들이 '정말 조용하다'고 찬사를 보낼 만한 모터를 개발하고 싶다."

— 기술개발 연구부 오카야마 과장(입사 10년 차)

"꼭 이루고 싶은 것은 내가 맡은 업무로 인해 회사가 막대한 이득을 얻는 것이다. 특허를 출원해 막대한 특허료를 받거나, 시장을 독점하는 것, 그런 숫자로 드러나는 성과를 기필코 얻어낼 것이다."

— 지적 재산부 엔도(입사 15년 차)

"개발 자체가 영업이다. '좋은 제품을 저렴하게 빨리' 만드는 게 목표다. 아무리 좋은 모터를 설계했다 해도 가격이 맞지 않으면 팔릴 리 없다. 또 경쟁사보다 늦는다면 수주를 놓친다. 21세기는 스피드가 생명이다. 과거의 성과나 새로운 실험 결과를 설계에 잘 반영하고, 검토에 검토를 거듭해서 고객이 꼭 원하는 사양을 맞춰야 한다."

― 기술개발 연구부 마에다(입사 6년 차)

"수주를 받아내기 위해서 우선 시제품을 만들어 실험한다. 컴퓨터 내장형 모터, 자동차 모터, 가정용 기기의 소형 모터, 게임/핸드폰 등 움직이고 돌아가고 반응하는 모든 것에 들어갈 모터들이다. 얼마나 빠르게 문제를 해결하고, 얼마나 제대로 된 시제품을 만들어 고객을 만족시킬 수 있는가에 따라 수주 여부가 결정된다. 마치 게임처럼 흥미진진하다."　　　　― 기술 연구센터 미야자키(입사 15년 차)

"새로운 부품 공장의 양산 시스템을 만들기 위해, 현지 직원들과 하나하나 개선 작업을 진행하고 있다. 목표는 신규 공장이 해외에 잘 정착해 본사 직원이 없어도 잘 돌아가는 것이다. 그렇게 되면 생산 자체로 끝나는 것이 아니라, 해당 국가에 대한 시장 확대로 이어질 것이다."　　　　　　　　― 품질 보증부 다카기(입사 9년 차)

"영업은 군대로 말하면 최전선이다. 평소 업무에 활용하는 지식만으로는 자신이 사용하는 제품의 구조나 특성 등 지식을 몸에 익힐 수 없다. 끝없이 공부해야 한다. 관련 책이나 실무자로부터 전수받은 정보를 매일 공부한다. 그렇게 갖춘 지식에 고객의 이야기를 덧붙이면 아이디어가 생겨난다. 영업인의 최고 덕목은 듣고 공부하는 습관이라고 생각한다."　　　　　　　　— 영업부 다기(입사 6년 차)

"뉴욕 증권거래소에 상장하는 기업은 투명한 결산 시스템을 가져야 한다. 법적 책임이 따르기 때문에 시스템 개발, 운용, 보안 등 전반적인 영역에서 최고점을 받아야 한다. 효과적인 시스템을 개발했더라도 조직에서 활용되지 않으면 의미가 없다. 이해하기 쉽도록 보급하는 것이 필수다. 스피드를 높이는 시스템이 곧 고객 창출로 이어질 것이다."　　　　　　— 시스템부 나카무라(입사 8년 차)

"격동하는 세계 경제에 맞춰 고객의 QCD(품질, 코스트, 납기)에 대한 요구가 나날이 엄격해지고 있다. 새로운 분야에 진출하고 도전해 승리하지 않는다면, 일본전산의 미래는 없다고 생각한다."

— 생산 관리부 사토(입사 9년 차)

일본전산은 창업 10년이 되던 1983년부터 '세일즈맨 대회'를 개최하고 있다. 첫해에는 국내 영업부 열여섯 명과 다른 부서 관계자들을 게스트로 맞이해 개최했다. 장소도 외부 교육장을 빌려서 사용했지만, 지금은 전 직원이 영업 마인드를 가지고 임할 수 있도록 사내 연례 행사로 발전했다. 사장을 비롯한 대부분의 경영진과 세계 각국에서 활동하는 영업 관련 직원들도 모두 모인다.

영업 계획이 어떻게 결과로 적중했는지, 또 앞으로는 어떤 전략으로 어떻게 움직일지 발표하는 자리는 흡사 전쟁터나 축제장을 방불케 한다. 실행을 통해 축적된 노하우와 정보들이 피드백을 주고받으며 융합된다. 전 임직원이 앞으로 가야 할 방향을 확인하고 창조적 영업에 모두 동참하겠다는 의식을 확인하는 일종의 '전진대회'와도 같은 의식이다.

이 외에도 각종 아이디어 경진 대회, QC 활동 대회, 개인 비전 대회, 연구 발표 대회 등 다양한 행사들이 진행된다. 모두 다 열기가 대단하다. 이런 행사를 통해 사장은 참여한 임직원들과 함께, 일선에서 일하는 모든 직원들로부터 미래를 향한 다양한 힌트를 얻고 있다. 그래서 내부 능력을 활용하고 새로운 창조를 가능케 하기 위해 직원 주도의 행사에 많은 투자를 한다. 직원들의 진화 없이는 이룰 수 없는 것들이기 때문이다.

'회사가 알려지지 않아서', '브랜드 인지도가 없어서', '제품의 질이 떨어져서', '가격이 비싸서', '디자인이 촌스러워서', '서비스 망이 없어서', '마케팅 능력이 없어서', '회사 규모가 작아서', '설비가 없어서', '후발 주자라서', '일등 기업이 아니라서', '이미 시장은 포화 상태라서', '부서 간 협조가 부족해서', '회사에 체계가 없어서', '본사 지원이 없어서'…….

대부분의 사람들은 수많은 이유 때문에 '잘 팔 수 없다'고 말한다. 그 어떤 일에서건, 약점만 생각한다면 아무것도 할 수 없다. '그럼에도 불구하고' 어떻게 팔 것인가? 어떤 방법을 통해 지금 우리의 상품을 알릴 것인가를 고민하지 않으면 승리는 없다.

오늘날 기업의 모든 구성원은 '개발자'이자 '영업자'다. 진부한 이야기가 될지 모르지만, 지금은 제품을 만들어 시장에 내놓으면 팔리는 '생산자 중심의 시대'가 아니다. 고객에게 상품을 판매하는 일을 영업 담당자의 몫이라고 생각한다면 시대 착오적인 발상이다. 지금은 모든 사람이 상품을 판매하는 주인공인 시대다.

그렇다면 앞서 열거한 약점을 극복하고 최고의 기업으로 성장하기 위해서는 어떻게 해야 하는가? 나가모리 사장은 '어떤 부서에서 어떤 일을 하든, 그것이 고객 창출로 이어지고 회사에 막대한 이익을 가져다줄 수 있도록 하라'고 강조한다. 그만큼 각자 위치에서 사명감 있는 역할 의식이 중요하다는 말이다.

기술 개발 잘하고, 설계 잘하고, 생산 관리 잘하고, 실험 잘하고, 마케팅 잘하고, 영업 잘하고, 자금 운영 잘하고, 교육 운영 잘하고, 유통 잘하고, 서비스 잘하고……. 이런 각각의 것들이 각자의 역할을 통해 진일보하지 않으면 '업무와 비즈니스를 통해서' 원하는 것을 이룰 수 없다.

세계적인 기업들이 처음부터 '세계 최고'의 선상에서 출발한 것은 아닐 것이다. 주차장에서, 창고를 개조해 회사를 만든 사람들도 있었다. 자금도 충분하지 못했고, 기술력, 설비, 브랜드 파워, 인재, 어느 하나 충분한 것이 없었다.

일본전산이 영세 기업에서 출발해 품질, 기술력, 브랜드 파워, 시장점유율 등 모든 면에서 세계 1등 기업으로 성장할 수 있었던 원동력은 다름 아닌 전 직원의 '고객 창출을 위한 역할 의식, 공헌 의식'이다. 앞서 직원들의 육성(肉聲)에서도 알 수 있듯이 이들은 '누가 더 잘할까'를 게임하듯 즐기며, '내가 회사를 먹여 살린다'는 태세로 일한다. 그러니 모두가 경영자이자 모두가 영업 담당자일 수밖에.

나가모리 사장은 '배와 절반의 법칙'을 실천하며, '고생이야말로 이자가 붙는 재산'이라고 믿고 있는 고집불통의 경영자다. 화이트 칼라, 블루 칼라의 구분 없이 어느 부서 어느 영역에서 일하든, 지독하게 고생하면서 크는 게 기본이다.

창업 첫해부터 해외 시장을 개척했고, 안 되는 것만 골라 밀어붙였다. 그런 그의 철학은 이제 직원들 각자의 뇌수 속에 뿌리내려서 더 강력한 시너지를 발휘하고 있다. 일본전산을 한마디로 표현하자면, '집단적으로 미친' 사람들이다. 회사 전체가 하나의 불덩어리처럼 타오른다. 그리고 끝없이 변신하며 새로운 길을 모색한다.

오늘의 일본전산을 만든 역군들 몇 명을 소개하고 싶다.

우선, 일본전산이 해외 시장에 진출할 수 있도록 기틀을 놓은 인물이 있다. 당시 뉴욕에 지점을 둔 무역 상사 가지무역(加地貿易)에서 일하고 있던 이치가와 요이치(市川陽一)가 그 주인공이다.

이전 회사에서의 인연으로 계속 관계를 이어가게 된 이치가와는 일본전산의 마인드와 열정, 그리고 모터 시장에 대한 전광석화와 같은 판단력에 반했다. '이 회사라면 앞으로 시장이 요구하는 모터를 제대로 만들어낼 수 있다.' 하는 확신으로 '상사 맨으로서, 수출은 내가 지원하겠다'며 미국 진출에 적극적으로 나섰다.

일본전산은 그를 통해 장기적인 시장 흐름을 파악하기 위해 필요한 미국 현지 정보를 많이 얻을 수 있었다. 소형 카세트 기기는 물론이고 컴퓨터 업계가 요구하는 실정을 파악해, 미래에 어떤 방향으로 갈 것인지 그 방향을 감지할 수 있었다. 무엇보다 3M에 대한 신제품 제안 과정에서 이치가와가 가진 매끄러운 비즈니스 역량은 그야말로 눈부신 역할을 해내게 된다. 이치가와의 영어 교섭력과 열정이 탄탄했기에, 일본전산은 기술력과 제품력을 어필하는 데만 전념할 수 있었다.

"초기 몇 개월 동안 3M과 호흡을 맞추기 위해, 날밤을 새는 경우가 많았다. 수차례 샘플을 보냈다. 몇 명 안 되는 직원들이지만 수십 명의 연구진이 개발하는 것과 비슷한 실력을 보여주었다. 창업 초창기부터 지켜오던 16시간 근무를 실천해왔기 때문이다. 그만큼 샘플을 보내는 기일이 빨랐다. 결국 3M은 감동하고 말았다. 요구하는 것 이상의 기술력을 보여주고 그 답변이 상상을 초월할 만큼 신속하게 이뤄졌기 때문이다. 그 중간에는 이치가와가 있었다. 그는 24시간 깨어 있었다. 미국과 시차가 완전히 다른데도 항상 스피디하게 연락을 주고받았다. 그 누구보다 열정적이었다."

나가모리 사장의 회고다.

이치가와는 어느 대기업의 국제 무역 베테랑보다 뛰어난 실력을 발휘했다. 그는 '규모나 입지로 보아서는 일본전산이 가장 영세한 모터 업체였지만, 기술력과 업무 처리 능력으로는 세계에서 가장 뛰어난 모터 회사라는 사실'을 3M에 설득했다. 결국 거래는 성사되었고, 이치가와가 일본전산에 기여한 공로 역시 잊히지 않았다. 미국 전역에 별도의 영업망이 구축된 후, 그를 본사에 영입해 정년까지 최고 임원으로 일할 수 있도록 지원했다.

"거의 제로에 가까운 상태에서 고베 히로시(창업 멤버 세 명 중 가장 어린 24세였으며, 현재 부사장)와 이치가와 요이치 두 사람이 큰 역할을 했다. 1＋1이 2가 된 것이 아니라 4 정도의 힘을 발휘했다. 창업 후 초창기 이 두 사람의 공헌은 막대했다."

나가모리 사장도 두말없이 인정한다. 그들의 공헌 의식이 오늘날의 일본전산을 만들었다. 그들은 회사가 시키지 않아도 사방을 둘러보며 회사를 지키는 파수꾼이었던 것이다.

현재의 일본전산이 있기까지, 공헌한 사람은 물론 한둘이 아니다. 13만 임직원이 나름대로 역할을 하면서 공헌을 했다. 하지만 그중에서도 빠뜨려서는 안 되는 사람이 있다. 그는 일본전산의 생산제조 분야 임원인 하마구치 야스오(浜口泰男)다. 그는 창업 이듬해인 1974년 입사한 인물로 하청업체 사주(社主)의 자제였다. 몇 년 데리고 있어 달라는 부탁을 받고 같이 일하게 된 인물로, 처음에는 겉보기에도 어눌하고 야무진 맛이라고는 하나도 없어 보였다.

본인도 처음에는 2~3년 잠시 근무할 요량으로 일본전산에 출근했다. 그런데 일본전산의 업무 스타일에 익숙해지고 구성원들의 인간적인 면에 끌리면서, 엉거주춤 근무할 수 없다는 생각을 했다고 한다. 일본전산에 남아 승부를 걸고 싶다는 생각을 하면서, '이곳으로 할까 저곳으로 갈까?' 하는 식으로 양다리를 걸칠 수 없다는 생각에 결단을 내리기로 한 것이다.

부친에게 일본전산에서 뼈를 묻고 싶다는 각오를 털어놓자, 가업을 이을 것이라고 생각했던 부모는 '절대 불가'를 외쳤다. 공장 책임자로서 대를 이어야 할 장남이 거래처에 인생을 걸겠다고 하니 수긍할 부모가 어디 있겠는가? 하지만 나가모리 사장은 "부친 회사의 대를 잇기를 포기하고 올 정도라면 상사 부하 관계가 아니라 스승과 제자 사이 이상"이라며 그의 열정을 높이 샀다. 하마구치도 나가모리 사장의 일에 대한 열정, 그리고 호되게 나무라지만 자신의 모든 것을 희생해서라도 직원들을 지키고 잘될 수 있도록 이끌겠다는 헌신적인 정신에 반했을 것이다.

그는 공장에 대한 책임 의식이 남달랐다. 창업 멤버인 세 명의 선배와 나가모리 사장이 기술 개발과 영업에 전념할 수 있도록, 철저히 밑바닥 업무부터 물 샐 틈 없이 수행했다. 예정된 업무를 파악해 준비하는 것도 중요했지만, 그가 가장 철저히 한 것은 공장을 깨끗이 하는 것이었다. 처음 입사해서 모터에 대해 전혀 알지 못했던 그가 할 수 있는 일은 '누구나 할 수 있는 일'을 철저하게 하는 것이었다. 지칠 줄 모르고 영업과 개발에 몰두하는 나가모리 사장과 선배들을 위해, 자신도 조직에 공헌하겠다는 생각으로 최선을 다했던 것이다.

그는 나가모리 사장에 뒤지지 않을 만큼 일찍 출근해 공장 기계들을 점검하고 확인하면서 끝까지 남아, 최고 경영진에 올랐다. 그는 지금 13만 그룹 임직원 중 No.3 격이다.

이렇듯 리더들의 공헌 의식은 말단 직원들에게까지 직접적인 영향을 미친다. 그리고 직원들의 공헌 의식은 회사의 성패에 직접적으로 영향을 미친다. 그렇게 균형 잡힌 일본전산 임직원들은 끊임없이 '무엇이 공헌인가?', '무엇으로 공헌할 것인가?', '공헌이 왜 필요한가?'에 대해 자문자답하고 있다. 그리고 '고생에는 이자가 붙는다'는 확신으로 고객 창출에 힘쓴다. 그 결과, 지난 10년 동안 매출 10배, 영업 이익 24배라는 기적적인 성장을 일궈낼 수 있었던 것이다.

4

'안 된다'는 보고서
쓰는 습관을 없애라

일본전산의 '역량 강화' 원칙

창업 후 20년이 지날 무렵인 1990년대 중반이 가까워지면서, 일본전산은 세계 각국에 공장을 설립할 정도로 규모가 성장했다. 회사 규모가 커진 만큼 각 부서 인원도 늘었다. 때에 따라서는 중간관리자를 외부에서 영입하기도 하고, 기술력을 갖춘 베테랑 연구원도 여러 명 합류시켰다.

이른바 초기 조직 문화가 다양한 사람과 개성이 유입됨에 따라 희석되는 과정이었다. 나가모리 사장은 이 시기에 직원들에게 '안 되는 것이 없게 한다'는 것을 확고하게 인식시켜야 한다는 위기감을 느꼈다.

매출이 늘고 '내가 열심히 일하지 않아도 다른 부서에서 수익을 만들어주겠지.' 하는 의존심이 생겨나게 되면, 여남은 명이 식구처럼 움직이던 때와는 달리 조직적 해이가 생겨날 수 있다. '20/80의 법칙'에서 말하는 것처럼 '죽을 각오로 일하지 않는 대다수'가 조직을 점거해버릴 수도 있다.

그래서 그는 상당 기간 개발 부서의 업무뿐 아니라, 중요한 프로젝트의 진행 경과를 자신이 직접 보고받았다. 중간관리자가 한 번 취합해 일괄로 윗선에 보고하는 것이 아니라, 해당 담당자와 중간 관리자가 함께 배석해 업무 보고를 하도록 한 것이다. 어느 정도 궤도에 오른 회사의 경영자로서는 관리자들에게 모든 것을 맡기고 싶은 마음이 굴뚝같았을 것이다. 보고하는 사람은 보고의 피곤함을 토로하지만, 보고받는 피곤함도 만만치 않은 법이다.

하지만 직접 모든 보고를 받는 것은, 문화적으로 기로에 놓여 있는 당시 일본전산 경영자로서 최선의 방책이었다. 그런 와중에서 경험하게 된 것이 바로 '보고를 위한 보고'의 불필요함이었다.

일하면서 '박사 논문' 쓰지 마라

각 팀이나 개발 부서에는 매번 신상품 개발 과제나 새로운 전략 테마가 주어진다. 그에 따라 각 팀의 책임자가 사장실에 들어와 보고하는 횟수도 늘어났다. 사장으로서 해야 할 업무 거의 대부분이 보고를 받는 데 할애됐다. 그런데 그 과정에서 나가모리 사장이 터득한 것이 하나 있다. 가능한 한 비생산적인 보고에 시간 소비를 하지 않는 비결이었다. 자주 보고를 받게 되면서, 직원의 얼굴만 보고도 어떤 말을 하려고 하는지 직관적으로 파악해내기 시작한 것이다.

'아, 저 친구는 도저히 불가능하다고 설명하러 온 거구만. 어렵다고 설명하러 온 것이지. 그래, 지금부터 못한다는 말을 하겠단 말이지.'

이렇게 의심이 가는 직원들을 족집게처럼 금세 알아맞혔다. 그가 대단한 독심술의 소유자인 것은 아니다. 대부분의 경우, 얼굴만 보면 다 알 수 있다. 당신이 리더라면 한번 실험해보기 바란다. 관리자든 그런 결과를 보고하러 온 직원들이든, 안 된다는 말을 하려는 사람은 자연스럽게 '특정한' 표정을 짓게 마련이다. 일단 '어렵다'고 말하려는 사람들은 문을 열고 들어오면서부터 심각한 표정을 짓는다.

"저, 사장님. 실은 지난번 맡겨주신 연구 테마 말인데요."

여럿이 사장실로 들어와 좌우로 쭉 정렬해 앉아서는 이렇게 말문을 연 뒤 보고를 시작한다. 통 자신이 없는 말투다. 그러면 나가모리 사장은 즉시 상대방의 입을 손으로 막듯이 제지를 한다.

"잠깐 기다리게! 지금부터 자네가 하려고 하는 말을 내가 테이프에 다 담아놓았으니, 먼저 테이프를 들어보게. 이 테이프에 없는 말이 있으면 그 다음에는 말해도 좋네. 다 들어줄 용의가 있으니 말이야. 하지만 이 테이프에 자네가 하고 싶은 말이 다 담겨 있으면, 그때는 내 방에서 조용히 나가면 되네."

그리고 보고자를 포함한 팀원 전체가 잘 들을 수 있도록 오디오의 볼륨을 키우고 자신이 녹음한 테이프를 들려준다.

'말도 안 됩니다. 이론적으로도 맞지 않습니다. 시간이 너무 촉박합니다. 한계입니다. 이런 스펙은 도저히 무리입니다. 설계부터 불가능합니다. 단가가 맞지 않습니다. 연구 인력이 부족합니다. 부품 조달이 어렵습니다. 설비 투자가 너무 많이 듭니다. 몇 년 전에 제가 시도했던 것입니다. 이제까지의 경험으로 보아 절대 불가능합니다.……'

그 테이프에는 100가지가 넘는 말들이 들어 있다고 한다. 나가모리 사장이 '안 된다고 보고하는 직원들에게 들려주는 테이프'다.

테이프를 들려준 후 사장은 대표인 책임자에게 묻는다.

"여기 들어 있지 않은 다른 이야기가 있는가?"

"아니오, 다 들어 있습니다."

대개 직원들은 얼굴을 들지 못할 뿐 아니라 말도 잇지 못한다. 그러면 나가모리 사장은 어깨를 툭툭 두드리며 이렇게 말한다.

"그럼 미안한 이야기지만, 자네 사무실로 돌아가보게."

나가모리 사장은 '안 된다'고 말하는 직원들에게 이런 이야기를 들려주곤 한다.

"워크숍을 하건 회의를 하건, 취할 것이 있고 버릴 것이 있다. 진정 버려야 할 것은 '안 된다'는 사고 패턴이다. 그리고 취해야 할 것은 '되는 방법을 찾아 전달하는 습관'이다.

이 두 가지의 차이는 아주 극명하다. 바로 기업 문화의 차이다. 한 번 '안 된다'는 것을 용인하는 조직이 되면, 직원들은 '안 되는' 방법을 기를 쓰고 찾아낼 것이다. 심지어 '안 된다'는 것을 긴 보고서에 장황하게 쓰는 것을 장려하는 기업도 있다. 정말 해도 해도 '안 된다'는 결론이 내려진다면, 거기엔 보고서 따위가 붙을 이유가 없다. '되는' 일에만 집중해도 모자랄 시간에, '안 되는' 이유를 쓰느라 시간을 허비할 필요가 어디 있는가?"

나가모리 사장은 어느 정도 규모가 커진 기업들의 가장 큰 낭비 요소는 '안 된다'는 것에 자료와 분석을 달아 상대를 설득하려 하는 소모전이라고 생각한다. 그것은 비단 업무를 지시한 사장과 부하 직원의 관계에서만 발생하는 소모전만이 아니다. 거의 대부분의 기업들이 동료 간, 팀 간, 상하 간에 '안 된다'는 소모전을 치르느라 전력을 낭비한다.

이들이 '안 된다'는 리포트를 쓰는 이유는 대부분 '잘난 척'하기 위한 것이다. '나는 이만큼 안다', '너도 모르고 있는 업계 사정을 나는 속을 꿰뚫어보듯 알고 있다', '너는 무모하게 된다고 말하지만, 그건 어리석은 생각일 뿐이다' 하는 것을 내보이기 위함이다. 그래서 '안 된다'는 리포트가 득세하는 회사는 십중팔구 볼 것 다 본 회사일 가능성이 높다.

반면, 기업의 가장 큰 재산은 '되는 방법을 찾아 전달하는 버릇', 즉 그러한 기업 문화다. 문제 해결은 자기계발이 되고, 곧 고객 창출로 이어진다. 이것이 다름 아닌 '창조 경영'이다.

　•　•　•　　안 된다는 논문을 쓰는 기업은 망한다.
된다는 논문만 필요하다.
안 된다는 것을 증명할 시간이 있으면, 그 시간에 차라리 되는 '다른 방법'을 찾는 것이 낫다. − 나가모리 시게노부

나가모리 사장은 '학교에서 공부하는 것'과 '직장에서 일을 하는 것'은 분명히 다르다는 것을 누누이 강조한다.

학교에 다닌다는 것의 목적은 '상위 학교나 사회에서 인정받기 위한 성적을 만들어내는 것', 좁은 의미로 말하면 단순히 '학점을 따기 위한 것'이다. 하지만 직장은 다르다. 직장에서 열심히 일했다고 상급 직장으로 갈 수 있는 자격증이 주어지는 것도 아니요, 갑론을박 멋진 토론을 했다고 해서 사장이 학점을 주는 것도 아니다.

직장은 '생산적이고도 창조적으로 문제를 해결해가는 곳'이다. 그것도 기존과는 아주 다른 새로운 방법으로 문제를 해결해야 하고, 그 결과를 고객이 돈을 지불하고 사주어야

비로소 '일'이라는 의미가 성립된다. 생산재를 다루는 회사건 서비스를 다루는 회사건, 모두 똑같은 논리가 적용된다.

대학에서 하는 연구라면, '왜 안 되는가'를 논리적으로 증명하는 것으로도 박사 학위를 받을 수 있다. 하지만 기업에서는 '안 된다'는 것을 증명해내는 것만으로는, 좋은 제품을 만들어낼 수도 없고 새로운 고객을 끌어들일 새로운 아이디어를 만들어낼 수도 없다. 컨설턴트라면 '왜 신규 사업이 위험한지', '왜 이 상품을 접어야 하는지' 시시콜콜 의견을 제시할 수 있다. 하지만 그 외의 직원들에게 그런 권한은 없다.

'처음부터 안 될 일을 무작정 밀어붙이라'는 의미가 아니다. '무조건 손해 보는 일을 처음 생각했던 방식대로 무식하게 추진하라'는 의미도 아니다. '안 된다'고 선입견에 가득 찬 머리로 처음부터 단언하지 말고, 되는 방법을 찾아보라는 것이다.

이 대목에서 필자가 컨설팅을 하면서 자주 맞닥뜨렸던 경험을 떠올려본다. 생산업체의 사례가 아니므로, 서비스 업종이나 고객을 대상으로 하는 업종에 있는 사람이라면 공감할 만한 사례라 생각한다.

"신규 고객을 확보할 수 있는 방법을 도출해보자. 예를 들어 현재 활발히 활동하고 있는 A업체와의 거래를 성사시키는 일도 가능하지 않을까?"

상사가 이런 지시를 하면 보통 직원들, 특히 일의 경험이 적은 직원일수록 며칠 후 이런 답변을 주는 경우가 있다.

"해보았는데 안 되었습니다. 이번 일은 안 되겠습니다. A업체는 이미 굳건한 거래처가 있고⋯⋯, 그곳 B부장과 거래처의 L씨는 돈독한 관계로⋯⋯."

그런 얘기를 듣자면 상사의 입장에선 은근히 부아가 치밀 것이다. 상사가 요구한 것은 꼭 A업체와의 거래를 성사하라는 것이 아니다. 신규 고객을 확보하는 '방법'을 도출하라는 것이다. 직원의 입장에서는 상사가 알지 못하던 'A업체와 거래를 못하는 이유'에 대해 시시콜콜 조사한 자신의 일이 '일'이라고 판단했을지 모르지만, 상사의 입장에서 그건 전혀 일이 아니다. '안 된다'는 이유를 알아보려면, 상사 자신이 전화 한 통 거는 걸로 충분했을지도 모른다. 상사가 요구하는 것은 '거래처를 추가로 확보하는 것' 그 자체다.

'되는 것을, 되는 방법을 찾는다!' 그런 인식을 갖는 것이 얼마나 중요한가는 열심히 연구하고 열심히 밤을 새며 신제품 개발에 힘쓰고 있는 사람, 새로운 고객 창출을 위해 쉼 없이 개척하고 제품을 만지작거리며 아이디어를 내는 사람이라면 반드시 공감할 만한 내용일 것이다.

나가모리 사장은 명문대를 나왔든 열정과 능력을 갖춘 직원이든 간에, '에너지 낭비'를 하지 않도록 하는 데 신경을 많이 쓴다. '방법'과 '제안'을 중시하고, 문제 해결이 불가능하다는 '입증' 따위는 절대 불필요한 것이라고 미리부터 못 박아두었다. '안 된다', '이론상으로 불가능하다', '과거에 해보았는데 불가능한 일이다' 등 생각을 정지시키는 언어나 아이디어 샘을 마르게 하는 말들은 절대 금지시킨다.

우리가 속해 있는 대부분 조직들의 갈등도 사실 '된다'와 '안 된다', '하자'와 '하지 말자'의 대립에서 시작된다. 특히 스스로 똑똑하다고 생각하는 사람들일수록, 새로운 아이디어에 대해 '그것이 얼마나 현실과 동떨어져 있고, 무모한 생각인가'를 증명하느라 열변을 토하는 경우가 많다. 똑똑한 사람인 만큼 좌중이 들어보면 일리가 있고 예사롭지 않는 분석인 경우도 대부분이다.

그러나 여기에 엄청난 함정이 있다. 똑똑한 머리를 그런 식으로 사용하는 사람들을 모아놓으면 좋은 아이디어, 참신한 생각 자체가 조직 내에서 메마르기 시작한다. 모든 아이디어들이 찬밥 신세를 면치 못하고, 새로운 시장을 개척하거나 새롭게 활력을 불어넣어줄 만한 일들은 시작되지 못한다. 조직의 생명줄이 끊기기 시작한다는 말이다.

새로운 기회는 새로운 생각에서 생겨날 수밖에 없다. 다시 말해 '기회'란 현재에 정체돼 있는 상태에서 오는 것이 아니라, 계속해서 무언가를 시도하고 또 시도하는 와중에 찾아오는 것이다. 때로 그 시도가 실패로 결론지어진다 해도, 그때마다 배우게 되면 실패 확률은 점점 줄어들고 성공 가능성은 점점 높아진다.

끝까지 포기하지 않고 '된다'고 믿는 사람을, 제아무리 똑똑한 사람들이 머리 써서 요령껏 하려 해도 결국엔 당해낼 수 없다. 사람은 조금이라도 머리가 굵어지면, 자신이 아는 것만으로 모든 것을 해결하려는 습성을 가지게 된다. 결국 내가 품었던 가치 높은 자산도 그렇게 '믿거니' 하고 방심하는 사이, 누군가 더 의욕적이고 더 부지런한 사람에게 빼앗기게 된다. 긴장을 풀지 말아야 하는 이유가 여기에 있다.

'짬밥이 실력'이라는 생각을 버려라

이 사회에서 모든 것이 경험과 연차 순, 소위 말해 '짬밥 순'으로 정해진다면, 드라마는 생겨날 여지가 없을 것이다.

"살아남는 자는 강한 종이 아니고 우수한 종도 아니다. '변화한 종(種)'만이 살아남는다." 다윈의 《진화론》에 나오는 말이지만, 이는 모든 사회 생활에도 해당되는 말이다. 조직이 무조건 '짬밥이 실력'이라는 식으로 직원을 평가한다면, 유능한 인재는 떠나게 돼 있다. '경험자＝일할 줄 아는 사람'이라는 생각이 굳어진다면, 조직에는 곧 전신 마비가 온다. 그런 믿음을 가진 조직 안에서 누가 새로운 시도를 하려고 애쓰겠는가?

특채로 인재나 경력자들을 찾아 스카우트하는 것도 중요하겠지만, 더 중요한 것은 우수한 인재가 떠나지 않고 조직의 든든한 밑바탕이 될 수 있도록 하는 것이다. 직원들은 각자 커리어를 쌓고 책임과 권한을 행사하며, 기업은 그들에게 제대로 된 보상을 해주어야 한다. 우수한 인재가 떠난다는 것은 곧 기업의 붕괴를 의미하기 때문이다.

일본전산은 그야말로 비약적인 급성장을 거친 회사다. 나가모리 사장은 새로운 것에 쉬지 않고 도전하는 최고의 열정을 가진 CEO다. 자신의 열정 하나로 모든 오너들이 꿈꾸는 업계 1등, 세계 최고라는 그림을 현실로 만들어냈다.

황당하고 기발한 면접으로 선발한 인재들을 육성해 키웠을 뿐 아니라, 경력 있는 인재들도 중도에 대거 채용했다. 그들 대부분은 모터로 유명한 야스가와전기(安川電機)나 후지전기(富士電機)와 같은 대기업의 설계 부장, 설계 과장, 개발 부장 출신의 베테랑들이었다. 모터 설계만 30년 이상 했던 인물, 혹은 '업계에서 그 사람을 모르면 간첩이다' 하는 수준의 인재, '신제품을 개발하려면 이 사람이 아니면 안 된다'고 인정받는 사람, '더 이상의 전문가는 없다'고 손꼽히는 수재들도 채용했다.

하지만 이들 대단한 수재들, 경험으로 인정받은 인재들, 더 이상의 실력자는 없다고 손꼽힌 사람들 역시 '무임승차'의 혜택을 받지는 못했다. 기존의 직원들이 '맨땅에 헤딩'하는 만큼, 스카우트되어 온 경력자들 역시 그것을 능가하는 '실전 테스트'를 통과해야 했다. 그것이 선발자, 후발자, 경력자, 신참 할 것 없이 '안 되는 것이 없게 움직이는' 일본전산의 기업 문화를 만든 큰 원동력이었다 해도 과언이 아니다.

어느 날 나가모리 사장은 소문대로 '그야말로 대단한 사람'이라는 평가를 받아 스카우트한 연구직 임원에게 이런 부탁을 한다.

"쉽지는 않겠지만 두께를 반으로 줄인 모터를 개발해달라."

그러면 상대는 그 자리에서 이렇게 반발하기도 한다.

"사장님 의견에 반대 소견이 됩니다만, 제가 10년 전에 시도해보았는데 무리였습니다."

이어서 '왜 어렵고 안 되는지'를 구구절절 설명한다. 그 이야기를 듣자마자 나가모리 사장은 회사의 기본 방침대로 이렇게 답변한다.

"미안하지만 그렇게 일할 거라면 우리 회사에선 통하지 않습니다. 일본전산에서 그런 사람은 필요 없다는 게 기본 원칙이고 방침입니다. 우리는 할 수 없다는 증명이 필요한 것이 아니라 할 수 있다는 증명 내지는 그런 행동을 보고 싶은 것입니다. 경험 많은 사람조차 못한다고 하면 누가 용기를 내겠습니까?"

과거의 성적이 미래의 실력이 될 수 없다.

일본전산의 출범 단계에서부터 모터 업계에는 전통 있고 실력 있는 선발 기업들이 130개 이상 포진하고 있었다. 그런 상황이고 보니, 나가모리 사장은 '남들이 할 수 있는 것을 해봤자 의미가 없다'는 것을 누누이 강조할 수밖에 없었다. 업계 경쟁 업체가 130개 이상인데다, 새롭게 창업하는 기업들도 줄을 잇는다. 그런 상황에서 남들도 할 수 있는 일만 해서는 곤란하다는 이야기다.

남들이 도저히 불가능하다고 생각하는 것, 전혀 해내지 못하는 것을 해내야 신생 기업으로서 살아남을 수 있다는 확고한 신념이 있었다. 남들이 할 수 있는 일들만 주문받는 것은 지금 당장 밥을 먹기 위함이지, 미래를 보장받을 수는 없다는 것이다. 중요한 것은 미래를 보장해줄 것에 용기 있게 투자하는, 남들이 발을 담그려 하지 않는 '미래 가치'에 과감히 뛰어드는 용기라고 강조한다. 그래야 겨우 살아남을 수 있는 곳이 비즈니스 정글이기도 하다. 그것을 경험자들이 보여줘야 한다는 말이다.

그런데 '업계에서 30년이 넘게 일해온' 사람들이 그런 치열한 경쟁 체제를 이해하지 못하고 '이래서 안 되고, 저래서 안 된다'고 말하면 의미가 없다는 이야기다. 그렇게 따지면 결국 회사를 폐업해야 한다는 결론이 나온다.

'안 된다'고 하는 이유는 도전이 두렵고 새로 뭔가를 해볼 에너지가 없기 때문이다. 그것이 아니면, 사장이 마음에 안 들거나 동료가 마음에 안 들어 회사에 애착이 없기 때문이다. 그런데 회사 안의 누군가가 마음에 안 들거나 혹은 그만큼 일했으니 이제 충분하다고 생각해 자신의 창창한 인생을 허송세월한다면, 그것은 또한 자살 행위이며 인생 폐업과 같다.

필자 역시 기업 코치를 하면서 가장 안타까운 순간이 이런 문화를 그대로 방치하고 있는 회사들을 볼 때였다. 경영자나 임직원 모두가 애정을 가지고 임할 수 있다면, 회사건 개인이건 언제든 새롭게 변화할 수 있다. 결국 조직을 부활시키는 유일한 힘은 애정 어린 열정이다. 특히 회사의 중책에 있는 사람일수록 그 정신을 잃어서는 안 된다. '과거에 공을 세웠으니, 이제 좀 쉬어가도 된다'는 정신으로 일하면 영원히 쉬게 될 수도 있다. 필자는 '짬밥은 실력이 될 수 없으며, 과거의 성적이 실력으로 평가될 수 없다'는 것이 얼마나 뼈 아픈 말인지 공감하고 공감한다. 특히 필자처럼 현업을 떠나 새로운 길을 개척하다 보면, 오히려 현업에서 한때 자신이 소홀히 하던 것들이 얼마나 큰 화살이 되어 되돌아오는지 절감하게 될 것이다.

피터 드러커는 말했다. "사람들은 스스로 일에 대해 정보(지식)를 가지고 있을 때 비로소 그 성과에 대해 모든 책임을 질 수 있게 된다." 그리고 그 책임의 정도에 따라 능력과 보수가 정해지는 것이지, 결코 흘러간 '시간의 양'이 능력을 키워주는 것은 아님을 명심해야 한다.

여섯 가지 기본기를
조직에 심어라

"이것을 회사가 여러분에게 강요하는 치기 어린 정신교육 따위라고 생각하지 마십시오. 이것은 행동 공학에 기초한 습관 학습입니다. 대단한 것이 아닌 것처럼 보일 것입니다. 하지만 이런 기본이 몸에 밴 사람과 그렇지 않은 사람은 곧 엄청난 차이가 나게 됩니다. 몸에 익히십시오. 젓가락질이나 걸음마처럼 천 번이고 만 번이고 반복해 몸에 주입하십시오. 그러면 달라집니다. 여러분이 곧 알게 될 것입니다."

나가모리 사장은 6 Basic, 즉 여섯 가지 기본기를 강조한다. 그리고 '어떤 기업이든 이 기본기를 철저하고 완벽하게 이행할 수 있다면, 언제고 최고가 될 수 있고 다시 부활할 수 있다'고 자신 있게 말한다. 실제로 경영 부진의 수렁에 빠져 어쩔 수 없이 부탁받듯 M&A해야 했던 모든 기업에, 이 기본기를 적용해 '좋은 실적을 내는 기업'으로 전환시켰다. 6 Basic의 위력은 실전을 통해서 입증된 기법인 것이다.

그는 기업을 재건할 때 가장 중요한 것으로 '사람의 의식'을 꼽는다. 대부분 기업의 부진은 직원들의 의욕 상실에서 온다. 적자 같은 기업의 고질병을 치료하기 위해서는 전 임직원의 생각과 마음을 재건하는 것이 우선이라는 이야기다.

· · · 　개인이 가지고 있는 기능이나 기술은 적은 사람과 많은 사람의 격차가 고작 다섯 배 정도 날 뿐이다. 하지만 의욕이나 적극성, 의식은 100배의 차이를 낳는다. 경험이나 능력이 부족해도 의식 수준이 높아지면 성과를 낼 수 있다. 쓸 만한 똑똑한 인재가 없다고들 한탄하지만, 의식을 높이고 가장 기본적인 것을 철저하게 지키면 어떤 회사든 눈에 띄게 좋아질 수 있다. – 나가모리 시게노부

그가 '직원들의 의식'을 강조하는 것은 30년 이상 직접 나서서 면접을 보고 사람을 채용해 회사를 키워온 경험에서 얻은 깨달음 때문이다. 그는 애써 채용한 인재들과 함께 제대로 성과를 내려면, 철저한 기본 교육이 필요하다고 말한다. 그리고 그 일체의 과정은 곧 회사의 성패를 좌우하므로, 경영자의 철저한 책임하에 이루어져야 한다고 주장한다. 그 역시 경험에서 얻은 신념이다.

나가모리는 6 Basic을 철저하게 뿌리내리게 해 자신의 회사를 키웠을 뿐 아니라, 이후 M&A로 사들인 기업 모두 '인원 감축 0명'이라는 원칙하에 재건시켰다. 사업 분야를 정리하거나 인원 감축을 하지 않는 대신, 그는 '무단결근 없이 회사에 나올 것'과 '일하는 곳을 깨끗이 할 것', 이 단 두 가지를 약속해줄 것을 전 직원에게 당부했다. 의식과 행동의 변화를 시작한 것이다.

결근 없이 일찍 출근하고 청소를 잘하는 사람은 반드시 다른 사람보다 앞설 수 있는 조건을 갖출 수 있다. 이것이 그의 믿음이다. 일찍 출근한다는 것은 미리 일을 준비한다는 것이고, 그 시간에 그날 있을 회의나 상담, 영업을 생각하며 이것저것 생각하고 점검할 여유가 생긴다는 뜻이다. 그렇게 준비하는 것과 하루의 준비 없이 일에 임하는 것과는 성과 면에서 엄청난 차이가 난다. 기본적인 정리 정돈을 잘 해두면 시간도 절약되고 시행착오도 줄어들어 생산성에서 차이가 나기 때문이다. 그래서 일본전산은 기본기를 이행하는 실행 지침으로 '3 Quality, 6 Basic'을 만들었다.

일본 내 자회사나 부서뿐 아니라, 해외 법인들 역시 예외 없이 이 '3Q 6B'를 실천하고 있다. 이는 1950년대 이후에 대두된 품질 관리, 생산 관리 시스템을 자사의 실정에 맞게 응용한 것으로, 일본전산은 1995년에 품질 관리 면에서 세계적으로 인정받은 심포공업을 인수합병하면서 기존의 것을 보충해, 1996년에 세부 매뉴얼로 완성시켰다.

일본전산의 '3Q 6B'

3 Quality

- 좋은 직원(Quality Worker)
- 좋은 회사(Quality Company)
- 좋은 제품(Quality Products)
  (좋은 직원으로 변신하면 좋은 회사가 만들어지고, 좋은 회사의 좋은 직원들이 결국 좋은 제품을 만들어낸다)

6 Basic

- 정리 – 항상 반듯하게 정리된 일터
- 정돈 – 항상 모든 것들이 사용하기 편리하게 놓여 있는 일터
- 청결 – 지저분한 곳이 없는 깨끗한 일터
- 단정 – 복장이 반듯한 직원
- 예의 – 올바르게 행동하는 직원
- 소양 – 누구라도 좋아하는 직원

"살고 싶다면,
기본부터 바꾸시오!"

일본전산은 성장 일로에 있던 시점에 자의 반 타의 반으로, 부진에 허덕대던 30여 개 기업을 인수합병해야 했다. 그 배경에 대해서는 뒤에서 자세히 서술하겠지만, 결론적으로 M&A를 한 30여 개 기업은 모두 부활에 성공했다. 합병 이전에 이들 기업들 대부분은 상장 회사이거나 대기업이거나 그 자회사들이었다. 기술력과 규모, 인재 면에서도 모두 나무랄 것 없을 만큼 쟁쟁한 회사들이었지만, 이들이 적자를 내는 데는 공통의 이유가 있었다.

본사 직원들이 파견되어 조사를 해보면, 이들 기업 현장들은 대부분 정리 정돈이 안 되어 있고 청소 상태가 나쁘다는 결론이 나왔다. 직원들의 근태가 불량하고 출퇴근 때 혹은 중간에 눈을 마주쳐도 직원들은 건성건성 인사를 하곤 했다. 그러니 기본부터 꼬여 있다고 봐도 과언이 아니었다.

일본전산은 모터 분야에 집중하다 보니 합병 대상도 기존 경쟁 업체나 동종 업계 기업들이 대부분이었다. 특히 전통으로 보나 규모로 보나 나가모리 사장이 오랜 기간 정성을 들여 인수한 기업은 삼협정기제작소(三協精機製作所)라는 회사다. 일본경제신문사에서 펴낸《일본전산의 도전》이라는 책에도 집중적으로 소개됐던 M&A 사례다.

2003년 10월 매수한 삼협정기의 회계 결산을 2004년 3월에 해보니, 최종적으로 약 280억 엔이 넘는 적자가 생겨났다. 상장 기업인데도 3년 연속 적자를 면치 못해, 도산 일보 직전까지 갔던 회사다. 회사의 사주가 직접 나가모리 사장을 찾아와 통사정을 했다.

"솔직히 말씀드리겠습니다. 저희 회사를 맡아주십시오. 지금까지 해오셨던 대로 구조조정이나 인력 감축 없이 재건을 부탁합니다."

결국 삼협정기는 2003년 10월, 일본전산 산하로 귀속되었다. 물론 다른 경우와 마찬가지로 인원 감축 같은 수술 치료는 없었다. 그런데도 2005년 3월 결산에서는 이전과는 정반대로 170억 엔 이상의 흑자를 냈다. 불량 채권이 많아 인수를 반대하는 목소리도 많았지만, 결국 나가모리 사장은 기술력만을 평가해 합병을 결정했다.

"연봉 1천만 엔 이상을 받는 기술자가 500명이 넘는다. 이런 회사를 맨땅에서 시작해 키우려면 30년은 걸린다. 나는 기업을 매수할 때 기술만 본다. 기술만 있으면 다른 부분이 좋지 않더라도 얼마든지 고칠 수 있다. 그것이 진정한 경영자라고 생각한다."

이렇게 합병된 삼협정기에도 그전 사례와 마찬가지로 일본전산의 '재건 프로그램'이 도입되었다.

먼저 정리, 정돈, 청결, 단정, 예의, 소양 등 6 Basic을 실천하는 것이다. 100점 만점에 60점을 넘으면 흑자로 전환할 수 있다고 판단했는데, 삼협정기를 처음 시찰한 직후 평가한 점수는 5점 정도에 불과했다.

• • •　　전 세계 경영자들 혹은 직장인들에게 근대 이후 가장 지대한 영향을 미친 경영학자는 피터 드러커다. 작고한 후에도 그에 대한 신뢰와 존경은 남다르다. 그의 말 중에서 내가 좋아하는 말은 이것이다. "측정할 수 없으면 관리할 수 없고, 관리할 수 없으면 개선할 수 없다." 이 말을 가장 실천적으로 전환한 프로그램이 바로 '3Q 6B'다. 모든 것을 매뉴얼화해서 수치로 점수화할 수 있게 정리한 프로그램이기 때문이다. – 나가모리 시게노부

"쓰레기는 쌓여 있고, 공장 내부에는 기름이 여기저기 튀고, 작업 도중에 생긴 파편들도 사방에 튀어 있었다. 작업복은 시커멓고 나사 같은 것이 떨어져 있어도 어느 누구 하나 줍지 않았다. 고객이 찾아와도 인사조차 하지 않는다. 수위는 코까지 골며 잔다."

M&A 절차가 마무리되면, 해당 업체는 곧바로 전사적인 운동에 돌입한다. 우선 매일 업무를 시작하기 전인 8시부터 8시 10분까지 각자 주변 청소를 시작한다. 임원도 예외는 없다. 본사에서 파견된 '6 Basic 지도관'이 완성도를 확인하고 부족한 곳은 다시 청소를 시킨다. 그렇게 하면 청소 수준이 자동적으로 올라간다. 어떤 직원들은 칫솔을 가지고 와서 창틀을 닦는다. 블라인드를 일일이 하나씩 닦아내는 사람도 생긴다.

"이상하게 변기를 자기 손으로 직접 청소해본 사람은 자연히 그 뒤로는 깨끗하게 사용해야겠다, 그리고 다른 사람

들도 깨끗하게 사용해줬으면, 하는 생각을 하게 된다. 뭔가 고장이 났을 때도 생각하는 범위와 행동하는 정도가 달라진다. 그전까지는 관리실에 연락을 하고 말거나 그다지 관심을 갖지 않았던 사람, 아니면 '나하고는 관계없는 일'이라며 무신경했던 사람도 '뭔가 조치를 취해야겠다'는 생각을 하게 된다."

'청소 행사'에 참여한 직원의 소감이다. 그렇게 일단 궂은일을 스스로 해보고 나면, 나중엔 조금이라도 거슬리는 것이 있으면 그것이 눈에 밟혀 그냥 지나칠 수 없게 된다. 의식이 바뀌고 소중히 해야겠다는 생각이 싹트는 것이다. 사실은 이 아주 단순한 것이 '적자 회사'와 '흑자 회사'의 차이일지도 모른다.

시간이 지나면 화장실 청소에서 시작한 '물건을 소중하게 사용하자'는 의식은 점점 확대된다. 설비나 부품을 가능하면 저렴하게 구입하고 깨끗하게 잘 사용하려고 한다. 사무실에서나 공장에서도 마찬가지로, 그런 의식 속에서 극히 당연한 것들을 철저하게 이행하기 시작한다. 이런 식으로 모든 직원들의 크고 작은 많은 노력들이 쌓이게 되면 적자에서 흑자로 전환되는 일도 어렵지 않다.

중요한 것은 만년 적자에서 흑자로 전환됐다는 그 단순한 사실이 아니다. 그보다도 더 중요한 포인트는, 그런 변화를 통해 '회사의 물건들을 자기 물건처럼 잘 사용해야겠다'는 애사심, '모두 다 같이 하면 효과를 낼 수 있다'는 자신감이 온몸에 체화된다는 점이다.

일본전산의 M&A 성공 사례들에서 증명되듯, 이 아주 단순하고 별것 아닌 것처럼 보이는 것 하나가 초일류 기업으로 가기 위한 핵심 사항이다. 3Q를 인식하지 않고, 6B를 철저하게 이행하지 않고, '스피드 경영'이나 '효율 경영'을 달성할 수 없다. 기술력과 능력 있는 인재들만 갖췄다고 회사가 제대로 운영되는 것은 아니라는 것을 분명하게 보여주고 있는 것이다. 이것이 바로 나가모리 사장이 '세계경영자회의'에서 연설했을 때, 초일류 기업의 CEO들이 가장 관심을 기울이고 듣고 싶어 하던 경영의 힌트 중 하나였다.

"누군가 커피를 바닥에 엎지르면, 내가 뛰어가 물걸레를 가져옵니다. 그걸 닦으면서 '다른 사람 손이 또 한 번 안 가도록 해야겠다'고 머릿속으로 다짐하는 스스로를 발견했습니다. '빨리', '완벽하게', '다른 사람에게 피해가 가지 않도록' 끝내기 위한 고민은 비단 청소뿐 아니라 다른 업무에도 미칩니다. 복사 하나를 하더라도 '어떻게 하면 짧은 시간에 완벽하게 할 수 있을까'를 생각하고 실행합니다. 그렇게 하게 되면 '잡무'도 '제대로 된 일'로 바뀔 수 있습니다. 아무리 작은 일이라 해도 다른 사람들이 감탄할 정도로 '멋지게 처리할 수 있는 방법'을 생각하면서 실행에 옮기려 의식합니다."

입사 9년 차의 생산 관리부 사토 씨의 말이다.

무엇이든 부딪쳐 풀려 들면
못할 것이 없다

일본전산은 회사의 성패는 직원을 어떻게 '정열', '열의', '집념'을 가진 인재로 키워낼 수 있는가에 달려 있다고 생각한다.

여기, 회사를 키우려는 CEO나 회사를 키워 자신의 꿈을 실현하고자 하는 조직의 리더들에게 흥미로울 일화 하나가 있다.

일본전산이 개발한 소형 모터가 해외에서 인정을 받으면서 수출 물량이 폭발적으로 늘어나던 시기였다. 시장이 큰 미국에 현지 법인을 설립하고 인재를 파견할 시점에, 특별 채용이 아닌 잘 훈련된 내부 인재를 보내기로 결정했다. 모터에 대해 그나마 좀 잘 알 만한 직원에게 어느 날 나가모리 사장은 지시를 내렸다.

"다음 달부터 미국 주재원으로 가야겠네."

그 말을 들은 직원은 눈이 휘둥그레지며 대답했다.

"사장님, 제가 제일 싫어했던 과목이 영어입니다. 영어가 싫어서 기술 계통인 엔지니어가 된 것 아닙니까? 제발 봐주세요. 영어는 이제 듣기만 해도 쓰러질 것 같아요."

그 말을 듣고 나가모리 사장은 이렇게 응수했다.

"자네, 무슨 말을 하는 건가? 미국에 가보면 서너 살짜리 애들도 영어를 유창하게 잘 하네. 조잘조잘 영어를 잘도 한단 말이야. 서너 살짜리 애들이 할 수 있는 일을 못한다고 하는 게 말이나 되는가?

다 큰 멀쩡한 청년이 못한다고 할 수 있느냐 말이야. 살다 보면 얼마나 부딪혀야 할 일들이 많은데, 영어 같은 건 그야말로 간단한 문제 아닌가?"

그는 매번 그런 식으로 해외 문화나 사정에 대해 사전 지식이 전혀 없는 직원들을 설득해, 미국이며 유럽으로 보냈다. 그리고 결국 그들이 세계 시장 80~90%를 장악할 수 있는 회사로 만들어주었다. 처음에는 다 삼류로 분류되던 친구들이었다.

"자네는 전혀 걱정할 게 없어. 원래 처음부터 회사가 자네를 채용할 때 '밥을 빨리 먹어서' 선택한 것이지 영어가 유창하다고 뽑은 건 아니지 않나? 제발 자네가 대단한 인물인 양 큰 부담을 갖지 말게. 회사도 그렇게 큰 기대를 하지 않아. 그러니 실컷 한번 해보면 되네. 지금까지 해온 대로 그냥 속된 말로 '빡세게' 대들어 하면 모두 다 간단한 문제임에 틀림없어."

나가모리 사장은 겁을 먹고 주춤하는 직원들에게 이렇게 용기를 불어넣었다. 어차피 실수 없이 완벽한 것은 하나도 없으니 도전해보라는 것이다. 그렇게 하다 보면 뭐가 모자라고 무엇이 필요한지 알 수 있고 느끼게 된다. 그것을 깨닫게 되면, 그때 다시 준비하고 방법을 찾으면 된다. 그러면 결국엔 성공할 수 있지 않겠는가!

학교에서 가르치는 것들은 대부분 시험 준비를 위한 문제 풀이 중심이다. 그러다 보니 정해진 수식이나 지식의 암기 정도를 테스트해 성적을 정한다. 그러니 성적이란 결코 참고할 만한 것이 못 된다. 점수와 성적 위주의 교육은 정작 사회에서 필요한 종합적인 사고를 요하는 문제 해결 능력을 떨어뜨리고, 상상력과 창조성을 해친다는 말이다. 그래서 일단 입사를 하면 현장에서 자극을 받고 깨우치게 해서 실전에 강한 인재를 육성해야 한다는 것이 일본전산의 지론이다.

직원들이 성장하고 회사가 커가기 위해서는 무엇보다도 직원들을 '꼼꼼하면서도 대범하게' 키우는 방법이 필요하다. '대범해지기 위해서는 꼼꼼하게 준비해야 하고, 꼼꼼하게 준비했다면 대범해질 필요가 있다.' 그래서 일본전산은 교육에 많은 투자를 함과 동시에, 신입들도 직접 일을 맡아서 할 수 있게 조직을 짠다. 그리고 자신의 의지나 의향에 따라 계획서를 제출하거나 제안서를 제출하면, 시도해보고 싶은 일에 대해서는 얼마든지 지원받을 수 있는 조직 문화를 갖추고 있다.

밖에 나가면 그야말로 강해야 한다. 때로는 엄청난 공격을 당하면 그것만으로도 강해지는 조건이 된다. 겁을 먹으면 모든 것이 두려워진다. 하지만 강한 회사에는 밖에 나가서도 견딜 수 있는 면역력을 지닌 인재가 필요하다. 그런 인재를 키워내는 유일한 방법은 직접 부딪쳐 풀게 하는 '강한 훈련'뿐이다.

자기계발에 대한 투자를
멈추지 마라

일본전산 간부들은 서로 "우린 대부분 밥을 빨리 먹어 채용된 사람들"이라고 농담을 나눈다. 이제는 후일담으로 오갈 정도로 당연한 일이 되었다. 하지만 당시에는 "그런 식으로 사람을 채용할 거면 다음부터는 사람을 소개시켜줄 수 없다"는 채용 관계자의 엄포까지 들어야 했다. 일본전산의 채용 에피소드는 웃음이 절로 나올 만한 이야기지만, 여기에는 진정한 인재들의 핵심 키워드가 숨어 있다.

"인재는 채용하는 것이 아니라, 키우는 것이다."
대기업 CEO나 인사 담당자, 조직의 중간 책임자 이상이라면 이 이야기에 공감하는 이들이 많을 것이다. 기업 면접관들도 십중팔구 졸업 예정자들이나 신입 사원을 뽑을 때, '지금 현재 무엇을 가지고 있는가'를 선발 기준으로 삼지 않는다. 이제 막 사회에 발을 딛는 사람이 무언가 대단한 역량을 갖췄을 리 만무하다. 그보다 중요한 포인트는 '지금부터 무엇을 어떻게 할 수 있는가' 하는 점이다.
비즈니스 정글에서 인정받고 있는 많은 사람들을 만나 취재해보면, 출세란 인물 생김 순서도 아니고 학벌이나 성적 순도 아니라는 것을 실감할 수 있다.
재미있게 말하자면, 말 그대로 학벌은 굶어 죽지 않을 확률을 '조금' 높이는 것에 불과하다. 비즈니스 정글에서는 학교 성적이나 학교 간판으로 먹고 살 수 없다. 좋은 학교 나왔다고, 성적이 좋다고 좋은 상품을 저절로 만들 수 있게 되는 것도 아니고, 경쟁에서 이길 만한 해법을 고안해낼 수 있는 것도 아니다. 중요한 것은 그 다음이다. 그래서 과거보다 미래를 보고 투자하는 것이 중요하다.

예를 들어 밥을 빨리 먹는 사람은 '머리보다는 위장이 좋은 인재'다. 이들에게는 무엇이든 흡수하려고 달려들고, 모르는 것은 훔쳐보기라도 해가면서 남들보다 배 이상 일할 수 있는 열정 있는 인재가 될 자질이 있다. 이런 가능성을 적재적소에 배치해 제대로 성과를 내는 것은 관리자나 경영자의 수완이다. 지방 중소기업이 IQ나 대학 성적표로 사람을 채용한다는 것은 어불성설이라는 것을 나가모리 사장은 일찌감치 간파했다고 볼 수 있다.

하지만 이런 '사람 보는 기준'은 지방 회사, 중소기업이었던 당시에만 해당하는 것이 아니다. 이제는 일본전산이 세계적인 기업으로 성장해 최고의 학력 수준을 갖춘 박사들이 줄줄이 입사하지만, 여전히 학교 성적은 일에서 전혀 도움이 안 되고 사람을 선택하는 기준도 될 수 없음을 잘 알고 있다.

일본전산은 지금도 지원자가 제출한 성적표를 전혀 보지 않고 인사부 금고에 보관해둔다고 한다. 인재를 선발할 때 겉으로만 보고 방심하거나 속단하지 않기 위한 그 나름대로의 엄격한 자기 관리일지도 모른다.

"학교 성적과 입사 후의 실적과는 전혀 연관 관계가 없다. 입사 후 몇 년이 지나 학교 성적과 업무 고과표를 직접 비교하면서 검증해본 사실이다."

일본전산의 인사 담당자는 이렇게 장담한다.

실제로 대기업을 비롯해 한국 기업들의 이직률이 높은 것도 따지고 보면 간판과 성적 위주로 인재 선발을 하고 있기 때문인지도 모른다. 규모가 크든 작든 간에 직원을 선발하고자 할 때 회사는 '회사가 직원을 선택할 권리가 있는 것처럼 직원도 회사를 선택할 권리가 있다'는 사실을 인식하고, '왜 내가 이 회사를 선택했는가?'가 분명한 사람부터 뽑아야 한다는 것이다. 그리고 이 회사를 선택하기 위해 어떻게 노력했고, 앞으로 어떻게 노력할 것인지를 확인하면 된다.

그래서 회사는 종이 쪽지에 기록된 성적보다 뜨거운 열정을 봐야하며, 그렇게 해서 '가슴 두근거리는 직원들'로 회사를 채워야 한다. 그러기 위해서는 똑똑한 순서가 아니라 '회사와 자신의 일에 애착이 강한 순서대로 인재를 선발해야 한다'는 결론이 나온다.

고이 자란 사람보다
제대로 성장할 사람

요즘같이 '평생 직장' 개념이 사라진 시대에는 좋은 인재를 유지하거나, 어느 회사와 평생 파트너가 된다는 것이 쉽지 않다. 하지만 회사와 그 구성원이 같이 좋은 결과를 얻기 위해서는 파트너 관계를 가능한 한 길게 유지하는 것이 바람직하다. 그런 면에서 조직에 몸담은 사람들이 일을 통해 성공할 수 있도록 기회를 부여하는 일본전산의 인사 시스템과 경영 시스템은 우리에게 많은 힌트와 영감을 준다.

아무리 명문대를 나와도 자기에게 지속적으로 투자하지 않으면 상대적으로 가치는 하락한다. 여기서 투자란 '자기계발'이다. 그런데 이 투자 역시 회사나 일에 대한 애착이 없으면 불가능한 일이고, 효과도 없다.

"성적이 우수하고 똑똑하다고 인정받는 사람보다, 똑똑하지는 않더라도 회사의 합격 통지를 받고 제일 기뻐할 사람을 뽑아야 한다."

나가모리 사장은 초청 강연에서 이렇게 말한 적이 있다.

"명문 대학 출신 A와 삼류 대학 출신 B가 입사를 지원했다고 가정해보자. 먼저 A는 몇 개의 대기업에 원서를 냈지만 모두 면접에서 떨어졌다. 마지못해 우리 회사에 지원해서 결국 합격 통지를 받았다. 그런데 표정이 담담하다. 만족스럽지 못한 얼굴로 가족들에게 알리니, "그런 데 들어가려고 명문대 갔냐"며 축하하기는커녕 놀림만 받았다.

반대로 B는, 명문대 출신은 아니었지만 평소부터 꼭 우리 회사에 입사하고 싶었다. 그리고 정말 다행스럽게도 합격 통지를 받았다.

그는 흥분해서 환호성을 질렀다. 그야말로 쾌거다. 졸업식장에서는 사각모를 하늘 높이 집어던진다. 온 가족이 기뻐하고 축하해준다. 회사에서 근무할 생각을 하니 가슴이 다 벌렁벌렁 뛴다.

입사 후 이 두 사람은 어떻게 달라질까? A는 빤한 것들이라고 학습하지 않는다. 자신은 더 좋은 곳에 들어갈 수 있었는데 재수가 없어서 이곳에 들어왔다고 생각한다. 열정이나 일에 대한 의욕도 없다.

하지만 B의 생각은 다르다. 그토록 간절히 바라던 회사에 입사했다. 초정밀 모터 분야에서 세계 최고 수준을 지향하며, '열정적인 CEO'로 소문나 있는 사장이 있는 일본전산에 입사한 것이다. 직원들이 너무 부지런해서 일하기 힘들다는 소문도 있지만, 일 하나는 제대로 배울 수 있다고 생각한다. 입사 초기부터 업무를 떠맡아 이른바 '빡세게' 해야 한다는 이야기도 들었다. B는 일만 열심히 하면 인정받을 수 있다는 생각에 열정으로 넘친다. 선배들의 가르침이나 교육에 아주 적극적이고 열성적이다. 모든 것이 새롭고 재미있으니 적응도 잘한다.

이들 중 누가 일에 대한 의식이 높고 애사심을 가지고 일할 것인가?"

회사가 성장하고 발전하기 위해서는 껍데기만 좋은 인재보다는 모든 것을 걸고 자신을 발전시킬 자세를 가진 인물을 선별하는 것이 중요하다. 그런 회사 중에 경영자가 한눈을 팔고 있는 곳은 없다. 동시에 직원들도 이루고 싶은 것, 맡고 싶은 일들이 많기 때문에 '자기에 대한 투자'를 멈추지 않는다.

"단순하게 경험을 쌓는 것만으로는 능력을 키울 수 없다. 그래서 매일 업무 중에서 모르는 것이 있으면 참고서를 다시 보거나 해서 빠른 시일 내에 소화하려고 하고 있다. 또 그런 노력들이 우물 안 개구리식이 되지 않도록 '회사 밖에서도 통용될 수 있는지'에 대해 항상 의식하고 있다."

1993년에 입사한 지적 재산부 직원 엔도 씨의 말이다.

채찍을 아끼지 않는 리더가
회사를 살린다!

**리더의 열정은 회사와 직원들에게
고스란히 전염된다**

5

아끼는 직원일수록
호되게 나무란다

나가모리식 '호통 경영'

"무엇으로 사람의 마음을 잡을 것인가? 사람은 이상(理想)만으로 동행해주지 않는다. '저 사람을 따라가면 굶어죽지는 않겠다'는 생각이 들어야 한다." - 나가모리 시게노부

한국의 비즈니스 정글은 21세기에 들어서면서 안타까운 현실에 직면해 있다. 격동하는 세계 경제에 적응하기 위한 '변화의 바람'에 기업과 사회, 개인 모두 제대로 적응하지 못하고 있는 것이다. CEO는 '꿀을 딸 벌은 많다'며 직원들에게 불만을 토로한다. 직장인들은 '꿀을 얻을 꽃도 많다'며 응수한다.

하지만 명심해야 할 것이 있다. 여왕벌이 장소를 잘못 선택하거나 계절의 변화를 제대로 읽어내지 못하고, 또 꿀을 제대로 관리하지 못한다면 일벌들과 함께 고사하게 된다는 사실이다.

'꿀을 딸 꽃도 많다'며 '마음에 안 들면 바로 떠난다'는 식으로 응수하는 직장인들도 유념해야 할 것이 있다. 꽃이 항상 피어 있는 것은 아니며, 계절과 환경은 변한다는 점이다. 자칫 잘못하면 꽃이 영원히 사라질 수도 있다.

얼마 전 국내의 한 취업 포털이 '직장인 77%, 잘리지 않을 정도로만 일한다'는 제호의 기사를 냈다. 직장인들이 자신의 실력을 100% 이상 발휘하기 위해 노력하지 않고 적당한 선에서 일하고 있다는 것이다. 그 이유인즉슨 '노력해도 보상이 없어서'였다.

또 다른 국내 대표 취업 포털도 비슷한 시기에 직장인을 대상으로 설문 조사를 실시해 '직장인 80%는 이직을 후회한다'는 제호의 기사를 내보냈다. 이들의 답변을 보면 회사의 불투명한 미래에 대한 불안감(50%), 더 높은 연봉, 회사의 경영 방식이나 운영 정책에 대한 불만 등이 이직 결정에 많은 부분을 차지하는 것으로 나타났다.

요즘 대부분 기업들은 '높은 이직률' 때문에 부정적인 이미지가 남지 않을까 고민하는 경우가 많다. 반대로, 이직을 한 당사자들도 조사 결과처럼 십중팔구는 후회를 한다. 악순환이 이어지고 있는 것이다. 이런 악순환 속에서는 기업도 성장할 수 없고, 결국 개인도 성장을 멈추고 퇴보하게 되는 꼴이 된다.

그렇다면 이런 현실을 타파하기 위해서 무엇이 필요한 것일까? 그 힌트의 일부를 일본전산에서 찾을 수 있다.

직원을 아끼는 상사는
호통을 친다

일본전산은 리더와 구성원이 함께 발전할 수 있는 모델을 제시하고 있다. CEO도 그렇고 직원들도 그렇다. 일에 대한 애정, 회사에 대한 애정, 직원들에 대한 애정, 임직원 상호 간의 애정이 기본에 있다. 그렇다면 그들은 어떤 애정을 가지고 있고, 어떻게 서로 동기 부여하고 있을까?

나가모리 사장에게 "직원들이 그토록 CEO를 잘 따르고 회사에 애정을 가지고 있는 이유가 무엇이냐"고 물으면, 의외의 답이 나온다. "호통을 쳐서 직원들에게 자극을 주기 때문"이라는 것이다. 달콤한 칭찬을 자주 해주는 것이 아니고, 호통 그것도 눈물이 날 정도로 호된 호통을 치는데도 직원들이 만족한다는 것이다.

정말 그럴까?

대개 동기 부여 전문가들은 직원들에게 일의 의욕과 자극을 주려면 '칭찬'이 필수적이라고 말한다. 애정이야말로 가장 큰 동기 부여 에너지라고 생각하기 때문이다. 그런데 나가모리 사장은 일분일초도 쉼 없이 직원들을 혼내기에 바쁘다고 말한다. 그의 경영 철학은

'호통 경영'이다. 그런데도 일본전산 임직원들은 그를 믿고 따른다.

호통치는 경영자를 믿고 따른다?

나가모리 사장은 직원들을 나무라면서 키운다고 하지만, 그의 진짜 목적은 나무라는 것이 아니다. 그 역시 '꾸중을 하는 쪽과 듣는 쪽 모두 기분 좋을 리 없다'는 사실을 잘 알고 있다. 나가모리 사장은 자신이 호통치고 나무라는 것은 '관심을 보이는 것'이라고 주장한다. 특별한 관심 말이다.

'나는 자네에게 이 정도를 바라고 있는 게 아니야', '나는 자네를 키우고 싶어', '나는 자네를 항상 걱정하고 있네' 하는 메시지의 다른 표현인 것이다. 혼내는 것도 하나의 관심으로 받아들이지 않으면 양쪽 다 힘들어진다고 그는 말한다.

나가모리 사장도 창업하기 전 6년 동안 직장 생활을 한 경험이 있다. 그는 그때의 사장이나 상사와의 관계를 가끔 회고한다.

"이전 회사에 재직했을 때 만난 전무님과 사장님이 있다. 가끔 회사 안에서 지나가다 엘리베이터나 복도에서 만나게 되면 전무님은 내 이름을 제대로 알지 못해 명찰을 보고서야 이름을 부르면서도 '나가모리 씨, 열심히 잘 하고 있죠? 주변에서 칭찬이 자자해요.' 하며 칭찬을 늘어놓았다. 연신 칭찬뿐이다. 하지만 사장은 달랐다. 보자마자 큰 소리로 호통을 쳤다. '어이, 나가모리. 자네가 지난번 설계한 모터는 말이야. 기름이 줄줄 새고 전기 스파크까지 일고 제대로 된 것이 하나도 없었어.' 하고 노발대발이었다."

나가모리 사장은 당시 사장에게 이렇게 꾸지람을 듣고 나면 오히려 기분이 좋았다고 한다. 그는 '내가 지난번 설계한 제품을 사장이 잘 알고 있구나.', '사장까지 내 일을 걱정하고 있구나.' 하는 생각을 했다고 털어놓았다.

그의 말대로, 진심으로 관심이 있어 들여다보고 살펴보며 깊이 관찰한 결과로 나무라거나 혼내는 것은, 그 직원에 대한 깊은 관심 덕분이다. 기분이 나쁘거나 언짢은 일로만 치부할 일이 아니다. 우리 주변만 보아도 그렇게 호통을 치는 사람일수록 진짜 애정도 있고 호방한 성격의 리더인 경우가 많다. 부모도 그렇지 않은가? 자식의 일에 관심이 없고 자식이 어찌 되든 개의치 않는 사람일수록, 달콤한 사탕발림으로 아이의 환심을 사려 한다. 물질적인 보상 혹은 립 서비스식의 칭찬 외에는 달리 관심을 표할 만한 열정이 없는 사람일수록 칭찬을 남발하게 돼 있다.

그러므로 혹시 매번 칭찬만 하고 있는 상사나 사장이 있다면, 다시 봐야 할 일이다. 또 혹독한 질책으로 아픈 곳을 매번 찌르는 상사가 있다면, 그 역시 다시 봐야 할 일이다.

나가모리 사장은 자신의 성격상, 칭찬을 하기보다는 호통을 많이 친다고 솔직하게 이야기한다. 그만큼 직원들에게 애정이 있고 회사에 대한 애착도 남다르기 때문이다. '누구도 회사를 사유화할 수 없다'고 명시화한 회사 경영 방침이 있기 때문에, 일반 사기업 사장처럼 자신의 소유욕이나 사욕 때문에 직원들을 야단치는 것은 분명 아니다. 회사를 세계 최고로 만들고 그 회사에 몸담은 식구들이 끊임없이 발전해 인생에서 성공할 수 있도록 지원한다는 생각에서 그는 호통을 친다.

이렇듯 그의 호통은 미움이나 증오의 감정 표출이 아니다. 사실 칭찬만 하면, '옳고 그른 것', '해야 할 일과 하지 말아야 할 일'에 대한 혼돈을 줄 수 있다.

호통 경영과 관련된 그의 지론은 이렇다.

"칭찬만 하면 바보를 만들기 쉽다. 제대로 크는 사람들은 혼나면서 성장한다. 꾸중을 듣고 잔뜩 삐쳐 있다가 감정으로 받아치려는 사람은 결국 큰일을 스스로 처리할 수 없는 사람이다. 반대로 꾸중을 듣게 되면 자신을 질책하면서 '발전적 반발심'을 가지고 일에 더 덤벼드는 사람이 진짜 클 수 있는 사람이다."

일을 통해 성과를 보여주고 조직에서 인정받는 사람들은 근성이 있고 책임을 지려 하는 사람들이다. 책임을 진다는 것은 곧 권한을 더 많이 갖는다는 것이다. 호통을 치는 것은 자신이 권한을 부여 받은 만큼 책임을 지고 그것을 해내는 인재를 키우고자 함이다.

이렇듯 책임과 권한의 역학 관계를 잘 이해하고 있는 사람일수록 '책임을 떠맡길 만한' 자신이 실수를 했을 때 상사는 더 큰 소리로 호통을 친다는 사실을 잘 알고 있다. 나가모리가 소위 삼류, 이류 인재들과 함께 일본전산을 엄청난 회사로 성장시킬 수 있었던 배경에도 '잔인할 만큼' 마구 호통친 힘이 자리하고 있다. 임직원들 모두는 사장이 '큰일을 맡길 사람에게 더욱 큰 소리로 호통을 친다'는 것을 잘 알고 있다.

호통치는 상사만 한
은인은 없다

그는 사람을 회사의 가장 큰 보배라 생각한다. 그저 허울 좋은 말로만 그런 것이 아니다. 그래서 인연이 된 사람들 중에서도 회사에 데려오고 싶은 사람이 있으면 정성을 많이 쏟는다. 그리고 '나는 호통치는 경영자'라고 미리 주지시키며, 틈만 나면 호통에 익숙해지게 만든다.

창업 후 1년이 지날 때쯤 연속 부도를 맞으며 회사가 곤경에 빠진 적이 있었다. 그래도 그는 부도를 낸 기업에 '채권을 포기할 테니 기술자를 달라'며 인재 구출 작전을 펼쳤다. 이 사건은 훗날 일본전산이 M&A를 통해 적자 회사를 흑자로 전환시키게 된 일련의 '재건 활동'에 큰 힌트를 주었다.

일본전산은 1974년 12월 어음 부도를 맞았다. 당시로서는 상당한 액수인 약 3백만 엔 정도의 규모였다. 거래 기업은 일본전산과 그리 멀지 않은 지역에 있었다. '홀(Hall) 소자'라고 하는 특수 반도체를 모터에 응용해, 브러시리스 DC모터를 제조하는 '유니존'이라는 회사였다. 일본전산은 이 회사에 부품을 납품하고 있었다.

나가모리 사장은 유니존이 부도 나자 채권을 포기하는 대신, 그곳 기술자들을 일본전산으로 데려올 수 있게 해달라고 요청했다. 유니존으로서는 인적 구조조정과 사업 구조조정을 모두 고민하고 있었던 터라 반가운 이야기였다. 나가모리 사장은 기술 파트 사람들과 만나 식사를 하고 이야기를 나누면서 '이런 유능한 기술자들을 쫓아내는 것은 너무 안타까운 일'이라며 꼭 데려가겠다고 마음을 굳혔다.

특히 기술 과장 스즈키 미치히로(鈴木道博)가 맘에 들었다. 엔지니어들은 외골수가 되기 쉽고 다른 사람의 의견이나 생각에 대한 포용력이 없는 경우가 많은데 스즈키는 달랐다. 나가모리 사장은 그를 호통치면 칠수록 '긍정적인 반발심'으로 무장해 '실력으로 승부하는 인재'가 될 수 있겠다는 확신을 가졌다. 인성도 갖춘 데다 일본전산이 필요로 하는 기술력을 가진 인재였다. 어디로 가야 할지 갈피를 못 잡고 있는 그들을 구출하기로 한 것이다.

"회사가 부도 나서 채권단에 넘어갔다. 회사를 재건시키기 위해 개발 부문을 폐쇄해야 한다는 데 의견이 모아졌다. 우리는 앞으로의 진로를 두고 팀원들과 고민을 하던 중이었는데, 나가모리 사장의 러브콜이 있었다. 팀원 모두가 그때 감격의 눈물을 흘렸다."

스즈키는 훗날 《일본전산 30년사》에서 이렇게 회상했다. 그들에게 일본전산은 '채권을 포기하고 자신들을 선택한 은인'이었다.

스즈키는 열정적이고 도전적인 나가모리 사장이 매력적이었고 끌렸기 때문에 흔쾌히 따르겠다고 했다. 이전 조직에서는 뭔가 해 보고 싶다고 상부에 보고해도 묵묵부답인 경우가 많았는데, 일본전산은 '즉시 한다, 반드시 한다, 될 때까지 한다'는 회사 풍토가 있다고 하니 열정적인 오너에게 끌렸을 것이다. 계속 새로운 것에 도전하고 남들보다 두 배로 준비하고 일하는 것이 즐겁다는 나가모리 사장의 이야기를 듣고, 기술 개발을 하면서 남들이 하지 못하는 것을 백 배 천 배 더 실험해서 풀어내고 싶어 하는 자신의 생각과 흡사하다는 생각을 했다.

"일본전산에 합류하고 나서 '과학, 기술, 기능을 융합시킨 세계적인 제품을 생산해 사회에 공헌하고 회사와 종업원들의 번영을 추진한다'라는 회사 미션에 다시 한 번 감동했다. 나가모리 사장의 언행은 그 당시에도 그것과 일치했다. 그래서 호통을 쳐도 고맙다는 생각이 들었다."

스즈키는 엔지니어 출신이지만 끊임없이 탐구하고 도전하려는 열정을 높이 평가받아 1975년 7월에 영업 부장 겸 전자 파트 담당 부장에 취임했다. 이 일을 계기로 일본전산은 브러시리스 DC모터 분야에 진출할 수 있었다. 그리고 브러시리스 DC모터 분야에서 세계 최고 기업이 됐고, 성장의 중심축이 된 사업 분야를 구축했다.

"몇 차례 부도 나고 어렵게 된 거래처에서 채권을 행사하는 대신 엔지니어를 데리고 왔다. 그런 엔지니어가 기존 기술진에 합류하게 되면서 엄청난 시너지를 얻었다. 일본전산의 가장 큰 성장 동력 중 하나가 된 것이다."

나가모리 사장은 이렇게 회고한다.

나가모리 사장이 이끄는 일본전산이 모터 분야에서 세계적인 기업으로 성장할 수 있었던 것은, 사람을 끌어들이고 인재가 조직에 제대로 정착할 수 있게 하는 '사람 중시'의 인간 경영을 실천해왔기 때문이다.

"내가 책임지겠다고 사람을 데리고 왔다. 그래서 그냥 그럭저럭 넘어갈 수 없었다. 호통을 쳐서라도 항상 깨어 있게 해야 한다고 생각했다. 다시는 '적자'나 '부도'와 같은 경험을 해서는 안 된다는 생각 때문이다. 그 마음을 잘 알고 직원들도 이해해주었다."

이것이 그가 기술진에게 호통치는 이유다.

그가 만약 개인의 자산이나 늘리고 돈만 벌 생각으로 사업을 하는 사람이라면 '그냥 돈 벌 궁리나 하고, 직원들도 일회용으로 취급했을' 것이다. 하지만 그는 항상 사람 중심으로 생각하고 사람 중심의 경영을 고려했다. 개인 욕심을 부리면 사람들이 모이지 않고 그들이 오래 머무르지 못하는 조직이 될 수 있기 때문이다. 그래서 '회사는 창업한 사람의 것이 아니고 주식을 많이 가진 사람의 것도 아니며, 공공의 것'이라고 매번 강조한다.

호통치는 데도
에너지가 필요하다

학교에서 폭력을 휘두른 학생들과 면담을 나눠보면 십중팔구 '선생님이 우리를 무시한다'고 말한다. "선생님은 나에게 전혀 관심을 보여주지 않는다. 뒤에서 무슨 일을 해도 혼내지도 않는다. 공부를 하건 잡담을 하건 '나는 수업만 하면 된다'는 식으로 무관심했다." 이렇게 불만을 토로하는 학생들이 대부분이다.

회사도 마찬가지다. 실패하든 성공하든 그 누구도 일언반구 하지 않는다면 직원 입장에서는 일하기 좋은 천국 같은 직장이라 생각하겠지만, 그건 절대 오산이다. 그런 회사는 절대 오래 갈 수 없다. '혼내는 데도 에너지가 많이 필요하다'는 사실을 알아야 한다. 아무리 상사고 오너라 해도 매번 직원들을 혼내기만 한다면, '괜히 나만 미워한다'고 오해를 살 수 있다. 괜한 반항심만 돋울 수도 있다. 때에 따라 일을 게을리하는 등 소심한 보복을 해올지도 모른다. 그래서 혼낼 때는 더 많은 에너지와 열정을 쏟아야 하고, 요령도 필요하다.

"의욕이 넘치는 CEO들이라 해도, 직원들을 혼내고 싶은 생각이 굴뚝같은데 그냥 지나치는 경우가 많다. 눈치가 빠르거나 센스가 있는 사람들은 혼내지 않아도 윗사람 표정만 보고 잘 알아서 한다. 모든 조직이 그렇게 잘 돌아간다면 얼마나 좋겠는가? '능력 있는 직원', '탄탄한 기술력', '탁월한 상품'을 갖춘 그럴듯한 조직이라고 해서 제대로 된 조직이 아니다. 누군가 무언가 잘못하고 있을 때, 그것을 지적하고 확실하게 혼낼 수 있는 조직이 제대로 돌아가는 조직이다."

나가모리 사장의 말이다. 일본전산은 처음부터 회사의 경영 방침을 문서로 작성해 세 명의 직원들과 공유했다. 회사가 커지면서 직원 수가 늘어났지만, 나가모리 사장은 단 한 사람이라도 이 원칙을 지키지 않으면 호되게 야단을 쳤다. 그만큼 원칙을 중시했던 것이다.

혼을 내야 하는데도 그냥 지나치는 경우는 왜 생기는가? 그것은 에너지 내지는 열정이 부족하기 때문이다. 요컨대 30분을 혼내면 두세 시간 정도 사후 케어가 필요한데, 그럴 에너지가 없는 것이다.

상급자가 하급자를 혼냈다고 생각해보자. 그럼 같이 일하는 사람으로서, 혼낸 사람으로서, 상급자로서 분명 미안한 생각이 들 것이다. 본뜻은 '직원의 마음을 상하게 하려는 것'이 아니기 때문이다. 그래서 상급자는 나중에 하급자를 따로 불러 이렇게 말한다.

"오늘 내가 큰 소리로 뭐라고 해서 기분이 좋지 않았지? 나도 기분이 별로 좋지 않아. 오늘 일 끝나고 술이나 한잔하자!"

조용히 불러 차를 마시며 사후 케어를 하는 경우도 있다.

"왜 내가 그렇게 큰 소리를 쳤는지 알지? 사실 자네를 정말 아끼는 마음에서……."

혼낼 때보다 더 많은 시간을 들여 주절주절 설명하고 달래야 한다. 이런 과정이야말로 에너지가 필요한 사후 케어다. 하지만 대부분 사람들은 그게 싫어서 무관심으로 일관하는 경우가 생긴다. 혼내서라도 바로 알려줘야 하는데도, '사후 케어가 힘들다'는 생각에 그냥 포기하고 지나치는 것이다.

그렇다면 '제대로 호통치는 상사'가 되려면, 어느 정도로 혼을 내야 할까? 자기 나름대로는 혼도 내고 꾸짖는다고 하지만 보통 그렇게 적당히 혼냈다고 생각하면 잘못 생각하고 있는 것이다. '눈물이 쏙 빠질 정도로' 호통을 쳐야 한다.

상대가 '심하다'는 생각이 들 정도로 엄하게 이야기한다. 적당히 칭찬해서 크는 사람은 드물다. 그런데도 보통 사람들은 '어려운 상황인데도 잘해주고 있네. 기대 많이 하고 있으니 앞으로도 잘 해주길 바라네.' 하는 정도의 적당한 칭찬으로 상대가 의기충천해질 것이라고 오해한다.

그런 식의 속이 보이는 칭찬으로 '그럭저럭 잘해줄' 인재는 드물다. '회사에 엄청난 공헌을 했다'며 창립 기념일에 표창과 상장을 주면서 격려하면 직원이 의욕이 배가되어 죽을 둥 살 둥 열심히 할까? 물론 그런 장치도 반드시 필요하다. 하지만 인재는 저절로 크거나 알아서 자라는 것이 아니다. 경영자의 노력 없이 '백마 타고 온 왕자처럼' 하늘에서 갑자기 나타나 부진에 빠진 회사를 구해줄 리 만무하다는 말이다.

칭찬을 해도 직원들이 떠나려는 현실, 애정을 가지고 제대로 호통칠 줄 모르는 상사나 CEO들에게 나가모리 사장은 어떤 힌트를 주고자 하는가?

우선 상사가 제대로 호통을 칠 수 있으려면, 제대로 된 인재가 성장하고 살아남을 수 있는 토양이 절대적으로 필요하다. 보통 조직에서 '어중간한 인재들'은 호통을 치면 역효과가 나온다. 직원을 혼내서 키운다는 것은 그만큼 어렵다. 그래서 혼내기보다 칭찬해야 한다는 이론이 다수를 차지하는지도 모른다.

그러나 정작 직원들을 '제대로' 혼내면, 정신을 바짝 차리고 뛰어난 성과를 낸다. 예부터 '못된 부모 밑에 효자 난다'고 했다. 혼을 낼 때는 상대가 벌벌 떨고 눈물을 보일 정도로 제대로 해야 한다. 그래야 그 효과가 강력하다.

나가모리식 호통 경영의 핵심은 무엇인가?

① 혼이 나본 사람이 더욱 성공한다는 풍토를 보여준다

'멍청한 사람은 혼내면 기가 죽고, 제대로 된 사람은 눈동자가 살아나 기필코 만회하고 말겠다는 진보적 반발심을 가지고 일에 덤벼든다.'

'한 번 실수하면 끝장'이라거나 '한 번 낙오자가 되면 다시는 기회가 없다'는 생각이 아니라, '누구라도 언제든지 부활할 수 있고 다시 올라설 수 있다'는 믿음을 주는 문화가 필요하다. 실패가 두려워,

혼날까봐 겁이 나서 도전할 의욕을 잃으면 개인도 조직도 발전하지 못하기 때문이다. 그런 문화를 기회가 될 때마다 모든 직원이 공감할 수 있도록 표현하고 공표한다.

② 좋은 점을 찾은 후에 혼을 낸다

상대를 혼낸다는 것은 '잡고 싶고, 같이 일하고 싶은 사람'이기 때문이다. 즉 그 사람이 가지고 있는 장점과 장기를 잘 알고 있기 때문에 혼을 낸다. 가지고 있는 장점을 살리지 못하고 있거나 실수로 좋은 것이 묻혀버리는 일이 있기 때문에, 그 실수를 반복하지 않도록 나무라는 것임을 깨닫게 하는 것이 중요하다.

예를 들면, '정보 수집을 잘한다', '목소리가 크고 자신감이 넘친다', '지칠 줄 모르는 체력에 매번 문제를 끝까지 해결하는 좋은 습관을 가졌다', '아이디어를 내는 것을 보면 많이 고민한 흔적이 보인다' 등의 칭찬할 것들을 미리 준비해두고 혼낸다.

③ 상대에 따라 혼내는 방식을 달리한다

개인의 가정 환경이나 성격, 소질과 장단점을 잘 파악한다. 성장 배경과 개인 사정을 잘 파악하고 그 사람에게 적절한 표현과 장소를 선택해 혼낸다. 어떤 사람은 회의석상에서 혼을 내고, 어떤 사람은 사무실에서 혼을 내고, 어떤 사람은 회식자리에서 혼을 낸다. 그 사람이 가장 잘 받아들일 수 있는 곳이 있다는 말이다.

④ 눈에 보이는 성과와 관련된 인재들을 중심으로 혼낸다

호통 경영이 제 기능을 발휘하기 위해서는 준비된 사람을 중심으로 호통을 쳐야 한다. 우선 조직에서 준비된 사람은 활달한 성격으로 강한 '자기 치유력'을 보유하고 있는 영업 담당 인재들이다. '영업은 꽃'이라는 말이 있듯, 영업을 하는 사람은 자기 눈으로 결과를 확인할 수 있고 영업이 잘 되면 그 성과에 대한 보상이나 혜택도 빨리 받을 수 있어 눈에 보이는 동기 부여를 얻을 수 있다. 그래서 영업을 잘하는 인재부터 호통을 치는 것이다.

또 나가모리 사장이 혼을 내서 효과를 본 대상은 기술개발(R&D) 관련 인재들이다. 기술 개발에서 제대로 성과를 내고 있는 사람들은 대부분 나무랐을 때 '진보적 반발심'을 가지게 마련이다. 오기를 부려서라도 기필코 해낸다는 것이다. 그런 근성이 없으면 그 험난한 개발 부서에서 성과를 낼 수도 없고 인정받을 수도 없다. 기술개발 부서의 경우, 비록 과정은 힘들지만 무언가를 이루고 난 순간에는 형언할 수 없는 만족감과 희열이 기다린다. 누가 보상해주어서 오는 희열이 아니다. 그러므로 '기술 개발은 회사의 운명을 가르는 중요한 업무로, 마땅히 잘못했을 때는 책임감을 느끼고 더 노력해 다른 부서 동료들에게 보답해야 한다'는 생각을 바탕에 가질 수 있도록 분위기를 조성해주어야 한다. 그런 차원에서 끊임없이 호통을 치는 것이다.

이와 반대로 반복적이라 잘 드러나지 않는 업무라고 여기기 쉬운 '총무'나 '경리 회계' 등에 속한 지원 부서 직원들은 가능하면 칭찬을 해준다. 그렇게 함으로써 스스로 업무의 보람과 활력을 찾을 수 있도록 해주는 것이 바람직하다.

꾸중을 들을 줄 아는 조직, 나무랄 줄 아는 조직

기업은 성장하는 과정에서 몇 번의 위기를 경험하게 마련이다. 도산의 위기를 겪기도 하고, 상품에 클레임이 걸려 위기를 경험하기도 한다.

개인도 마찬가지다. 성공했다는 많은 사람들이 무대에 서서 지난 과거를 회고하며 한마디 할 기회가 생길 때면, 어김없이 하는 말이 있다. "지금까지 살아오면서 뼈저리게 느낀 점이 무엇인가?" 이 질문에 대부분은 이렇게 대답할 것이다.

"세상 모든 일이 결코 생각대로 되지 않는다."

기업이든 개인이든 지속적으로 성장하기 위해서는 '계속해서 채찍질해줄 수 있는 누군가', 즉 끊임없이 동기 부여를 해주거나 실패했을 때에도 다시 일어설 수 있도록 치유해주는 존재가 있어야 한다. 자신의 생각대로 일이 풀리지 않았을 때에도, 다시 마음을 다잡아 그 일에 정진할 수 있도록 북돋우는 에너지를 가진 사람들 말이다.

나가모리 사장이 말하는 '호통'이란 일상에서의 실패 경험이다. 크고 작은 자극을 받았을 때 그것 때문에 주눅 들거나 회의에 빠져드는 것이 아니라 그것을 통해 발전할 수 있는 사람, 꾸중도 들을 줄 알고 아랫사람을 제대로 나무랄 줄 아는 사람을 키우기 위함이다.

결국 나가모리의 '호통 경영'을 통해 얻을 수 있는 힌트 중 하나는 조직에서 성과를 내며 마지막까지 살아남는 사람들은 '공통의 성향'이 있다는 것이다. 그리고 그런 성향을 가진 인재는 처음부터 존재하는 것이 아니라 기업의 문화나 풍토를 통해 만들어진다. 나가모리 사장이 호통을 치면서 기업을 키울 수 있었던 것은 '애정을 가지고 발전하는 인재 성향', '성과를 낼 수 있는 인재 성향'으로 직원들을 잘 변화시켰기 때문이다.

그렇다면 나가모리 사장이 호통 경영을 통해 얻고자 하는 것이 무엇인지 다시 한 번 짚어보자. 상사로서, 혹은 일반 직원으로서 그의 호통 경영 철학을 통해 배울 점이 무엇인지 되새겨보는 것이다.

"직원 혹은 부하가 실패했을 때, 절대로 그 사람의 인간적 결함을 지적해서는 안 된다. 표면적으로 나타난 일에 대해서만 꾸중하는 것이 철칙이다. 또 처음에 작은 실패를 했을 때 몇 번이고 나무라야 한다. 작은 실패를 그냥 지나쳐서 발생하는 큰 실수에는 손을 쓸 수 없고, 정작 큰 실수를 했을 때는 꾸중할 수도 없기 때문이다."

심리적으로 접근해보면 사람들은 상처를 받으면 어느 정도 스스로 그것을 치유할 수 있는 능력을 가지고 있다. 하지만 호통을 치는 데에도 정도가 있어야 한다. 어마어마하게 큰 실수를 했을 때는 그 스스로 자책하는 마음이 더 크기 때문에, 오히려 외부에서 채찍질을 하면 더더욱 회복하기 어려워진다. 그때는 자신의 실수를 반성하며 닭똥 같은 눈물을 흘리는 직원을 보듬어 안아주어야 한다. 그리고 그런 큰일에서 실수가 없도록 하기 위해서, 정말 자신의 직원을 아끼기 위해서는 작은 실수를 했을 때 확실히 혼을 낼 필요가 있다.

"리더로 성장하기 위해서는 반드시 꾸지람을 받아들일 줄 알아야 하고, 반대로 남을 나무랄 줄도 알아야 한다. 그 과정을 통해서만 우리는 강해질 수 있다."

나가모리 사장이 호통치고 위로하면서 하는 말이다.

나가모리 사장은 밥 빨리 먹기 시험, 오래달리기 시험, 큰 소리 내기 시험, 화장실 청소 시험에서 자랑스럽게 선발된 인재들이 그토록 꾸중을 들으면서도 잘 견뎌내 지금은 회사의 중심으로 자리 잡았다며 직원 자랑을 늘어놓는다. 30여 년 동안 그런 식으로 직원을 키우고 늘렸다. 최근에는 수백 명이 넘는 많은 인원을 뽑고 있지만, 단단하게 그리고 강인하게 성장한 선임자들이 사장에게 배운 대로 그들을 호통치며 잘 키워내고 있다. 선순환인 것이다.

지금은 각 공장이나 계열사에 가면, 공장장이나 사업부 책임자들이 나가모리 사장에게 전염되어 똑같이 자진해서 열정을 보이고 스스로 불타오른다. 리더들은 이런 식으로 직원들을 엄하게 교육시켜 성장할 수 있도록 지원하는 것이 중요하다고 말한다. 엄하게 꾸중듣는 맛을 제대로 아는 인재는 그때마다 강하게 성장할 수 있다. 그래서 혹시 다른 회사로 이직하더라도 제대로 인정받는 인재가 되고, 그쪽에서도 일본전산이라는 회사를 칭찬하게 돼 있다.

신입 직원 교육 프로그램 중 가장 먼저 '사직서 쓰는 방법'을 가르치는 것도 이런 맥락에서다.

회사 조직이 이렇게 '윗사람에게 제대로 꾸중 듣고, 아랫사람을 제대로 나무랄 줄 아는 조직'으로 운영되면 나타나는 현상이 있다. 자기계발에 힘쓰고 자기 일에 책임을 지고 궁리를 많이 하게 된다는 것이다. 반대로 나약하고 자기 발전에 투자하지 않는 사람은 회사가 발전할수록 점점 더 주눅이 들게 된다. 자연히 더 이상 버틸 수 없다. 그렇게 되면 회사에는 자연스럽게 '편하게 버티려는 사람'이나 '투자 없이 요령만 터득하려고 하는 사람', 더 편한 회사나 연봉을 많이 준다는 회사를 찾느라 '발을 반쯤 담그고 눈치만 보는 사람'들이 사라진다.

일본전산은 정말 남다르다. 사장이 가끔 잠결에 생각해도 '너무 지나친 게 아닌가?' 하는 생각이 들 정도로 호통을 치고 혼을 내지만, 임원과 직원들은 엄청난 성과를 내고 있다. 여기에는 경영자의 솔선수범 역시 한몫을 한다. 나가모리 사장은 '경영자가 정열, 열의, 집념을 가지고 직원들을 대하면서 먼저 스스로를 불태우면, 직원들도 감동하고 동참한다'는 확고한 믿음을 가지고 있다.

일본전산은 지금까지 매출 달성, 시장점유율 1위, 기술 개발과 해외 진출, M&A 성공과 직원의 임원 승진 기회 부여까지, 직원들이 성취할 수 있도록 철저하게 이끌고 지원했다. 그만큼 직원들은 목표를 향해 매진했고, 그것을 이룬 후 공정하게 혜택을 누릴 수 있었다.

그는 승패를 좌우하는 것, 회사가 크게 만들고 개인이 행복해지는 요인은 발전하고자 하는 '의식'의 차이에서 온다고 강조한다. 그래서 자신은 물론, 직원들의 의식을 바꿔가는 것이 가장 중요한 일이라고 했다. 그 의식을 호통 경영으로 자극함으로써 '스스로 동기 부여할 수 있도록' 지원하고 있는 것이다.

그런 의미에서 일본전산에서는 새롭게 수혈되는 신입 직원이든 경력직이든 채용을 결정하는 판단 기준을 '스스로 동기 부여할 수 있고, 스스로를 자극할 수 있는 의식'에 두고 있다.

실패한 사람에게
점수를 더 준다
일본전산의 '가점주의'

나가모리 사장이 칭찬을 전혀 하지 않는 것은 아니다. 그도 기회가 되는 대로 직원들에게 칭찬을 해야 한다고 생각하고, 이를 실천하고 있다. 다만, 그가 지금까지 지켜오는 철칙이 있다. 호통을 치고 눈물이 쏙 빠질 정도로 직원들을 나무란 다음에는, 절대로 다시 문제 삼지 않는다는 것이다. 기록으로도 남기지 않는다. 항상 입으로만 나무라고 혼낸다.

반대로 칭찬을 할 때는 항상 기록으로 남긴다. 편지를 쓰거나 팩스를 보내기도 한다. 나가모리 사장은 직원들을 백 번 나무랄 때마다 한 번 꼴로 칭찬을 한다. '백 번 나무라고 한 번 칭찬한다면 균형이 맞지 않다'고 생각할 것이다. 하지만 그만의 '균형을 맞추는 법'이 있다. 아니, 직원들을 사랑하는 방법이라고 할까?

예를 들어 백 번을 말로 혼내고 한 번은 편지로 칭찬하면, 당사자는 정말 가뭄에 콩 나듯 어쩌다 받은 칭찬을 그야말로 소중하게 여길 것이다. 그리고 그 편지를 적어도 백 번 이상 읽게 마련이다.

나가모리 사장은 고생하는 직원들을 위해 자신이 해야 할 일에 철저하다. 회사 분위기는 여직원들에게 달렸다며, 여직원들이 즐겁게 일할 수 있는 회사를 기획하고 배려한다. 일이 즐겁고 지속적으로 성장하는 전망 있는 회사에서는 사내 커플이 많을 수밖에 없다며 '사내 결혼'을 적극 권장한다. 가점주의를 실천하기 때문에 실패하면 만회할 기회를 반드시 준다는 방침도 세워두고 있다. 그리고 자신의 사욕을 챙기기보다 일에 열중하는 직원들을 먼저 배려한다. 회사를 설립할 때부터 변함없는 것 중 하나는 자신의 품위 유지비를 직원들의 회식비나 직원 가족 초대 행사비로 활용한다는 것이다.

직원들에게 띄우는
러브레터

그가 칭찬하는 방법 중 대표적인 것은 글로 쓴 카드나 편지를 주는 것이다. 그것도 직원에게 직접 주지 않는다. 그 부모에게 보낸다. 이것은 마치 가정 통신문과도 같은 방식으로, 칭찬을 가장 극대화할 수 있는 방법이기도 하다.

가정 통신문은 말 그대로 교사가 부모에게 보내는 아이들의 학교생활 평가서다. 부모는 중간고사나 기말고사가 끝나면 성적표를 받는다. 학생들이 많기 때문에 대부분 선생님들은 통신문에 간단한 메모로 학생의 상태를 기록한다.

만약 말썽쟁이 자녀를 둔 부모가 성적표를 받았다고 가정해보자. 부모는 아이의 성적은 보려고 하지도 않고, 그저 말썽만 부리지 않으면 다행이라고 생각하고 있었다. 그런데 막상 성적표를 받아보니 아이를 칭찬하는 글이 담겨 있다. 자식이 매번 말썽만 피운다고 생각했는데, 성적표를 받아보니 '다른 아이들이 싫어하는 일을 솔선수범했다'든지 '어려운 일을 나서서 잘 처리했다'는 칭찬이 쓰여 있는 것이다. 여기서 상황은 완전히 달라진다.

전혀 기대하지 않고 성적표를 보던 엄마들은 아마 그 짧은 글을 한두 번 읽는 것으로 끝나지 않을 것이다. 적어도 백 번 이상을 읽게 마련이다. '우리 애가 건성으로 학교 다닌 줄 알았는데 선생님에게 칭찬을 받는 일도 있다'며 남편이나 이웃에 보여주며 난리다. 부모는 수도 없이 읽으며 뿌듯해할 것이 틀림없다. 사람 심리가 다 그렇다.

기록에 남는 칭찬은 이렇듯 강력하다. 데이트를 할 때 '사랑한다'고 백 번 말하는 것보다 기억에 남는 선물을 건네면서 카드에 '사랑한다'고 글을 남기는 것이 강력한 위력을 갖는 이유도 여기에 있다.

나가모리 사장은 직원들에게 '기록으로 남기는 칭찬'을 오랫동안
해왔다. 직원이 천 명 정도가 될 때까지 신년과 여름 휴가 기간, 추
석 등 매년 세 번 정도 직접 손으로 편지를 쓴 카드를 보냈다. 직원
천 명에게 수기로 편지를 쓴다고 생각해보라. 여름 휴가 기간에 보
내려면 적어도 두 달 전부터 미리 쓰지 않으면 도저히 그 날짜에 맞
출 수 없다. 펜으로 직접 쓰기 때문에 고속 전철이나 비행기를 탈
때도 쓰지 않으면 안 된다. 이같이 기록으로 남길 수 있는 연중 행
사 때는 계속해서 칭찬만 늘어놓는다. 처음부터 끝까지 칭찬으로만
채운다.

· · · 1년에 세 번, 직접 준비하는 '격려의 글' 이외에는
계속해서 나무라고 혼내는 일만 한다. – 나가모리 시게노부

물론 계열사 140개, 직원 수 13만 명이 넘어선 지금은 일일이 직
원들 모두에게 손으로 칭찬 편지를 쓰는 일은 하지 못하고 있다. 대
신 최근에는 회사 간부들에게만 한다. 일본에는 아직도 신년 연하
장을 보내는 것이 관례이기 때문에, 그 역시 직원들에게 수천 통의
연하장을 받는다. 연하장을 받으면 보낸 사람 전원에게 답장을 보
내는데, 이때도 그는 칭찬으로 채운다. 짧은 기간에 답장을 쓰고 연
하장을 보내려면 실로 엄청난 에너지가 필요하다. 그렇다고 건성으
로 써서는 안 된다. 직원들의 구체적인 사항까지 메모해두었다가,
칭찬을 할 때는 세심하고 꼼꼼하게 해야 한다. 구체적으로 칭찬을 해

야 효과가 있기 때문이다. 그래서 그는 평소 직원들의 이름을 외우고 헤어스타일, 표정, 복장스타일 등에도 세심하게 관심을 가진다.

그의 '기록으로 남기는 칭찬'은 참으로 대단하다. 긴 편지로 칭찬하는 경우에는 편지지 다섯 장까지도 써 내려간다. 짧은 편지라고 해도 두 장 정도다. 그렇게 해마다 세 번씩 편지를 쓰는 것이다. 그가 직접 쓴 글을 통한 열정과 감성 경영은 경영지에 특집으로 다뤄지기도 했고 지금도 화제가 되고 있다.

지금은 전 직원에게 편지를 쓰지 못하지만, 대신 직원 교육이나 워크숍, QC 활동, 사례 발표 대회, 세일즈맨 대회처럼 각 부서의 사례나 제안을 발표하는 각종 행사에는 반드시 직접 참석한다. CEO가 참석하는 것만으로도 직원들에게는 큰 동기 부여가 된다. 하지만 나가모리 사장은 거기에서 그치지 않고 참가자들에게 각별한 관심을 가지며 메모해두었다가 편지를 쓰거나 칭찬하는 데 활용한다.

그가 현직의 직원들에게만 이런 정성을 쏟는 것은 아니다. 그는 특히 퇴사한 여직원들에 대한 관심이 남다르다. 결혼을 하면서 거주지를 옮기거나 출산이나 내조를 위해 부득이하게 회사를 그만두게 된 직원들에게 격려와 칭찬을 담은 편지를 쓴다. 가정을 돌보고 아이를 낳아 육아에 힘쓰는 일이 사회에 크게 공헌하는 일이며, 일본전산에서 일하면서 터득한 것들을 삶에 잘 활용하고 지속적으로 자기계발에 힘써줄 것을 당부하기도 한다.

그러니 퇴직한 직원들의 감동과 감회는 남다를 수밖에 없다. 부득이하게 퇴사한 직원들 중에는 10년 이상 근무한 이들도 많다. 근무하면서 경험한 '눈부신 발전'에 대한 자부심, 근무 시절을 돌이켜 보면서 자신도 놀랄 정도의 '다양한 실전 경험'이 많은 깨달음을 주었다는 감사 답변들이 답지한다. 이런 글들은 다시 후배들에 대한 응원의 메시지가 되고 교훈으로 남게 되어 있다.

그는 이런 편지를 '러브레터'라고 표현한다. 직원들에 대한 관심과 사랑의 마음을 편지를 통해 전하고 있기 때문일 것이다.

밖에서는 직원 자랑을 하는
팔불출 사장

나가모리 사장은 창업 초기부터 직원 가족들과 자주 만나는 기회를 만들었다.

"일본전산은 '아침형 인간'들이 모인 곳인지라 출근 시간이 이르다. 저녁에는 몇 시에 퇴근할지도 모르고, 바쁠 때는 철야를 해야 할 때도 있다. 사장인 나는 직원들을 사정없이 호통치는 사람이다. 우리 회사는 그런 회사다."

이렇게 자신을 소개한다. 사장부터 직원까지 일사불란하게 움직이는 곳인지라, 미리부터 가족들에게도 양해를 구하는 것이다. 이렇게 직원 가족까지 회사의 가치관이나 문화를 잘 이해하고 있어야 문제가 없기 때문이다.

나가모리 사장은 기회가 있을 때마다 가족들에게 감사 인사를 한다.

　창립 기념일에는 직원들의 가족까지 초청해, 부모들에게 '자식이 아침 일찍 출근할 수 있도록 따뜻한 밥을 지어주고 출근 준비를 도와주느라 새벽부터 분주한 것에 대해, 또 정해진 퇴근 시간이 없어 매번 늦은 시간까지 자식을 기다리는 것에 대해' 감사를 표한다.

　아이들이 아빠 얼굴을 몰라볼 정도로 정신없이 바쁜 남편에게 불만이 있을 텐데, 가정을 위해 열심히 일하는 남편 못지않게 가정에서 엄청난 능력을 발휘하고 있는 아내들에게도 감사한다. '여러분들의 내조 덕분에 일본전산이 발전하고 있다'며, 기회가 있을 때마다 가족에 대한 감사 인사도 빠뜨리지 않는 것이다. 이 모든 것은 나가모리 사장 자신이 경영자로서 긴장을 놓지 않기 위한 선포와도 같은 것이다.

　창업 초창기, 그는 새해나 일요일에 직원들을 집으로 자주 초대했다. 회사에서는 호통을 치고 나무라지만 집으로 초대하면 180도 다르다. 처음부터 끝까지 미소와 웃음으로 일관하고 칭찬만 한다. 특히 식사 시간에는 재미있는 이야기를 준비해두었다가 꺼내놓아서 입도 즐겁고 귀도 즐겁게 해서 화기애애한 분위기를 이끈다. 그는 이런 행사들이 모두 직원들과 대화를 하고 끈끈한 인간 관계를 유지하기에 필요한 시간이며, 직원들의 사정까지 이해할 수 있는 좋은 CEO가 되게 해주는 시간이라고 말한다.

　이런 실천은 그가 직장 생활을 할 때 사장이 자신의 이름을 부르면서 "자네가 지난번에 개발한 모터는 기름이 새고 소음도 크다"며 관심을 가져주었을 때 느꼈던 감흥에서 힌트를 얻은 것이다. 분발해야 한다며 나무라는 말이었지만 입사한 지 얼마 안 된 그로서는 참 감격적인 순간이었기 때문이다. 그런 경험 때문에 그는 항상 직원들에게 관심을 둔다.

일본전산이 매년 발행하는 〈사회·환경보고서〉라는 회사 소개서가 있다. 이 책자의 표지 앞면과 뒷면에는 특별한 사진들이 실려 있다. 세계 각국에 위치하고 있는 일본전산 직원들의 아이들이다. 나가모리 사장의 직원에 대한 관심과 열정이 어느 정도인지를 확인할 수 있다.

'러브레터'를 쓸 정도로 직원들을 생각하는 것은, '애사심이 없으면 회사가 잘될 수 없다'는 믿음 때문이다. CEO인 자신이 먼저 행동으로 보이고 있는 것이다.

"회사보다 가정이 소중하다. 그러나 회사 일을 쉬는 것이 가정을 소중하게 여기는 행동은 아니다."

감점주의가 아니라, 가점주의에 답이 있다

대기업이나 공기업 대부분의 조직 운용 원칙은 '감점주의'다. 그래서 똑똑한 사람들이 모여 있으면서도 실패를 두려워한다. 서로 자존심을 내세우거나 체면 때문에 실패하고 싶지 않기에, 새로운 것을 시도하지 않고 검증된 것들만 하려고 한다. 실패하면 점수가 깎인다. 그리고 점수가 깎이지 않아야 승진한다.

하지만 일본전산의 조직 운용 원칙은 '가점주의(加點主義)'다.

"회사를 키우고 활력 있는 조직으로 유지하기 위해서는 가점주의가 필요하다. 특히 중견 기업이나 중소기업들이 감점주의를 도입하면 머지않아 인재가 아무도 남지 않는다. 제대로 하려고 하는 사람의 발목까지 잡는 게 감점주의다. 도약하는 기업을 만들려면 가점주의로 운영해야 한다."

나가모리 사장이 똑똑하지 않은 삼류 인재들에게 호통을 치며, 자신의 회사를 세계적인 기업으로 키우면서 얻은 교훈이다. 그는 직원들이 실수하거나 실패한 일에 대해서는 그날로 잊어버린다. 담아두면 병이 될 수 있으니, 화장실에 다녀오고 나면 잊어버릴 정도로 후회 없이 혼을 내고 잊어버린다. 화장실 가기 전까지는 엄청 혼쭐을 내고, 다녀와서는 무슨 일이 있었느냐는 식이다. 실패는 잊어버리고 잘한 일은 계속 점수를 더해주어 가점주의로 평가해 평균 수준을 위로 올린다. 이렇게 하면 점점 성장하게 된다는 논리다.

감점주의 문화에서는 지시받은 것 이외는 아무것도 하지 않는다. 이런 문화에서는 '혹여 실패라도 하면 평가에서 가만두지 않을 것이다.' 하는 인식이 박혀 새로운 시도를 하지 않으려 하고, 그로 인해 조직 전체가 정체되거나 활력을 잃게 된다.

이런 상태가 지속되면 직원들은 의욕과 열정을 잃고 만다. 적극적으로 새로운 도전을 시도하다가 실패한 직원보다, 새로운 것을 전혀 시도하지 않아 실패할 턱이 없는 직원이 훨씬 높은 평가를 받게 되는 어처구니없는 결과를 낳기도 한다. 이것이 감점주의의 폐해다. 그리고 대다수의 기업들이 이런 평가 기준으로 의욕 넘치던 직원들을 박제로 만들어버린다.

실제로 직장인들 중에는 쉬는 날만 기다리거나 소위 시간 때우는 요령만 배우는 사람들이 있게 마련이다. 이런 사람들은 '자리 지키는 근성(자리 지키는 자판기)'이 있는 사람들이다. 주어진 일을 근무 시간 동안 하다가 퇴근하고, 또 다음 날 출근 시간에 맞춰 출근하는 '성실한(?) 직장 생활'을 하는 직장인이다. 가점주의가 없으면 이런 '자리 지키는 근성'이 강한 사람들이 회사를 지배하게 된다.

'아침 9시에 출근해 오후 6시까지 근무한다. 새로운 일을 찾기보다는 근무 시간 동안 주어진 일을 하면 된다고 생각한다. 입사한 지 몇 년이 지나도록 제안을 하거나 의견을 낸 적이 없다. 괜히 긁어 부스럼 만들고 싶지 않다. 회의 시간에는 아무 의견도 내지 않는 것이 좋다. 말하면 괜히 창피당할 것 같고 나 때문에 시간이 더 걸리기 때문이다. 신제품 개발이나 제품이 어떻게 팔리고 있는지에는 관심이 없다. 좋아하는 사람은 사게 마련이라고 생각하기 때문이다. 하지만 월급이 밀리거나 보너스가 적으면 왠지 자존심 상하고 이 회사를 다니는 것이 부끄럽다는 생각이 든다……'

많은 사람들이 자신도 모르게 이런 생각을 갖게 된다. 그러므로 우리는 '자리 지키는 근성'이 강한 직장인으로 변하고 있지는 않은지 자주 자기 점검을 할 필요가 있다.

일본전산은 '부정적으로 생각하는 사람', '안 된다는 말만 하는 사람'은 애초부터 '떠나야 할 사람'으로 생각하고 있다. '아무 생각 없이 여덟 시간 동안 기능적인 일만 하면 된다'는 생각, '가점을 받을 수 있는 일을 하지 않는 사람'은 우리 회사와 어울리지 않는다는 공감을 가지고 있다.

일본전산 직원들이 직접 쓴 《도전의 길》이라는 책자에 이런 글이 있다. 1979년에 있었던 일로, 당시 입사 3년 차였던 핫토리 세이치(服部誠一)에 관한 이야기다.

핫토리 세이치는 1977년에 입사해 나가모리 사장과 고베 히로시 같은 선배들의 뜨거운 열정을 이어받아 영업에 열의를 보였다. 가시적 성과도 냈다.

그러나 경험 부족 탓이었는지, 1980년에 그가 영업한 핸드 마사지기 제조 회사가 부도를 내는 바람에 공급한 모터 대금 약 7천만 엔을 회수할 수 없게 됐다. 이로 인해 일본전산은 자금 흐름이 악화됐고 위기에 내몰렸다. 나가모리 사장도 이때는 '정말 회사가 망할지도 모른다'는 생각까지 들었다고 회고한다.

그 일을 벌인 장본인인 핫토리 당시 주임은, 그렇게 열심히 뛰고 고생해 얻은 결과가 나쁘게 나오고 보니 실망감이 컸다. 회사에 큰 손해를 끼쳤으니 미안한 생각에 잠을 한숨도 잘 수 없었다고 고백한다.

부도를 낸 회사도 다른 거래 회사처럼 자신이 직접 개척한 회사였다. 우연한 기회에 길거리에서 받은 통신 판매용 책자에 마사지기가 소개돼 있는 것을 보고 회사명과 주소, 전화번호를 메모했다가 직접 방문해 개척 영업을 한 것이다. 발로 뛰어 얻어낸 자신의 거래처였다. 최선의 노력을 다해 거래를 트고 거래처를 필사적으로 늘려가던 시기였다. 그런 거래처가 부도를 냈으니, 핫토리의 입장에서는 '실패할 일'을 찾아서 한 것 같은 자책감을 씻을 수가 없었다.

그러던 때, 나가모리 사장이 핫토리를 불렀다. 그리고 단 한마디로 상황을 정리해주었다.

"이번 일로 자네 공부 많이 했지? 공부했으면 됐다."

실패의 이유를 깨닫고 앞으로 더 열심히 하면 된다는 말이었다. 나가모리 사장은 열심히 한 것에 대해서는 호통치지 않는다. 당연한 일을 실수하거나 작은 일을 소홀히 했을 때 호통을 친다. 대수롭지 않게 여겼던 그런 작은 것 때문에 나중에는 더 큰 일이 터질 수 있기 때문이다.

"공부 많이 했습니다. 영업은 '물건을 팔고 대금을 회수했을 때

비로소 완성된다'는 것을 배웠습니다. 그리고 영업이 그리 간단한 일이 아니라는 사실을 뼈저리게 느꼈습니다.”

핫토리는 생각을 정리하고, 다시금 도전 의식을 내비쳤다.

“그럼 됐네. 자네가 손해를 끼쳤다고 생각하는 만큼 다 만회할 때까지 일에 집중하면 돼!”

핫토리는 그때 비로소 ‘책임을 진다'는 것이 무엇인지 진정으로 깨달았다고 한다. 보통 책임을 진다고 할 때, 자기 잘못에 대해 ‘책임을 지고 물러난다'는 의미로 생각한다. 정치인이나 행정가들도 “책임을 통감하며 사퇴한다”고 하지 않는가? 하지만 진정 책임을 진다는 것은 ‘그만두는’ 것이 아니다. 책임을 진다는 것은 자기 때문에 발생한 손해를 반드시 마지막까지 만회하는 것이다. 그만둔다는 것은 결국 전적인 회피밖에는 안 된다.

핫토리에게 이 사건은 엄청난 기폭제, 훌륭한 ‘동력'으로 작용하게 되었다. 그후 그는 동경 지점장에 올랐고, 1996년에는 본사 영업 부장으로 승진했다. 그리고 2년 후에는 이사로 취임하면서 국내 영업을 총괄하게 된다. 학교 성적으로는 내세울 것이 없었던 그는 면접만으로 일본전산에 입사한 인물이다. 그리고 ‘기본에 충실하고 될 때까지 일한다'는 일본전산의 ‘열정 문화'를 훌륭히 정착시킨 주인공이기도 하다. 결국 그는 ‘실패하면 만회할 때까지 하면 된다'는 신념으로 최고 임원에까지 오른 산증인 중 한 사람이 됐다.

‘실패하면 다시 도전하고, 자신이 모든 업무에 대해 확실하게 책

임을 진다!'

나가모리 사장은 자신들의 문화에 대해 이렇게 말한다.

"한 가지 일에 실패하고 문책당해서 회사를 그만두면, 다른 회사에 가더라도 똑같은 패턴으로 그만두게 된다. 한 번 정복하지 않은 실패는 또다시 엄습하게 되어 있다. 그러므로 '이 회사만 아니면, 이 상사만 벗어나면, 뭔가 새로운 환경만 주어지면 잘할 수 있다'는 환상을 버려라. 실패와 포기의 패턴은 마치 유전자 코드처럼 사람의 몸과 마음에 세팅된다. 그 세팅을 한 번이라도 어그러뜨려서 뒤집어놓아야 동일한 패턴을 다시 반복하지 않게 된다. 그때 필요한 것이 바로 '진보적 반발심'이다.

'내가 이 정도에 굴하면 안 되지', '여기서 포기하면 영원히 패배자가 된다'는 집요함! 그걸 가져야 한다. 우리 회사는 그걸 키워주는 곳이다. 한두 번 시도해서 안 되면 말겠다는 정신으로는 살아남을 수 없다. 인생도 비즈니스도 결코 만만한 싸움이 아니기 때문이다."

조직에 활력을 주려면
메기를 풀어라
일본전산의 '동기 부여'방법

직원들이 열의와 회사에 대한 애정을 가지고 일할 수 있게 하는 바탕에는 회사 경영진의 솔선수범과 시스템 정착을 위한 노력이 자리 잡고 있다. 모름지기 사장을 비롯한 리더들의 역할은 '월요일에 직원들이 즐거운 마음으로 출근하게 하는 것', 그리고 '직원들이 정신적으로든 육체적으로든 건강하고 의욕적으로 임할 수 있도록 하는 것'에 초점이 맞추어져야 한다.

이렇듯 시스템이 잘 갖추어진 회사일수록 이직률이 낮다. 일본전산은 '남보다 두 배로 일해야 하고' 경영자가 '호통을 치는' 만만치 않은 회사이지만, 이직률은 5년 통산 16% 정도이다. '가점주의 경영'으로 '움직이는 경영', '활동하는 경영', '성취하는 경영'을 실현하고 있기 때문이다.

나가모리 사장은 '경영자 혹은 기업의 리더들이 조직 구성원에게 동기를 유발하고 활력을 주는 방법'을 '연못의 잉어를 건강하게 키우는 법'에 빗대 언급한 적이 있다. 우리나라에서도 한 대기업 CEO가 언급한 내용이지만, 그 원조는 일본전산의 나가모리 사장이라 할 수 있다.

한 유명한 사찰 안에 큰 연못이 있어서 거기에 잉어를 키우기로 했다. 일본의 사찰이라면 어디든 '잉어가 사는 연못'이 명물이 되기 때문에, 잉어를 죽이지 않고 잘 키우는 일은 매우 중요한 일과 중의 하나다. 그런데 이상하게도 연못에 잉어를 방류해두면 며칠 못 가서 모조리 죽곤 했다. 때에 맞춰 먹이도 주고 수질 관리를 잘하는데도, 왠지 며칠만 지나면 잉어들이 기운도 없어지고 먹이도 잘 먹지 않아 하나 둘씩 죽어갔다는 것이다. 그 원인을 찾아보려고 백방으로 애를 썼지만, 방법이 없었다. 그렇다면 도대체 잉어들이 건강하게 서식하게 하는 방법은 무엇인가?

무슨 방도가 없을까 고민하고 있던 차에, 잉어를 여럿 기르는 전문가의 조언을 듣게 되었다. 그 전문가의 말인즉슨, 연못에 메기를 넣어 같이 키우면 효과가 있다는 것이다. 정원 관리사는 그 조언을 받아들여 연못에 대형 메기를 넣어 같이 키웠다. 그랬더니 잉어들은 몰라보게 건강해졌고 먹이도 왕성하게 먹으며 부쩍부쩍 커갔다.

흔히 횟감용 활어들을 장거리 운송할 때도, 오랜 시간 죽지 않게 하려고 천적을 투입하는 방법을 사용한다. 이른바 '천적 전략'이다.

천적인 메기가 있다는 것만으로 잉어는 부지런히 움직이게 되고, 그에 따라 먹이도 활발하게 먹게 되니 성장이 빨라진다. 자연히 체력이 좋아져 항생제를 투여하지 않고도 병에 걸리지 않고 잘 자랄 수 있었던 것이다. 그뿐 아니다. 천적에게 잡아먹히지 않기 위해 적당히 스트레스를 받고, 메기의 위협에서 벗어나기 위해 궁리도 한다. 방어선도 구축하고 은신처나 대항할 방법도 마련한다. 그렇게 활동하다 보니 당연히 금세 배가 고파 먹이를 정신없이 먹고, 병에 걸리거나 아파할 시간이 없다.

사람도 마찬가지다. 열심히 일을 하다가 도리어 쉬는 날만 되면 몸이 아프다고 호소하는 사람들이 있다. 그리고 모처럼 휴가가 길어지면 도리어 몸이 무거워지고 피곤해진다. 사회 생활을 좀 오래 한 사람은 누구나 다 한 번쯤 경험했을 일이다. 나이가 들어 정년퇴임한 사람이 어느 날 갑자기 늙어버리거나 돌연사 하는 것도 이런 작용 때문이다. '사람이건 짐승이건', 존재 이유가 희박해지면 그만큼 의욕이나 생기도 줄어들게 마련이다.

나가모리 사장은 바로 이 '메기 이론'의 대가다. 자기 스스로가 대기업이나 중견 기업 면접에서 줄줄이 낙방하고 학교 다닐 때 공부하고는 담을 쌓은 그야말로 '찌꺼기 인재'들을 교육시켜 회사를 일으켜 세운 경험을 해보았기 때문이다. 제아무리 능력이 일천한 사람도, 기회만 주어진다면 충분히 기적을 만들어낼 수 있다. 인간에게는 상상할 수 없을 정도의 잠재 능력이 숨어 있는 것이다.

그리고 그 잠재 능력은 '적절한 긴장감' 속에서 비로소 힘을 발휘한다. 완전히 포기할 만한 절망도 아니고, 너무나 수월하게 이길 수 있는 낙관도 아닌 적절한 긴장 상태. 그 상태가 주어지지 않으면 '역전 만루 홈런' 같은 기적은 일어나지 않는다. 그런 긴장감을 지속적으로 유지할 수만 있다면, 설령 능력이 조금 부족한 사람도 가볍게 만회할 수 있다는 것이 그의 지론이다.

그런 측면에서 사장이나 상사는 '조직에 활력을 주는 메기'와 같은 존재가 되어야 한다. 부정적이고 반복적인, 그래서 사람을 주눅들게 하고 스트레스만 쌓이게 하는 것이 아니라, '할 수 있다'고 느낄 만한 '조금 높은' 목표치를 지속적으로 부여하면서 잉어들과 밀고 당기기를 하는 데 능해야 하는 것이다.

직원들에게 건강한
자극을 주는 메기 상사

서울 시내의 한 식당에 가면 재미있는 문구가 적혀 있다. 직원들이 바쁘게 돌아다니는 홀, 그리고 주방 입구의 잘 보이는 곳에 이런 커다란 안내판이 걸려 있는 것이다.

"사장이 보고 있다!"

오너의 유머 감각에서 나온 재치 있는 안내판이지만, 이 문구를 보고 기업들은 생각해보아야 할 것이 있다.

유능한 오너나 리더는 '회사 안을 돌아다니면서 적절히 직원들에게 긴장감을 주어야 할 시점'을 잘 포착한다. 그런 적당한 긴장감이 직원들의 성장을 빠르게 해준다. 오너가 매일같이 바깥일에 골프에 접대에, 회사나 직원들의 현장에 코빼기도 보이지 않으면, 일견 '자유로워 좋아할 것' 같지만 실상은 그렇지 않다.

물론 꼬치꼬치 간섭하거나 억압하거나, 마음 놓고 실컷 일해보고자 하는 직원들의 의욕을 방해하는 사장이나 상사는 절대 사절이다. 하지만 반복적인 노력에도 이렇다 할 실적이 나오지 않을 때, 결정적인 실험에 성공했을 때, 신제품 출시를 앞두고 긴장했을 때, 그런 중요한 순간에 오너의 존재는 직원들에게는 '두려우면서도 반가운' 힘이 되어준다.

사장 앞에서 시연을 하게 된다고 하자. 처음에는 '사장이 보고 있으니 너무 긴장된다'는 마음에 평소처럼 기량이 나오지 않을 수도 있다. 하지만 점차 '사장에게 직접 실력을 보여줄 수 있는 기회'로 생각해 더욱 큰 열정을 가지고 준비하고 행하게 된다.

"사장은 항상 사내 구석구석까지 관심을 가져야 하며, 사장실에 틀어박혀 있어서는 안 된다. 평일 낮인데도 잔디밭 지열과 함께 올라오는 농약 냄새를 맡으며, 엄청나게 큰 귀이개(골프채)를 가지고 노는 사장은 반성할 일이다. 또 잘난 체하면서 '성공 이야기' 운운하는 타이틀로 연설을 하러 다닐 여유가 없다."

나가모리 사장의 일갈이다.

리더라면 모름지기 열정적인 직원들을 국보처럼 소중히 생각해야 한다. 외부의 소리를 듣는 것도 좋고, 명사들을 만나 훌륭한 가르침을 전수받는 것도 좋다. 하지만 일차적으로 관심 갖고 독려하고 귀 기울이고 동고동락해야 할 사람들은 '직원들'이다. 학교만 해도 성적이 급속도로 좋아지는 학급은 대개 담임교사가 열과 성을 들여 관심을 가져주는 곳일 가능성이 높다. 대단한 비결이 있는 게 아니고 때론 '같이 있으며 지켜봐주는 것'만으로 충분한 경우도 많다.

'긴장감'은 누군가 지켜봐주고 있다, 나를 주목하고 있다는 데서 나온다. 그러므로 경영진은 스스로가 긴장감을 유지시킴과 동시에 지속적이고 반복적으로 시장 동향이나 향후 나아가야 할 방향에 대해 지적하고 독려해야 한다. 잠시라도 기존 제품이나 기존 시장에만 의존하고 있으면, 채 몇 개월도 지나지 않아 상상할 수 없는 스피드로 뒤처지고 실적은 곤두박질친다는 것을 인식시켜주어야 한다.

그리고 궁극적으로 직원들이 스스로 자기 자신에게 '메기 역할'을 할 수 있도록 동기 부여를 해주어야 한다. '지켜보고 있다'는 긴장감과 '그러나 결국 일을 풀어나가는 것은 나 자신'이라는 동기 부여 사이의 적절한 안배가 필수적이다. 누군가의 감시를 받거나 타의에 의해 움직인다는 것은 사람을 피곤하게 하고 '부정적 스트레스'로 다가오기 쉽다.

그러므로 경영진은 '자신이 할 수 있는 일', 즉 항상 새롭게 변화하는 업계에 관심을 두고 '개척할 시장'을 찾는 것에 몰두하면서, 스스로 너무 강압적이 되거나 반대로 너무 무기력해지는 것을 예방할 필요가 있다. 한 단계 아래 직원의 일을 주시하고 독려하면서, 리더 스스로가 한발 앞서 나가는 모습을 보여줄 때, '매력적인 인재'로서의 역할모델이 될 수 있다.

메기 이론

회사, 경영자, 관리자, 직원들 스스로가 때로는 잉어가 되고, 때로는 메기가 되어 서로의 '현재'에 대한 자극을 제공해야 한다.

메기가 발동되어야 하는 '나태한 잉어의 습관'

출신에 안주(安住) | 학교 성적에 안주 | 자격증에 안주 | 이제까지 배운 것에 안주 | 지금까지의 경험에 안주 | 외모에 안주 | 직위에 안주 | 과거의 실적에 안주 | 인맥에 안주 | 접대에 안주

조직에 활력을 불어넣는 메기 법칙

• 머리를 쓰는 사람, 제안해서 공헌하는 사람, 시도해 실수하는 사람, 결국에는 만회하는 사람에게 가점을 준다.
• 그 결과 실력이 향상되고, 일을 통해 활력이 생겨나고, 새로운 기술이 축적되고, 아이디어가 생겨나고, 신상품이 탄생하고, 실적이 향상되고, 고객이 창출되고, 회사 전체의 복리후생이 좋아진다.

조직은 잉어가 잘 크는 연못이 되어야 한다. 리더는 가끔 메기가 되고, 관리자도 자주 메기가 된다. 위치를 떠나 서로 메기가 되는 것인데, 역시 가장 큰 메기는 자기 자신이다. 그렇다고 메기가 잉어를 잡아먹지는 않는다. 메기의 역할은 어디까지나 활력 있고 건강한 잉어를 키우는 데 있기 때문이다.

희망을 쏘라, 끊임없는 목표 수정

목표는 선명할수록 좋다. 달성할 목표가 없으면, 직원들은 전진하려고 하지 않는다. 회사가 앞으로 어떻게 나아갈 것인지 그림을 그릴 수 없다면, 직원들은 회사를 떠난다. 전방이 전혀 보이지 않는 짙은 안개 속에서는 자동차를 운전하기 어렵다.

물론 요즘엔 세계 유수 기업들이 하고 있다는, 그리고 다양한 관련 서적에서 권유하는, 그럴듯하고 세련된 '목표', '비전' 수립 방법이 무수히 많다. 하지만 모든 목표의 바탕에 있어야 하는 것은, 바로 '사람을 움직일 수 있는 힘'이다. '눈에 보이는', '자긍심을 북돋아주는', '해냈다는 희열이 솟는', 그런 '손에 잡힐 듯한' 목표여야 한다.

하지만 돌아보라. 얼마나 많은 기업들이 그저 행사 치르듯, 글로벌하고 훌륭한 대외 이미지를 위해서 비전을 수립하고 정체성을 만들며 목표를 설정하고 있는지. 그런 의미에서 일본전산의 기업 아이덴티티와 목표 변천사는 가감 없는, 그리고 가식 없는 열정의 표본이라 하겠다.

일본전산의 창업 단계부터 직원들과 함께 약속한 것이 있다. 그것은 하나의 슬로건으로 압축된다.

"남들이 하지 못하는 것을 하고, 남들이 잘못하고 있는 것은 절대 하지 않는다."

다시 말해, 경쟁에서 살아남고 발전된 미래를 보장받을 수 있는 일에 '집중'하고, 각자 이전 직장에서 '이것만은 정말이지 싫었다, 이것 때문에 회사를 그만두고 싶었다'고 느꼈던 바로 그것은 목에 칼이 들어와도 하지 않기로 한 것이다. 앞으로 이 회사에 들어오게 될 모든 구성원들의 사기를 높이고 동기 부여를 할 수 있는 '사규 아닌 사규'를 그들은 문서로 남겼다. 그들이 공감하고 약속한 내용은 이렇다. 그 문장은 초등학교밖에 졸업하지 않은 사람이라도 누구나 공유하고 인정하고, 혹시라도 궤도를 벗어났을 때 지적할 수 있는 단순함이 특징이다.

'글로벌 기업으로서', '최고의 기술력을 갖추고', '직원 모두가 참여하는', '평등하고 투명한 경영을 지향한다' 따위의 추상적인 문구는 단 하나도 없다.

1. 가족 경영을 하지 않는다.
2. 대기업 하청업체로 남지 않는다.
3. 세계 어디서나 통하는 기술만 개발한다.

첫 번째 목표는 가족 경영을 하지 않는다는 것이다.

다른 유교 국가들이 그렇듯, 일본에서 가족 경영은 익숙한 문화다.

힘들여 회사를 키워놓아도, 결국 창업주의 가족이나 친지가 좋은 자리를 차지하고 회사를 세습받는다. 그런 환경에서 어떤 인재가 최선을 다해 회사를 일으키겠는가? 그런 방식으로는 회사를 일정 규모 이상으로 키울 수 없다. 아무리 '우리 회사가 좋은 일을 한다'고 입에 침이 마르도록 자랑해도, 결국 세습을 위한 목적이라면 경영자로서 명분이 서지 않는다. 가족 경영을 하겠다는 것은 윤리 수준을 포기하겠다는 것과 다를 바가 없다.

두 번째 원칙은 대기업 의존도를 점차 줄이겠다는 약속이다. 상대적으로 큰 기업에 의존해 생사 여탈권을 맡긴 기업은 '주도적으로' 발전해나갈 수 없다. 대기업 밑에서 하청을 받는 것은 어찌 보면 달콤한 당의정이다. 당장에는 큰 리스크 없이 안정적으로 회사를 유지할 수 있다. 하지만 주어진 도면대로 물건을 만들고 지정된 가격으로 납품하다 보면, 자립심이나 성취감뿐 아니라 흥미까지도 잃게 된다.

어렵더라도 자발적인 기술을 보유하면서 자력으로 제품 개발을 진행해 시장을 개척하는 것이 일본전산의 경영 철학과 일치하고, 그렇게 해야 지속적인 성장 기업으로 자리 잡을 수 있다고 생각했던 것이다.

세 번째로 지향한 방향은 '글로벌'이다. 이미 선발 기업들이 모터 분야에서 일본 국내 시장을 장악하고 있었다. 물론 모터 분야 기술 개발에 있어서는 약간의 경험과 젊은 열정으로도 충분히 승산이 있었다. 하지만 일본 시장만을 바라보고 기존 시장에 진입하는 것은 너무나 험난했다. 따라서 기술력 자체보다는 지명도나 실적만 따지는 보수적인 일본 시장에 매달리지 않고, 도전적이고 진취적인 기업 문화를 만들 수 있는 글로벌화에 치중한 것이다.

첫 번째 타깃 시장은 미국이었다. 나가모리 사장은 직장 생활 당시 미국 바이어들과 상담을 했던 경험에서 미국 시장의 방대함을 피부로 느꼈다. 그리고 일본 시장보다는 아무래도 외국 시장이 전통이나 실적보다 기술력으로 어필하기 쉽다고 생각했다. 그가 창업한 지 1년이 채 지나지 않아 미국에서 영업을 하게 된 것도 그런 생각 때문이었다.

'나의 목표, 꿈을 실현할 수 있다!'
이런 신념을 가진 사람과 그렇지 않은 사람은 얼마나 다를까? 일본전산은 '꿈을 가진 열정적인 인재들이 끝까지 남을 수 있는 토양 만들기'에 전념을 다했다. 믿음이 가는 목표를 설정한 후 확신과 신념을 계속 더하면서, 안 되면 될 때까지 밤을 새우며 노력했다. 당연히 실패가 많았지만 실패로 인한 불이익은 없었다. 모두 끝까지 책임지는 문화가 정착돼 있었기 때문에 굳이 책임을 물어 제재를 가할 필요도 없었다. 이런 과정에서 비록 기업 규모는 영세하지만, 꼭 필요한 인재들이 자석에 쇳가루가 붙듯 모여들었던 것이다.

나가모리 사장은 세 명의 창립 멤버들과 의기투합한 이후, 계속 목표를 세우고 단계별로 그 목표를 이루고 또 변경해가면서 일본전산을 오늘날의 거대 기업으로 성장시켰다. '최고가 되자'는 목표 아래 '회사를 구성원 공공의 조직'으로 운영함으로써 참여 의식을 이끌어냈다. 그래서 그들이 이제까지 세워왔던 목표를 보면, '단순'하면서도 '소박'하고 그 지향점이 분명했음을 알 수 있다.

'매출 ○○억 엔' 식의 숫자 논리나 '○○기업을 이기자'는 비교치는 없었다. 마치 단칸방 살림을 시작한 신혼 부부가 하나하나 알토란같은 계획을 세우고 그것을 이뤄가며 기쁨을 느끼듯, 그들의 목표는 구성원 모두의 가슴을 뛰게 하는 것이었다.

첫 번째 목표는 '창업 1년 동안 남들보다 두 배 더 일하자'였다. 앞에서도 언급했지만 창업 초기, 이들은 경쟁 업체들과 비교했을 때 내세울 것이 없었다. 내세울 수 있었던 것은 구성원들의 열정 하나뿐이었다. 그래서 전 직원이 하루 '열여섯 시간' 일하겠다는 목표

를 세웠다. 남들보다 배로 일하면, 딱 두 배는 아니라도 적어도 남
들보다는 더 많은 기회가 찾아온다는 힌트와 믿음 때문이었다. 나
가모리 사장 자신은 30년이 지난 지금도 창업 첫해의 이 '목표'를 몸
소 실천하고 있다.

그다음에 이들이 세운 목표는 '전원 영업, 전원 개발'이었다. 하
루 열여섯 시간 일한다는 첫 번째 목표도 이런 원칙에 의해 자연스
레 연장됐다. 낮에는 모두가 영업을 하러 나가서 각자가 책임지고
일감을 받아오고, 해질 무렵 들어와 작업복으로 갈아입고 한밤중까
지 같이 개발에 몰두했다. 나가모리 사장이 먼저 고용 촉진과 직업
능력 개발을 목적으로 세워진 '직업훈련대학'에 3기생으로 입학했
다. 지금은 부사장인 고베 히로시는 7기생이었다. 인맥에 의존하거
나 회사 실적, 지명도 등에 의존할 수 없었다. 오직 다른 업체들보
다 더 많이 뛰는 방법밖에 없었다.

그 다음 이들이 세운 목표는 '해외 수출'이었다. 주소와 전화번호
만 가지고 사장이 직접 미국 현지로 날아가 영업을 했다. 나머지 세
명은 해외 출장 중인 사장의 샘플 지시를 받고 밤낮을 가리지 않고
개발에 몰두했다. 단 한 개의 모터라도 '외국 수출'이라는 이름을 붙
이고 싶었다. '실적이 적고 지명도가 없다'는 이유만으로 인정받지
못해 보수적인 일본 시장에서 그냥 고사당할 수 없었다.

항공 요금을 몇 배 더 지불해야 했지만 기술을 인정받기까지는
그것을 투자라고 생각했다. 결국 창업 3년 차인 1975년에는 출장
경비 이상의 이익을 낼 수 있는 물량을 수주했다. 일본이 안 되면

미국에서 하겠다는 생각으로 어려운 난관을 극복해 결국 수차례 샘플 테스트를 통해 3M사 납품에 성공한 것이다.

다음 목표는 '우리 공장을 가지는 것'이었다. 농가 창고 1층을 임대해 공장 겸 사무실로 쓰다가 그 옆에 16제곱미터(약 5평) 남짓한 조립식 건물을 지었다. 일본전산 명의로 된 최초의 건물이었다. 모터 제조에 필요한 부품이나 자재를 두고, 제조 공정을 소화해낼 수 있는 공간으로는 너무 비좁고 열악했다. 하지만 '우리 명의의 공장'이라는 생각에 각별한 애착이 느껴졌고, 약품 냄새와 무더위와 싸우면서도 개발에 더 박차를 가했다. 이 기념비적인 가건물은 지금 현재 일본전산의 초현대식 본사 건물 1층 로비에 전시되어 있다.

그다음 목표 역시 소박했다. 그것은 '신입 직원을 공채로 뽑는다'는 것이었다. 지방의 작은 영세 기업을 학생들이 알아줄 리는 만무했지만 모든 방법을 동원해 사람을 모집했다. 그 당시 사장은 큰 비전을 가지고 피를 토하는 열변을 해서라도 '꿈'을 같이할 혈기 왕성한 젊은 친구들을 선발해야 한다는 생각으로 직원들에게 공감을 이끌어냈다. 몇 안 되는 전 직원들이 나서서 인재를 모집했다. 전 직원이 인근의 모든 대학을 찾아가 벽보를 붙이고 학생과 교수들에게 회사를 알린 것이다.

다음 목표는 '그럴싸한 공장을 짓는 것'이었다. 초라한 공장을 보여주자, 들어서 알 만한 기업들이 "계약은 없었던 일로 하자"고 일방적으로 통보해왔다. 하지만 몇 안 되는 직원들이 다 같이 밤늦게까지 일에 몰입하고 있는 모습을 지켜본 영사기 제조업체 CEO는

'내가 사업 시작할 때보다 더 훌륭한 공장이다'라고 칭찬하며 일부러 발주를 했다. 열정으로 뭉친 회사의 가능성을 높이 산 것이다.

　미국 출장에서도 가시적인 성과가 보이고 어느 정도 기술 개발에 탄력이 붙자 공장을 짓겠다고 은행에 대출 신청을 냈다. 하지만 보기 좋게 거절당했다. 나가모리 사장은 수개월 동안 돈줄을 쫓아다니며 설득에 들어갔다. 교토 지역 경영자들 중심으로 구성된 벤처 육성 단체장을 맡고 있었던 옴론(OMRON) 창업자 다테이시 카즈마(立石一眞)는 젊은 사장의 열정에 감동했다며 자금 약 5백만 엔을 지원했다. 자연스럽게 은행도 뒤따라 지원할 수밖에 없었다. 창업 3년 만에 710제곱미터(약 200평)의 공장을 완공할 수 있었다.

　그들의 다음 목표는 '대기업으로부터 대우받기'였다. IBM 같은 세계적인 기업에 납품을 시작하자, 일본의 글로벌 기업들이 앞다투어 'IBM에 납품하는 모터를 우리에게도 납품해달라'며 청해왔다. '인맥이 없으면 인맥이 따라올 수 있도록 월등한 기술로 승부하자'는 생각이 결실을 맺기 시작한 것이다. 일본을 대표하는 기업들이 창업한 지 채 몇 년도 지나지 않은 자신들을 대등하게 대해준다는 느낌이 들었을 때, 그들이 받은 감동은 남달랐다.

　"하청업체로 머물지 않겠다는 목표를 실현하고 나자, 우리의 목표는 비약적으로 변천해갔습니다. 하나의 자긍심이 또 다른 결의를 모아주었다고 할까요? 지금 생각해보아도, 정말이지 과하다 싶을 만큼 자부심이 하늘을 찔렀습니다. 해외에 법인을 설립하자는 목표를 세우고, 미국, 유럽, 동남아 각국으로 공장과 대리점을 넓혀갈 때도, '밥 빨리 먹는 것' 외에는 딱히 재능도 능력도 없던 직원들이 낯선 외국어를 인사말만 배우고서 앞다퉈 뛰어나갔습니다. 달리 글로벌 인재입니까? 이것이 글로벌 인재, 글로벌 경영이죠."

당시 부장의 감회다.

주식 상장, 미국 뉴욕 증권거래소 상장, 우호적 M&A 등 그들의 목표는 한 단계 한 단계 높아져만 갔다. 2008년 말 현재, 그들의 목표는 '2012년까지 30만 명을 고용한다'는 것이다. 동종업계에서 실적 부진으로 어려움을 겪는 기업을 부활시키고, 의욕 있게 일하고자 하는 이들이 나래를 펼 수 있는 공간을 만들어주자는 것이 이들의 꿈이다.

일본전산의 꿈과 직원들의 꿈은 지금도 계속 실현되고 있다. 그들은 스스로를 '꿈을 실현하는 파트너'라고 생각하기에, 누가 따로 말하지 않아도 열정으로 가득하다. 그뿐만이 아니다. 직원들이 스스로 자신의 파트, 자신의 업무에서 세운 목표가 곧 회사의 꿈을 이루어줄 서브(Sub) 목표가 되어주고 있다. '엔진 없이 모터만으로 최고 성능을 갖춘 스포츠카를 만들고 싶다'는 한 직원의 목표도 회사의 목표와 일치한다. 회사의 목표가 곧 직원들의 목표이기 때문이다.

'꿈을 가진 인재'들이 머무는 토양을 만들기 위해서는 목표로부터 우러나오는 동기 유발이 필수적이다. 회사에 꿈과 비전이 없다면 역동적일 수 없다. 개인 역시 '회사를 통해 꿈을 이루겠다'는 비전이 없다면 일에 열정을 쏟기 힘들다. 기업과 개인은 서로의 꿈을 이루어주는 파트너가 되어야 한다. 아무리 그럴듯한 비전이 있어도, 그것이 조직 개개인의 꿈과 연결되지 못한다면 생명력을 발휘할 수 없다. 실패하는 조직에는 '반쯤 발을 담근 사람들'이 많다. 애정이 부족하고 신뢰도 부족하니 자신의 능력이 100% 발휘될 리 만무하다. 조직이 성장하지 못하니 개인의 비전을 지켜줄 수 없게 된다. 악순환이다.

혹시 당신은 어떤가? 당신의 회사는 어떤가?

기업이 직원에게 해줄 수 있는 최고의 복지는 '교육'

"입사한 지 10년이 지나면 연봉을 세 배는 받을 수 있어야 하고, 20년이 지나면 신입 직원과 다섯 배 정도의 격차가 있어야 한다. 그렇다면 그 정도 연봉을 받으려면 어떻게 되어야 하는가? 소위 실력 말이다. 단언적으로 말하면 '기능에서는 다섯 배', '의식에서는 백배'까지 차이가 나야 한다. 그 정도로 비약적 성장이 가능한 교육과 자기계발 붐이 일어나야, 조직은 생기를 잃지 않는다."

나가모리 사장은 직원 교육을 매우 중요시하고 그에 대한 투자도 적극적으로 한다. '교육이야말로 직원들을 위해 해줄 수 있는 최고의 복리후생 제도'라고 믿기 때문이다. 직원 교육을 통해 직원들이 성장하고 더 많은 결과를 내면 좋은 평가로 이어지고, 승급, 승진으로 이어진다. 또 회사는 그렇게 성장한 직원들의 역량에 의해 한층 더 발전하고. 결과적으로 직원들에게 더 좋은 대우를 해줄 수 있게 된다.

이 대목에서 직장인들에게 들려주고 싶은 이야기가 있다. 나가모리 사장의 철학도 그렇지만, 필자의 생각에는 '처우를 이유로 전직을 밥 먹듯 하는 사람' 만큼 어리석은 사람은 없다고 생각한다. '여기서 이만큼 경력을 쌓고 이직해서 연봉을 올려 다음 직장에서는 얼마를 받고……' 하는 식의 숫자놀음에 일찌감치 눈을 뜨는 사람 말이다. 비슷한 예로 '알량한 월급으로 재테크에 올인하는 사람' 역시 어리석은 사람 순위에 꼽힌다. 근무 시간에 주식 시세 보느라 눈코 뜰 새 없이 바쁘다.

당장의 금전적인 가치로 환산할 수 없는 것이 바로 나의 업무 역량이다. 특히 경쟁력 있는 선후배 집단이 있는 회사라면, 그리고 정당하게 기회가 주어지는 경연장이라면, 거기만큼 훌륭한 학습의 장(場)은 없다. 나중에 전직을 하거나 창업을 하더라도, 자기 실력은 이전 회사에 두고 가는 게 아니다. 어떤 직장인에게든 이보다 더 훌륭한 복리후생은 없다. 그런데도 돈 들여 교육시키는 회사에 불만을 표하고, 적극적이고 주도적으로 참여하기는커녕 어떻게든 빠져보려고 발버둥을 친다. 어불성설이다. 조직에서 진보를 체득할 수 없는 사람이기도 하거니와, 조직이 전혀 달가워하지 않을 사람이다.

　나가모리 사장은 이런 직원들에게 뼈 있는 말을 던진다.

　"교육과 자기계발에 게으른 사람들일수록 월급 타령하고 근무 시간 타령을 한다. 유심히 관찰해보면 자기계발에 열심이고 교육에 적극적으로 참여하는 사람들은 그런 불평불만 따위는 하지 않는다. 언제든 월급 많이 받고 창의적, 압축적으로 일할 수 있는 위치에 오를 수 있다는 자신감이 있기 때문이다."

　일본전산은 다른 비용을 줄이는 한이 있더라도 직원 교육을 충실히 하려고 힘쓴다. 그리고 1년 52주를 통틀어 대략 35주에 걸쳐 토요일, 일요일에 실시하는 1박 2일 교육 프로그램이 열린다. 모든 프로그램은 참가자가 주도적으로 토론하고 연구해 보고서를 작성하는 형식으로 이루어진다. '주입식'이 아니라 '주도적인 학습'을 통해 자기 실력을 높이는 데 목적이 있다.

　나가모리 사장은 교육이 진행되는 35주 일정 내내 마지막 두 시간은 자신의 교육으로 할애한다. 엄청난 애정이다. 그러니 골프는 커녕 해외 여행 한번 마음 놓고 나갈 수 없다. 직원들은 연초에 정해진 교육 일정을 확인하고, 참가할 일정을 뺀 나머지 일정 중에서 연간 휴일을 정하면 된다. 교육 일정은 회사에서 가장 중요한 스케줄이기 때문에, 연초에 가장 먼저 정하는 것이 회사 방침이다. 토요일과 일요일로 잡는 것은 직원들이 업무에 구애받지 않고 자율적으로 참석해 자기계발에 전념할 수 있게 하기 위해서다.

역량 강화와 자기계발을 통해 자신의 복리후생 수준을 올리겠다는 것은 자기 인생에 대한 책임 의식이 강하다는 뜻이기도 하다. 그런 사람에게는 거액을 투자하며 프로그램을 준비해주는 회사가 고마울 수밖에 없을 것이다.

직원 교육은 철저히 각 개인에게 맡겨진 복리후생 제도다. 참가 여부는 자율이다. 대신 참여하는 사람은 정말 최고의 대우를 받는다는 기분이 들도록 회사 측에서 최고급 식단을 준비한다. 교육 틈틈이 긴장을 풀 수 있는 게임도 하고, 추첨을 통해 선물도 준다.

무엇보다 일본전산의 주말 교육은 직원들 각자가 가지고 있는 열정을 극대화하는 현장이다. 업무를 하면서 느꼈던 각자의 통찰과 영감, 그리고 업무를 풀어나가고 기술을 개발하는 각 영역에서의 노하우를 주고받으면서, 직원들은 그 어떤 업무에서도 느낄 수 없었던 희열을 서로 확인한다.

나가모리 사장은 회사를 키워나갈수록 '명문대 출신이거나 학교 성적이 최고였던 사람이 반드시 인재가 되는 것은 아니다. 처음부터 우수한 인재 따위는 없다'는 것을 실감했다고 말한다.

물론 공부를 잘한다는 것은 수리력이나 이해력이 뛰어나다는 방증이다. 하지만 공부하는 머리와 일하는 머리는 다르다. 그리고 회사란 모름지기 일하는 머리를 키우도록 장치를 두고 있지 않으면 안 된다. 일본전산의 직원 교육은 '고졸 수준의 보통 사람을 우수한 인재로 만드는' 데 초점을 두고 있다. 재무제표나 수익 구조가 회사의 미래를 보장해주는 것이 아니라, 우수한 직원만이 모든 것을 좌우한다고 믿기 때문이다.

사람이 없다면 그 어떤 튼튼한 회사도 언젠가 위기를 맞게 된다. 사람을 소홀히 하는 기업은 부메랑처럼 돌아오게 될 대가를 치르게 된다. 그리고 사람을 소중히 하는 것은 '잘한다, 잘해' 하고 감싸주거나 무조건 좋은 것만 주는 것이 아니다. 그 사람의 성장 단계에 꼭 맞는 적절한 자극과 기회를 부여하는 것이다.

품질 보증부의 다카기 사원은 이렇게 말한다.

"정말이지 인간의 성장에는 한계가 없구나 하는 생각을 줄곧 하게 됩니다. 제가 입사 9년 차인데, 아직도 멀었다는 생각만 들 뿐입니다. 하면 할수록 점점 더 나아지는 나를 만나게 됩니다. 내가 어디까지 갈 수 있나 실험하는 기분은 그야말로 짜릿합니다. 경력이 짧은 친구들 손에서 이전의 나 같으면 생각하지도 못했던 제품이 나오는 것을 볼 때마다, '이만하면 됐다는 생각은 금물이구나', '구식이 되지 않으려면 더 지독히 노력해야겠다'는 생각이 듭니다."

편한 회사가 아니라, 기회가 주어지는 회사가 좋다

'우리 회사는 젊은 회사다. 급성장하는 회사이기 때문에, 그만큼

기회가 많다.'

일본전산은 사람으로 치면 육십대 중반의 중견 기업이다. 일반적인 회사의 성장 사이클로 치면, 이제 노후를 향해 가는 시점이라 봐도 무방하다. 매년 비약적인 성장을 하고 있는 것을 상기하면, 쉬어갈 때도 됐다는 말이다. 그런데 일본전산의 직원들은 자신의 회사를 '젊은 회사'라고 부른다. 그들이 회사를 선택할 때부터 지금까지도 변함없이 가지고 있는 생각이다. 그런 '젊음'이 바로 일본전산의 성장을 가능케 하는 원동력이 아닐까?

일본전산이 이토록 맹렬한 스피드로 성장할 수 있는 바탕에는, 창업 때부터 모토로 삼아온 '열정 경영'이라는 한 단어가 자리하고 있다. '열정 경영.' 요즘 같으면 너도나도 기업의 모토로 삼고 싶은 키워드일 것이다. 어떤 조직이건 조직에 열정과 에너지를 심기 위해 고심한다. 어떤 기업이든 광고를 통해 어필하려는 메시지는 '젊고 패기 있는 기업'이다. 하지만 일본전산의 '열정 경영'이 한때 웃음거리가 됐던 시기도 있었다. 호경기 때의 일이다.

일본에서 1980년대 말 호황으로 버블 경제가 이어졌을 무렵에는, 회사 설명회 때 '열정, 열의, 집념'이라는 단어로 회사를 설명하는 순간, 듣고 있던 학생들이 썰물 빠지듯 줄줄이 자리에서 일어나 빠져나가곤 했다. 자리 대부분이 빌 정도로 설명회장은 텅텅 비었다. 일본전산 사장은 그런 상황에서도 창업 이후 변함없는 '일본전산 3대 원칙' 이야기를 꺼냈다. 그러니 다른 사람들이나 기업들에게 '그런 것 없어도 잘나가는데 유난 떤다'는 질시를 받은 것이다.

"우리 회사에는 '3대 정신'이 있다. 그 첫 번째는 정열, 열의, 집념이다. 다음이 지적 하드워킹이고, 세 번째가 '즉시 한다, 반드시 한다, 될 때까지 한다'다."

이렇게 열변을 토하면, 비웃는 사람들도 많았다. 시대착오적인 생각이라고 비웃는 사람도 많았다. "어떻게든 유능한 인재를 설득해 처우 좋고 일하기 편한 자기 회사로 오라고 해도 올까 말까인데, '될 때까지 한다'니? 전시(戰時)도 아니고 우습도록 비장하다." 그러나 그때 나가모리 사장을 비웃던 많은 기업들이 나중에는 머리를 조아리고 제발 살려달라고 빌게 되었다. 정말 우스운 것은 이 대목이 아닐까?

"지금 저 사장, 무슨 이야기를 하는 거야? 지금이 50~60년대인가? 아직도 먹을 것 없어서 굶던 시절이라고 착각하나 보네. 하드워킹? 정열, 열의, 집념? 아직도 이런 말을 하는 경영자가 있어?" 많은 학생들이 소곤대며 자리를 떠났다.

한때는 지역의 노동부 관청까지 나섰다. "나가모리 사장, 언제까지 하드워킹이라든지, 정열, 열의, 집념이라고 열변을 토할 건가? 그런 시대는 지났다. 직원들이 노동 쟁의라도 해서 회사 망치기라도 하면 어쩌려고 그러냐?"

협박 반 걱정 반의 전화도 받아야 했다. 그런 이야기를 듣고 가만히 있을 리 만무했던 그는 큰소리쳤다. "그런 바보 같은 소리는 하지도 마라. 난 그런 싸움 따위에는 관심 없다. 그런 조언은 현장 사정을 전혀 모르고 하는 소리다."

소위 버블 경제 시절에는 졸업을 앞둔 학생들이 기업들의 대접을 받았다. 기업들끼리 명문대 학생을 입도선매하기 위해 치열하게 경쟁하곤 했다. 회사마다 설명회를 열고, 참석자들에게는 선물도 주고 점심도 제공했다. 면접을 볼 때마다 학생들은 VIP 대접을 받았고, 개중에는 요일별로 면접 볼 기업을 정해놓고 순회를 한 다음 선택하는 지원자들도 많았다.

어떤 학생은 회사에 전화를 걸어, 점심 식단을 물어보기까지 했다.

"A사는 스테이크, B사는 스키야키, C사는 프랑스 요리였는데, 일본전산은 뭘 주느냐?"

그렇게 학생들이 대접받을 때도 일본전산은 일관성 있게 3대 정신에 바탕을 두고 그에 부합하는 인재들을 선발했다. 회사가 '비전을 향해' 일사불란하게 역동적으로 전진하기 위해서는 그런 '조건에 맞는' 인재가 필수적이였다. 회사가 주는 기회에 '감사'하며 일할 수 있는 사원, 자기 발전 없이 받는 처우를 부끄럽게 여길 줄 아는 사원들 말이다.

'일본전산에서 일하면서 가장 만족스러운 것이 무엇이냐'고 직원들에게 물었다. R&D 분야 6년 차인 여직원 마에다 씨는 이런 이야기를 한다.

"성별이나 나이에 관계없이 먼저 손을 드는 사람이 리더가 될 수 있습니다. 하고 싶다고 말하면 뭐든지 할 수 있는 환경이지요. 대신 그만큼 책임감도 큽니다. 누구라고 꼽을 것 없이 모두가 정말 열심히 합니다. 역량이 높아지려면 자기가 해낼 수 있는 것보다 120% 정도의 업무가 주어지는 게 바람직하다고 생각합니다. 그런데 선배들의 도움으로 200% 이상 해냅니다. 그러니 성장이 빠르죠. 크고 싶은 사람은 얼마든지 클 수 있는 회사입니다."

임원이 되는 것을 목표로 하지 않는 사람은 필요 없다

나가모리 사장은 면접 과정에서 하나의 직설적인 교훈을 얻었다. 그는 이렇게 말한다.

"'잔업이 있느냐', '휴일은 며칠이냐', '급여는 얼마냐' 같은 질문을 제일 먼저 하는 사람은 절대 뽑지 않습니다. 여러 가지 질문과 답변이 오고가면서 참고로 물어보는 경우면 몰라도, 마치 노동부에서 파견된 직원이 심문하듯 묻는 신입 구직자도 있습니다. 그런 친구들에게 거꾸로 '그럼 그 월급 받아가며 잔업 안 하고 휴일 챙기면서, 당신은 우리에게 무엇을 줄 수 있느냐?'고 물으면, 아무런 대답을 못합니다."

처우가 어떠냐는 응시자의 질문에 대한 그의 대답은 한결같다.

"경기가 좋아졌지만, 미안하게도 우리 회사는 잔업도 많고 토요일이나 일요일에도 밥 먹듯이 나와야 한다. 생각해보라. 경기가 좋아진다는 것은 그저 겉으로 보이는 상황이 좀 바뀌는 것뿐이다. 지금까지 어느 회사에서든 '설계가 되자마자 일사천리로 신제품이 탄생하는' 일은 없었다. 시제품을 만들어보고, 실험하고, 개선하는 과정을 입에서 단내가 날 정도로 계속해야 할 때가 많다. 획기적인 제품이란 어느 날 갑자기 짠하고 나오는 게 아니다. 히트 상품이 어느 날 갑자기 탄생하는 게 아니라는 말이다. 실험하고 실험하고 실험해서 조금 좋아지고, 다시 실험하고 실험하고 실험해서 눈곱만큼씩 나아질 뿐이다. 그런 과정을 계속해서 지속해가는 기업만이 히트 상품을 만들 수 있다. 이것이 현실이다."

나가모리 사장은 자신에게 엄격한 만큼, 이런 이야기를 서슴없이 한다. 그의 성향을 잘 모르는 학생들이라면 겁을 먹게 마련이다. 하지만 나가모리 사장의 그런 잔소리는, '사회에서 성공하려면 그만큼 각오를 가지고 출발해야 한다'는 채찍질이다. 일반인들은 우수한 인재에게 연구원 유니폼을 입혀 실험실로 보내면, 갑자기 필요한 제품을 요술처럼 만들어낼 수 있다고 생각한다.

하지만 그것은 엄청난 착각이다. 드라마에서나 나옴직한 이야기다. 아무리 뛰어난 천재라도 그런 자리에 앉혀두는 것만으로 저절로 '신제품을 만들어낼' 사람은 없다. 그런 꿈속의 인재는 이 세상에 존재하지 않는다. 아마도 무언가에 도전해서 결과물을 만들어본 경험이 있는 사람들이라면 이 대목에서 고개를 끄덕끄덕할 것이다.

일본전산의 기업 모토도 그렇지만, 나가모리 사장이 높이 사는 직원은 '야망이 있는' 사람이다. 그래서 면접 때만 되면 그들의 야망 코드를 확인하기 위한 질문을 하곤 한다.

"자네는 어디까지 올라가는 게 목표인가?"

보통 젊은 나이에 대기업에 들어가서 열심히만 한다면 누구나 과장, 차장까지는 오를 수 있다. 물론 잘못하면 주임으로 정년 퇴임을 할 수도 있다. '처음부터 올라갈 수 있는 한계가 정해진' 직장이라면, 누가 과연 열정을 불태울 것인가? 일본전산에는 입사 후 얼마 되지 않아 초고속 승진을 한 직원이 꽤 있다. 그렇듯 회사가 기회를 주는데, 따르지 않을 리가 없는 것이다.

그가 면접 자리에서 자주 던지는 질문 중 하나는 이것이다.

"자네는 가정과 일 중 어느 쪽이 중요하다고 생각하는가?"

중추적인 일을 하고 있거나 하고 싶은 사람이라면 연일 끝이 보이지 않는 잔업도 할 수 있고 귀가 시간도 밤 10시, 11시가 되는 경우가 많다. 결국 일과 가정을 양립시키기 위해서는 우선 실력을 빨리 확보하는 수밖에 없다. 훗날 과장으로 정년을 맞이하는 것과 임원이나 경영진으로 맞이하는 것은 하늘과 땅 차이다. 고생한 만큼 회사는 그것을 높이 평가해주어야 한다. 뿐만 아니라 일로서 승부를 보고자 하는 사람은 자신의 가정에도 그 신념을 지원해줄 준비를 시켜야 한다.

나가모리 사장은 월요일 출근이 즐거운 직원을 늘리고 직원들을 보살피기 위해, 개인적인 모임이나 일가친척 대소사에도 나가기 힘들다고 토로한다. 직원들이 성취욕을 상실하면 회사는 쪼그라들기 시작하기 때문이다.

돈 때문에 회사에 들어온 사람은 돈 때문에 회사를 그만두게 돼 있다. 그가 직원들이 무엇인가에 도전해 성취감을 느낄 수 있도록 지원하는 이유가 여기 있다.

요즘 속된 말로 '철밥통'이라고 말했던 공무원들도 과로에 시달리고 있다. 직장인들도 자기계발을 한다고 '연간 몇 시간 이상 교육 이수', '워크숍', '외국어 특정 수준 이상 달성' 등을 목표로 하고 있다. 가만히 앉아 자리만을 지킬 수 있는 시대가 아니다. 그런 의미에서 일본전산의 '성취 욕구'를 자극하고, 직원들이 실제로 자신의 꿈을 이룰 수 있게 지원하는 동기 부여 방식은 많은 힌트를 준다.

자신의 일에 대한 의미 부여와 보람에 대해, 앞서 소개한 마에다 씨는 이렇게 말한다.

"매번 개발하는 제품들이 모두 최첨단 제품이기 때문에, 아무리 머리를 싸매도 답이 나오지 않는 경우도 허다합니다. 모든 최악의 상황을 고려하면서 성능이 좋은 모터를 만들어내는 것은 간단한 일이 아닙니다. 그래서 묘미가 있습니다. 어려운 것을 풀어나가는 과정에서 쾌감과 성취욕, 흥미를 느끼는 것입니다. 우리는 모두 발명가이자 혁신가니까요."

감동의
'떡값 스토리'

창업 직후인 1970년대 중반에는, 오일쇼크 등으로 경제가 심각하게 어려웠다. 그때 일본전산은 필사적으로 영업 활동을 늘려 나갔다. 불경기로 어렵지만, 불황을 타개하려면 어떻게든 납품처를 늘리는 수밖에 없었다. 더더군다나 당시는 미국 시장을 염두에 두고 새로운 공장을 짓고 있던 터라, 자금이 많이 부족했다.

그런 절체절명의 시기에, 일본전산은 창업 후 두 번째 부도를 맞았다. 총액 약 3백만 엔짜리 부도를 맞은 생후 2년의 일본전산은 바로 자금 경색에 빠진다.

당시를 회고하면서 나가모리 사장은 '제대로 해보지도 못하고, 회사를 접어야 하나' 심각하게 고민했다고 털어놓았다. '집기와 자산을 다 팔아서 직원들 월급 챙겨주고, 여기서 회사를 정리해야 하나' 하는 생각까지도 했다고 한다. 그해 여름은 보너스는커녕 월급도 제대로 가져가지 못할 상황이었지만, 어찌어찌 근근이 위기 상황을 극복했다.

회사 사정을 안 나가모리 사장의 어머니가 추석 무렵, 봉투 하나를 들고 왔다. 나가모리 사장이 틈틈이 드린 용돈을 모아둔 것을 '추석인데, 직원들 떡값이라도 줘야지 않겠냐'며 사무실로 들고 온 것이다. 나가모리 사장은 봉투를 열어보지도 않고, 막내 직원 고베 히로시에게 건넸다.

고베는 이렇게 말한다.

"직원 몇 명이 몇 천 엔 정도씩 나눠 가질 수 있었던 얼마 되지 않는 금액이었지만, 그때의 감동을 지금도 잊을 수 없다."

그는 지금도 그 장면을 또렷하게 기억한단다. 만 엔짜리 지폐와 천 엔짜리 지폐들이 한 방향으로 가지런히 정리된 상태로 봉투에 들어 있었는데, 개중에는 깨끗한 것도 있었지만 꽤나 오래된 듯 낡은 것도 있었다. 봉투를 건넨 사람의 마음까지 그대로 담겨져 있었던 것이다.

"사장님, 회사도 어려운데 경비로 쓰죠."

"어머니가 자네들을 위해서 내놓으신 거야. 내가 하도 안 받으니까 회사로 들고오신 거네. 자네들끼리 나눠 갖게. 회사 경비는 영업으로 해결하면 될 것 아닌가!"

추석에 받은 보너스 아닌 보너스였지만, 무엇보다 마음으로부터 큰 위로가 되는 '격려금'이었다. 그 일을 계기로 직원들은 '다 같이 회사를 키워 다시 그 돈을 돌려드리자' 하고 분기탱천했다. 이 일이 있고 수개월이 지난 1975년 입춘에, IBM으로부터 대량 주문이 들어왔다.

가족처럼 서로를 아껴주는 마음과 마음이 실적을 만드는 강인한 힘으로 연결된 것은 아닐까?

조직 전체를 휘감은 열정이
회사를 살린다!

열정만큼 뛰어난
동기 부여 에너지는 없다

세계 기업들이 주목하는
'최고'의 자부심

일본전산의 '패기 생산법'

일본전산은 한 분야를 선택해서 거기에만 집중한 결과, 세계 최고의 반열에 오른 기업이다. 한 가지 분야에서 최고가 되는 것! 이것이 바로 지방의 평범한 영세 기업이 살아남기 위한 생존 법칙 중에서도 가장 핵심적인 전략이었다.

일본전산뿐 아니라 전쟁터와 다름없는 극한 경쟁에서 절대 강자로 성공한 대다수 기업들은 한 가지 분야를 '선택'해 기술과 노하우를 쌓는 데 '집중'함으로써 자신만의 영역을 구축한 경우가 많다. 그중에서도 일본전산은 '선택과 집중'을 잘 활용한 가장 대표적인 표본인 셈이다.

기업이 성공하기 위해서는 해당 분야에서 '최고'라는 인식을 얻는 것이 무엇보다 중요하다. 사람들(소비자)은 최고가 된 사람들, 최고 기업들을 보면서 '저들이 하는 일, 저들이 만드는 제품은 당연히 최고일 것이다.'라는 믿음을 가지게 마련이다. 그리고 그런 믿음은 소비자로서의 행동과 의사 결정, 즉 구매 행위에 영향을 미친다. 수백 년 동안 한 분야의 전문성을 쌓은, 그래서 장인 정신이 깃든 명품 브랜드를 선호하는 것도 이런 메커니즘이라 할 수 있다.

일본전산이 세계 최고가 된 과정을 좀 더 상세히 살펴보자.

나가모리 사장은 집중해야 할 키워드로 '모터'를 선택했다. 그리고 모터 중에서도 다른 기업이 아직 관심을 두지 않고 있던 소형 모터에 '집중'했다. 처음 사업을 시작할 당시에는, 승리의 기본이라 할 만한 요소 즉 기술, 자본, 실적 등 어느 영역에서도 아무런 자산을 갖고 있지 않았다. 그러니 없는 밑천으로 성공하려면 남들이 '하지 않는' 분야에 관심을 기울일 수밖에 없다.

일본전산은 그렇듯 1970년대에는 카세트용 소형 모터 분야에서, 1980년대에 들어서부터는 컴퓨터에 들어가는 하드디스크용 소형 모터 분야에서 시장점유율 1위를 차지하면서 '세계 최고'라는 별칭을 얻을 수 있었다.

또 한 가지 그들이 집중한 것은, 바로 해외 시장이었다. 국내 시장에서의 입지가 채 굳어지기도 전에 나가모리 사장은 직접 미국 출장을 다니며 문을 두드렸다. 결국 3M이 그의 열정을 높이 사 카세트용 소형 모터를 발주했다. 당시를 회고해보면 황당한 일도 많았다고 한다. 거래처를 까다롭게 선정하기로 유명한 3M은 일본전산의 개발 능력을 테스트하기 위해 '거의 실현 불가능한 사양'을 요구했다. '당연히 이 정도는 못하겠다고 손들고 타협해오겠지.' 거래 조건을 유리하게 하기 위한 포석이었다.

하지만 그들의 예상은 보기 좋게 빗나가고 말았다. 까다로운 요구 조건을 모조리 해결한 것은 물론, 요구하지 않은 것까지 알아서 제안해왔다. 그러니 거래가 성사된 것은 두말할 필요가 없다. 외국 기업의 인정을 받게 되자, 거꾸로 그동안 그들의 기술력을 대수롭지 않게 생각하던 일본 내 대기업들의 러브콜도 받게 됐다. 그러나 일본전산은 카세트용 소형 모터 분야에서 선두 자리를 차지한 후 얼마 되지 않아, 샴페인을 터뜨리기는커녕 모두가 외면하던 컴퓨터용 소형 모터 분야에 과감히 뛰어들었다.

그야말로 쟁쟁한 선두주자들이 즐비했다. 특히 일본 내 '모터' 분야는 대기업에서 중소기업에 이르기까지 전통과 기술을 자랑하는 최고의 기업들이 줄을 서 있었다. 당시 소형 정밀 모터 경쟁사만 해도 마쓰시타, 히타치, 도시바 등 130개 사가 넘었고, 외국 기업 중에도 GE, 필립스 등 거대 기업들이 자웅을 겨루고 있었다. 나가모리 사장의 야망은 컸지만, 기술 면에서도 자본금에서도 열세였다. '그래도 일본전산이라는 이름만은 그럴듯했다'며 나가모리 사장은 당시 상황을 이렇게 회고한다.

"회사 이름 하나는 정말 잘 지었다고 생각한다. 일본전기(NEC)와 마쓰시타전산을 잘 조합한 그럴싸한 회사명이다. 의욕만으로는 일본전기나 마쓰시타전산과 대적 못할 이유가 없었다. 그러나 실상은 교토 촌구석 고향집의 창고를 개조해 시작한 구멍가게 회사였다. 남자 네 명이 둘러앉아 무슨 일부터 해야 할지 막막했다."

기업에서 의뢰한 모터나 수리하면서, 전파상식으로 꾸려갈 만한 조그만 회사였다. 하지만 지피지기면 백전백승이라고, 우선 나가모리 사장은 큰 기업들을 상대로 파고들 수 있는 '약한 고리'를 찾는 데 집중했다. 그 결과 개발 비용이나 제작 비용이 저렴한 소형 모터에 집중하자고 판단했다. 기술력에만 집중해 승부를 걸고 싶었던 것이다. 더욱이 대형 모터와는 달리 소형 정밀 모터는 앞으로 개척해야 할 분야이기도 하고 수요도 늘어날 전망이었다. 당시에는 이런 이론은 없었지만, 소위 말하는 블루오션이었던 것이다.

당시 그는 '남들보다 더 많은 시간을 투자해 더 많이 실험하고 테스트하다 보면, 결국에는 더 나은 기술력을 얻을 수 있다'는 아주 단순한 생각에 빠져 있었다.

오늘이나 내일이 아니라, 10년 후 미래에 승부를 건다

'남들이 하지 않는 것에 에너지를 쏟아야 한다'는 것에는 오늘날 기업들 모두가 공감한다. 하지만 당시는, 어떤 분야를 선택하건 밥은 먹을 수 있는 소위 기업들의 천국이었다.

"당시 우리 네 명이 독립을 하면서 꿈꾼 회사는 '우리 넷이 잘 먹고 잘 사는' 그런 회사가 아니었다. 무엇인지는 모르지만, '우리가 가진 기술 하나로 세계를 평정할 수 있다'는 밑도 끝도 없는 자신감이 우리에겐 있었다. 누가 봐도 시골 촌놈들인데, 자기들은 영웅인 줄 알았던 것이다. 지금의 기준으로 보면 대단한 기술력이랄 것도 없었고, 돈도 인지도도 없었지만, 그래도 '우리가 최고다' 하는 자아도취 같은 자신감만은 하늘을 찔렀다."

그들은 한 번도 처지를 비관하거나 현재의 발전에 만족하지 않았다. '어차피 내세울 연혁도 없고 실적도 없으니, 앞으로 다가올 미래 시장에만 집중하면 될 것 아니냐!' 그들은 틈만 나면 자신들의 미래 모습에 대해 침을 튀겨가며 얘기했다. 그들의 시선은 오로지 미래를 향해 있었고, 그 후 기업이 커지게 된 후에도 항상 투자의 방향은 '현재가 아닌 미래'에 맞춰져 있었다.

그런 투지는 사실 그들이 직장 생활을 할 때부터 싹트기 시작했었다. 아무리 생각해보아도 앞으로의 유망 분야는 초정밀 소형 모터인데, 그 사실을 핏대를 세워가며 상사에게 제안해도 돌아오는 대답은 '쓸데없는 짓'이라는 질시였다.

"잔소리 말고 시키는 대로 해라. 그런 걸 개발한들 지금 당장 효용이 없다. 그런 것보다는 당장 대량 주문을 받을 수 있는 환풍기 모터나 카세트용 모터를 만드는 게 최고다."

그런 경험을 할 때마다 나가모리 사장은 '이렇게 현재에 만족하고, 미래 가치에 관심이 없는 회사는 희망이 없다'는 생각을 굳혀갔고, 나중에 창업을 하게 되면 '미래에 관심이 없는 직원이나 관리자는 발을 못 디디게 해야겠다'고 다짐했다고 한다. 사장이 되면 제일 선두에서 항상 미래 가치에 관심을 쏟고 앞으로의 시장을 읽어내는 일을 최우선으로 하겠다는 결심을 수도 없이 했다. 일본전산이 급성장한 비결이기도 한 '미래 가치에 투자하는 습관', '선행 기술 확보'가 이때부터 자연스럽게 몸에 배었는지도 모른다.

결국 일본전산은 다른 대기업들보다 앞서 하드디스크용 스핀들(정밀 회전축) 모터 실용화에 성공하면서 세계적인 전자 부품 회사, 다시 말해 초정밀 소형 모터 전문 회사로 성장했다. 결과적으로 3M을 거쳐, IBM의 컴퓨터용 소형 모터를 제안해 계약하게 되면서 순식간에 이 분야 세계 톱(Top)으로 올라서게 된 것이다. 그의 미래를 바라보는 습관이 'PC 시대'를 읽어낸 것이다.

세계 1등이 아니면
하지 않겠다!

일본전산의 시장 진입을 기점으로 성장과 확대 전략을 살펴보면, 직장에서 혹은 창업을 통해 자신의 영역이나 사업 분야를 확대하는

데 필요한 힌트를 얻을 수 있다.

일본전산에는 2008년 현재, 전 세계 140개 계열사에 걸쳐 13만 명의 직원이 일하고 있다. 1973년 창업 후 15년 만인 1988년, 일본 기업사에서도 이례적으로 오사카와 교토 증권거래소에 상장했다. 이어서 1998년에는 도쿄와 오사카 1부에, 2001년에는 소니, 마쓰시타, 혼다, 도요타, 캐논 등에 이어 뉴욕 증권거래소에 상장했다.

창업 당시인 1970년대에 일본전산은 카세트용 소형 정밀 모터 분야에서 두각을 나타내기 시작했고, 1980년대에 들어서면서는 컴퓨터 하드디스크용 모터로 앞서가기 시작했다. 1990년대부터는 소형 모터 분야에서 선두로 나섰고, 결국 '시장점유율 1위'라는 세계 최고 위치에 오른 것이다. 2000년대에 들어서면서 노트북 시장은 물론이고 가전과 산업용 모터에서도 폭발적으로 시장을 확대했다. 이어서 서버·통신 분야, 자동차, 로봇 분야에 이르기까지, 소위 '움직이고 돌아가는 분야' 거의 대부분에서 '선행 기술'을 확보하면서, 글로벌 기업들조차 일본전산에 의존할 수밖에 없는 상황을 만들고 있다.

'전 세계 전력의 50% 이상은 모터가 소비한다.'라는 말에서 짐작할 수 있듯, 산업계에서 모터가 차지하는 비중은 엄청나다. 앞으로는 고효율 모터 개발에 집중해 '에너지 절감'을 가능하게 해야 한다. 태양력과 무공해 전력을 최대로 활용할 수 있는 '효율적 동력 장치'에 대한 시장의 기대 또한 크다. 따라서 이 분야의 시장도 급성장할 것이다. 이런 상황 속에서 2007년 말 기준으로 일본전산의 매출액은 한화 약 8조 원에 이르렀다. 지난 10년 동안, 주식 시가 총액은 20배 상승했으며, 매출은 10배, 영업 이익은 24배로 성장한 것이다.

이 과정에서 2008년 말 현재, 세계 시장점유율과 기술력 면에서 여러 분야의 1위를 점하게 됐다. 하드디스크 드라이브(HDD)용 모터(75%), 광디스크 장치용 모터(60%), 가전·PC·AV용 팬 모터(45%), 디지털 카메라 셔터(75%), 액정유리 기반 운송용 로봇(75%) 등이 그것이다.

세계 최고 기술과 시장점유율을 자랑하는 일본전산의 모터가 들어가는 분야를 개략적으로 살펴보면 사무기기(복사기, 프린터, PC, 노트북, 서버 등), 가전 및 AV기기(냉장고, 전자레인지, 세탁기, 청소기, 식기세척기, 밥솥, TV, 에어컨, 휴대폰, 디지털카메라, MP3, 게임기, DVD 등), 정밀 모터가 들어가는 각종 산업용 기기, 자동차, 로봇 등 셀 수 없이 많다. 각 분야에서 폭발적인 시장 확대가 이어지고 있기도 하다.

특히 앞으로 수년간은 자동차 탑재용 모터 시장이 급성장할 것으로 예측하고 있다. '연료 기관의 비중보다 모터의 비중이 높아진다'는 견해가 이를 뒷받침한다. 일본전산은 자동차 탑재용 초정밀 모터를 '차세대 블루오션 시장'으로 설정하고 있다.

현재 일본전산의 기업 비전은 '돌아가고 움직이는 모든 분야에서 No.1'이다. 그야말로 돌아가고 움직이는 것이라면 어디에나 어김없이 일본전산 모터가 들어 있다는 말이다. 그들의 열정 경영을 개략이나마 엿볼 수 있는 대목이다.

이런 분위기를 반영하듯, 일본전산 개발부의 10년 차 주임 마츠모토 씨는 자신의 꿈에 대해 이렇게 이야기한다.

"차량 탑재용 모터를 개발하고 있는 만큼, 엔진을 사용하지 않고 고성능 고효율 모터만으로 자동차를 움직여보고 싶다. 모터만으로 자동차를 움직이게 된다면, 환경과 자원 문제를 획기적으로 개선할 수 있다고 생각한다. 시도할 가치가 충분히 있다."

일본전산은 이렇듯 끊임없이 회사가 가야 할 방향, 목표로 삼아야 할 지점을 계속 업그레이드해왔다. '단독 선두'를 위한 전사적인 움직임이다. 그리고 그들은 보기 좋게 그것들을 실현했다. 나가모리 사장은 한 신문사와의 인터뷰에서 '미래 가치에 대한 집중의 중요성'을 다시 한 번 강조했다.

"어떤 회사건 CEO는 자신의 생각과 에너지를 '현재'에 3할, '미래'에 7할 정도의 비율로 투자해야 한다. 그래야 기업 내 조직들도 역동적이고 성장하는 패턴을 유지할 수 있다."

주도권을 쥐는 자가
주연(主演)이다

앞서 언급한 매출 신장과 영업 이익의 변화 추이는 특히 눈여겨

볼 만하다. 과거 10년 동안 매출이 10배 올랐는데 영업 이익은 24배 높아졌다? 현재의 기업들이 지향하는 '고품질, 고마진, 납기 단축'을 실현했다는 의미다.

다시 말해, 경영학자 마이클 포터(Michael Potter)가 제시한 '경쟁 우위 전략'이나 '집중화 전략'에 기초해 주도권을 잡았다는 것이다. 어떻게 보면 일본전산은 그저 '부품 업체'에 불과하다. 하지만 월등한 선행 기술, 즉 앞으로 거래 기업이 원하게 될 기술을 먼저 확보해놓고, 교섭권을 쥐고 있다. 그래서 조연이 아닌 주연이 될 수 있었던 것이다.

흔히 기업 내에서도 핵심부서나 주변부서가 갈라지게 마련이다. 그래서 '내가 핵심부서다', '아니다, 너흰 주변부서다' 하면서 알력 다툼이 생겨나기도 한다. 기업 대 기업의 관계로 보면, 대기업(납품처)은 갑이고, 중소기업(하청업체)은 을이다. 그런 설정에서 갈등도 생기고 고민도 일어난다.

이렇듯 흔히 어떤 관계에서든 주(主)와 종(從)이 있다고 생각한다. 그래서 종은 주를 따르고 지지해주어야 한다. 작게는 기업 내 경영자와 직원의 관계도 주와 종의 메커니즘으로 해석될 수 있다.

하지만 인간지사 새옹지마라 했는가? 물론 주가 슬그머니 밥줄을 끊어버리면 종은 무너지고 만다. 하지만 주가 아무리 요지부동이어도 종이 무너지면 주도 무너지게 돼 있다. 거꾸로 주가 방심한 사이, 종이 관계를 역전시켜버릴 수도 있다.

경영진과 직원, 메이커와 부품업체, 핵심부서와 주변부서……. 이런 주종 관계는 따지고 보면 그저 편의상의 호칭에 불과하다. 이렇게 관계에 대한 관점을 바꾸고 나면, 상생의 길이 보인다. 핵심은 함께 성장할 수 있고 함께 호흡할 수 있느냐의 문제다. '나는 힘이 약하니 주에게 쥐고 흔들릴 수밖에 없다'고 믿으면 그렇게 된다. 반면, '내가 어찌 하느냐에 따라서 내가 주를 먹여 살릴 수도 있다'고 믿으면 일을 바라보는 관점이 달라진다. '나는 힘이 센 주'라는 자만심도 '나는 어디까지나 종'이라는 패배의식도, '변함없는 부동의 진리'는 아니라는 말이다.

나가모리 사장은 '갑을 관계'에서 자신은 어디까지나 '을', 늘 불리한 위치에 있는 '종'이라 한탄하는 사람들에게 각별한 교훈을 준다. 아무리 작은 규모의 회사라 해도, 원청업체의 지시나 받아 하청 일을 하며 일방적인 요구를 들어주는 일이 재미있을 리 없다. '사업을 재미로 하느냐', '현실이 얼마나 냉엄한데' 하고 반문한다면 어쩔 수 없다. 하지만 그렇게 생각하고 있는 한 절대 변화가 일어날 리 없다.

'상사의 비위만 맞춰야 하는 부하 신세', '경영진이 제대로 해주어야 우리가 잘할 수 있다', '우리는 을이라, 어쩔 수 없이 큰 기업에게 끌려다닐 수밖에 없다'……. 갑과 을의 계약 관계가 아니라, 바로 이런 '생각'이 누군가를 노예로 만들 뿐이다.

'나는 위아래 신경 쓸 것 많은 상사가 의지할 만한 든든한 기둥', '내가 곧 경영자다, 여차하면 내가 회사를 먹여 살린다', '완제품의 기능을 한층 더 높여줄 부품을 만들자'……. '을'의 이러한 협력이 없이는 아무것도 돌아가지 않기 때문이다.

나가모리 사장은 그런 철학을 앞장서 실천한 사람이다. 회사를 경영하면서도, '어느 부서는 핵심, 어느 부서는 지원' 하는 식으로 구분을 두지 않았다. 구성원이 원하기만 하면, 전공이 무엇이든 자신이 원하는 업무 분야에서 일할 수 있다. 특히나 그는 회사의 실적 자체를 통해서 '주종 관계'는 언제든지 바뀔 수 있다는 것을 검증했다.

일본전산은 자동차, 가전, 컴퓨터, 기계 등 완성품 메이커의 그늘에 가려 그것들의 자그마한 부품 중 하나인 '소형 모터'를 생산하는 영세 기업, 즉 '종'에 위치하고 있었다. 직원 세 명을 이끌고 시작해 완성품도 아닌 작은 내부 부품에 속하는 '소형 모터'에만 전념했다. 일본전산은 이 전략을 유지하면서도 결국은 대기업들이 상품의 질을 높이기 위해 일본전산을 찾아올 수밖에 없는 위치, '주'와 같은 세계적인 기업으로 도약한 것이다. 이제는 세계적인 글로벌 기업들이 일본전산을 찾아와 기술 개발을 의뢰하고 제품을 공급해달라고 통사정을 한다.

물론, 일본전산은 창업 후 수년 동안 그야말로 종의 서러움을 톡톡히 맛봐야만 했다. 하지만 창업 초기부터 염두에 두었던 '글로벌 영업'의 결실을 맺어 3M과 IBM에 납품하게 되면서, 자연스레 다른 글로벌 기업이 찾아들었다. 실적이 없고, 규모도 작고, 기술력을 믿을 수 없다고 외면했던 기업들이 앞다투어 제품을 쓰고 싶다고 해온 것이다.

그렇다고 모든 직원이 일만 해야 한다는 것은 아니다. '열여섯 시간 하드워크'는 항해를 책임지고 있는 CEO인 나가모리 사장이 즐기는 방법이다. 요즘 같은 시대에 워커홀릭을 강요한다고 누구나 성공하는 것은 아니다. 그 역시 그것을 잘 알고 있다.

하지만 차기 일본전산 사장이 될 사람은 반드시 '회사를 책임지는 사람으로 365일 하루 24시간 회사를 생각하고, 월요일에 가장 먼저, 즐겁게 출근할 수 있는 사람이어야 한다'고 강조한다. 리더가 되고 싶거나 승진하고 싶은 사람은 시간이나 휴일에 관계없이 끝까지 책임지고 문제를 해결하는 버릇을 들일 필요성이 있다는 것이다. 그렇게 제일 열정적으로 일하는 사람이 사장이 되는 기업 문화를 만들고 싶은 것이다.

어차피 회사가 커가기 위해서는 많은 문제를 해결해야 한다. 그리고 그 과정에는 문제 해결을 위해 열심히 리드해가는 사람도, 그것을 지원하는 팀들도 필요하다. 특히 제일 앞에서 문제를 해결해가는 사람은 엄청난 책임 의식이 필요하기 때문에, 더 많은 에너지와 시간이 필요하다. 최고경영자나 리더가 방심한 나머지 판단력이 둔해지거나 의사 결정의 시기를 놓치게 되면, 치명적인 손실을 입을 수 있다. 그만큼 리더들의 노력이 중요하다는 의미다.

그것을 강력하게 믿고 'CEO는 가장 일을 많이 해야 한다.'라며 창업 이래 지금까지 철저하게 실천하고 있는 사람이 나가모리 사장이다. 그는 일본전산을 세계 최고의 기업으로 성장시키면서 '주연은 누구에게나 허락되지 않는다. 그러나 주연은 누구나 오를 수 있는 위치다.'라는 것을 증명했다.

그는 실업계 고등학교를 나온 후, 학비가 저렴하고 직업 기술을 연마할 수 있는 '기술전문대학'을 다녔다. 일본의 고도 성장기인 1970년대 중반에는, 선진 기업들이 시장을 장악하고 있던 치열한 '레드오션 시장'에 도전장을 던졌다. 그리고 지금 그는 세계 최고 기업의 CEO이며, 세계에서 가장 주목받는 경영자가 됐다. 그것은 종의 자리를 결코 원망하지 않고, 모든 어려움을 끝까지 자신이 극복해야 할 도전으로 받아들였기 때문에 가능한 결실이었다.

삼류집단이
세계 No.1이 된 비결

일본전산 본사에 가면, 특별한 것이 있다. 어딜 가든 태양이나 말을 소재로 한 그림이나 조각이 있다. 본사 엘리베이터 앞, 회의실이나 복도마다 이글이글 타오르는 태양, 힘차게 역주하고 있는 말이 그려진 진취적이고 역동적인 상징물로 가득하다.

태양을 좋아하는 나가모리 사장에게는 한 가지 에피소드가 있다. 첫 직장에서 자리 배정을 받았을 때, 태양과 마주 앉고 싶어 자기 책상만 동쪽을 향해 돌려놓았다는 것이다. 상사에게 몇 번이고 주의를 받았지만 '태양이 좋아서 그런다'며 양해를 구했다. 그 정도로 이글거리는 태양을 좋아한다. 그래서 이전 직장에 다닐 때는 별명이 '해바라기'였다. 그는 잠을 잘 때도 동쪽이나 남쪽을 향해 누웠다. 그리고 '태양을 닮고 싶다'고 서슴없이 말한다.

2003년 완공된 '교토에서 가장 높은' 일본전산 사옥은 '우주선' 모양을 하고 있다. 여기에는 우주를 향해, 태양을 향해 질주하고 싶다는 생각이 담겨 있다. 항상 임직원들과 우주로, 미래로 향하는 최첨단 기술을 가진 기업으로 계속 약진하겠다는 의지이기도 하다. 같이 일하는 임직원들의 생각이 항상 미래와 우주로 향할 수 있도록, 본사 건물도 상징물처럼 지은 것이다.

그는 '내게 열정이 없었다면 일본전산도 없고, 일본전산을 이끌고 있는 뜨거운 인재들과도 만날 수 없었을 것'이라고 말한다. 물론 스스로 불타오르지 않는 경영자는 없다. 그런데 중요한 것은 '그것을 얼마나 지속할 수 있느냐'다. 경영자의 열정이 시들해지면, 그 회사는 틀림없이 기운다. 경영자는 스스로 불타오르는 사람이다. 스스로를 왕성하게 불태우면서, 그것을 보고 덩달아 불태울 수 있는 인재를 붙잡는 것이 중요하다. 그리고 붙잡은 인재들을 자기 사람으로 만들면서 기업 내에 활력을 불어넣을 수 있는가가 승패를 좌우한다.

'똑똑한 사람보다 열정, 열의, 집념을 갖춘 사람을 선호하는' 일본전산의 인재 기준은 그들의 행동 철학과 연관이 깊다. 그들은 똑똑한 한 사람이 앞장서서 모두를 이끌고 가는 것보다, 직원 전체가 멈추지 않고 지속적으로 한발씩 앞으로 나가는 것이 더 중요하다고 생각한다.

열정의 가치는 더 많은 사람이 공감하고 참여하면 더욱 빛을 발하고, 열정은 생각보다 더 큰 진보를 가능케 한다는 것을 일본전산은 보여줬다. 모터 분야에서 후발주자로 나서 '삼류 인재들'이 모여 세계 단독 1위를 달리고 있는 것이다.

우수한 실적을 올리는 직원이나 뛰어난 능력을 가진 직원에게 지나치게 의존하면 결국 회사가 발전하지 못하고 강해질 수도 없다. 그래서 조직 전체를 '열정의 도가니'로 만들어가는 것이 필요하다. 파산 위기에 몰린 도요타 자동차를 부활시켜 '중흥의 선조'로 불리는 이시다 타이조(石田退三)는 이렇게 말했다.

"한 사람의 백 보 전진보다 백 사람 모두가 한 걸음씩 계속 전진해가는 것이 강한 기업의 요건이다. 이런 생각으로 직원 교육을 중시하고 거기에 많은 것을 투자한다. 결국 개인의 성장이 회사의 성장으로 이어지고, 회사가 성장하면 각 개인의 삶의 질이 높아지기 때문이다. 그런 것을 모든 구성원들이 같이 조금씩 단계적으로 뜨겁게 느껴갈 수 있다면, 그것이 가장 강력한 동력이 된다."

'당연한 일을 당연하게 하고, 이왕 할 바에는 철저히 한다.' 열정이 없으면 불가능한 일이다. 그런 이시다 타이조의 열정을 뛰어넘은 사람이 나가모리 사장이다. 그만큼 사회는 그를 이 시대의 최고 '열정 경영자'로 평가한다. '이왕 한다면 남들보다 배 이상의 격차를 벌리겠다. 가능하면 남들이 하기 어렵다고 하는 것이나 요구 사항이 많은 일을 하는 편이 낫다.' 이렇게 강조하는 것을 보면 그의 열정은 보통을 뛰어넘은 것 같다. 그리고 그는 '직원들과 함께' 그것을 실현하는 열정을 보여줬다.

그는 우선 자신을 따르는 모든 직원들은 '경영자의 거울'이 된다고 솔선수범한다.

나가모리 사장은 비즈니스 정글에 속한 사람들을 크게 세 가지 타입으로 나눈다.

첫 번째는 스스로 불타는 사람이다. 옆에서 아무것도 하지 않아도 알아서 성냥불을 붙여 불타오르듯 확 타오르는 열성파다. '자연 발화파'다. 다른 사람의 힘을 빌리지 않아도 스스로 책임지고 일을 처리해가는 사람이다.

두 번째는 자기 자신이 스스로 알아서 불태우지는 못하지만 주위에서 불타오르면 같이 불타오르는 사람이다. '수동 발화파'다.

세 번째는 아무리 해도 불타지 않는 사람이다. 전혀 반응도 없고 관심이라고는 항상 회사 밖 다른 곳에 있다. '발화 불가파'다.

전혀 불이 붙지 않는 사람만으로 회사가 만들어졌다면, 그 회사는 100% 망한다. 그래서 어떻게든 다른 사람이 불붙기 시작하면 자신도 스스로 불태울 줄 아는 두 번째 유형의 사람들을 모아야 한다.

나가모리 사장은 똑똑한 인재, '알아서 잘해줄 인재'를 애초부터 기대하지 않았다. 우선 옆 사람이 불타오르면 덩달아 불타오를 수 있는 이류, 삼류 인재에 관심을 가지고 신입 직원으로 선별한 것이다.

나가모리 사장은 자신을 포함해 직원들이 열정적으로 향해야 할 목표 지점을 명확하게 하는 것이 중요하다고 생각한다. 그리고 그 목표에 '절대적으로' 도달할 수 있다는 신념을 가질 수 있도록 안내한다. 그가 나서서 목표를 설정하고 공감을 갖게 하는 이유가 있다. 선장인 CEO가 그렇게 새로운 목표를 정해 열정적으로 임하자고 계속 어필하다보면, 회사의 문화, 인재 육성, 각 구성원의 생각에서 행동, 사내의 규칙 등 모든 부분이 새로운 목표치에 맞게 업그레이드되기 때문이다.

새로운 지식과 정보로 새롭게 무장하고, 허약했던 체질을 목표에 맞춰 개선하고, 한꺼풀 자신의 허물을 벗는다. 이전과 똑같은 기업 풍토, 같은 기분 상태, 같은 방법으로는 새롭게 정해진 목표 지점에 도달할 수 없다. 과거의 생각으로 임한다는 것은 곧 실패를 예약하는 것이나 다름없으며, 그것은 곧 패배자들의 습관으로 퇴보했다는 의미다. 대기업으로 성장한 후 어느 시점이 지나면 점차 퇴보해가게 되는 이유도 이렇게 '변신하겠다는 열정'이 식었기 때문이다. 나가모리 사장이 두려워하는 부분이다.

그는 '열정의 상실'을 가장 경계하고, 그런 안일한 생각이 위험하다는 것을 깨달을 수 있도록 매일같이 자극하고 있다. 인간은 망각의 동물이기 때문이다.

일본전산 본사에도 그의 열정이 숨쉬고 있다. 지진이 많아 고층
건물이 드물고, 옛 도읍지라는 이유로 고도 제한이 있는 교토에서
굳이 본사 사옥을 높이 올린 이유도 여기 있다. 지반 침하가 일어나
고 있고, 언제고 지진이라는 자연 재해의 위험성에 노출돼 있다. 하
지만 일본전산은 최첨단 공법과 기술을 동원해 교토에서 가장 높은
사옥을 올렸다.

교토는 매년 6밀리미터 정도의 지반 침하가 있다. 100년 후면
60센티미터가 가라앉는다는 의미다. 현재 '100미터 60센티미터'의
사옥 높이는, 정확히 100년 후 100미터 높이를 염두에 두고 설정된
것이다.

사옥 준공식에서 나가모리 사장은 취재 기자의 질문에 이렇게 대
답했다.

"사옥의 높이는 일본전산이 앞으로 100년이 지나야 제대로 된 기
업이 된다는 의미입니다. 흔히 기업 수명은 30년이라고들 합니다.
하지만 우리는 100년 후에도 건재한 '늘 현역인' 회사를 만들 겁니다.
사옥이 의미하는 바는 우리들 모두가 100년 후에도 1등일 수 있도록
제대로 일하겠다는 다짐과도 같습니다. 비록 '허풍'처럼 느껴질지는
모르지만, 몸에 새기고 진지하게 임하면 정말 이루어집니다."

'한 마리 늑대가 이끄는 아흔아홉 마리의 양 집단과 한 마리 양이

이끄는 아흔아홉 마리의 늑대 집단이 서로 싸운다면 결과는 어떻게 될까?'

나가모리 사장은 한 강연에서 이 비유를 이용해 일본전산의 열정 경영을 설명한 바 있다. 구성원 한 사람 한 사람이 아무리 힘이 있어도, 리더가 비전을 제시하지 못하고 납득할 수 있는 지시나 명령도 내릴 수 없다면, 구성원들은 제멋대로 움직이며 흩어진다. 반대로 리더가 제대로 된 리더십을 발휘하며 구성원들의 마음을 하나로 결속시키고, 능력에 맞는 배치와 적절한 지시를 내린다면 양과 같이 경험이 부족한 집단이라 하더라도 질서 있게 움직이고 조직적으로 성과를 낼 수 있는 경영이 가능하다.

조직을 역동적이고 활기에 넘치는 직원들로 가득 채우기 위해서는 우선 리더들이 '강하게' 성장해야 한다. 가장 도전적이고 가장 열성적인 인재들이 리더가 되어야 하고, 그런 요건이 만족되지 않는다면 아무리 연륜과 고과가 훌륭해도 리더의 자격을 주어서는 안 된다.

열정 시스템을 만드는 방법은 의외로 단순하다

요즘 같은 때엔 물건이 좋다고 무조건 잘 팔리는 것도, 값이 싸다고 무조건 잘 팔리는 것도 아니다. 그렇다면 무엇이 경쟁력의 핵심

인가? 시장 전문가가 들으면 흠잡을 주장일지 모르나, 필자는 그 제품을 세상에 내놓은 사람들의 '에너지'가 성공을 결정한다고 생각한다. 그래서 너나 할 것 없이 '조직의 열정 온도를 어떻게 하면 올릴 수 있을까?' 궁리한다.

일본전산 임직원들의 모습을 보면, 일사불란하게 움직이며 엄청난 에너지를 뿜는다는 게 피부로 느껴질 정도다. 특히 공동으로 돌파해야 할 문제나 과제가 생겼을 때 그들이 발휘하는 파워는 대단하다. 어떻게 삼류라고 평가받던 사람들이 이렇게 180도로 변신할 수 있었을까? 많은 사람들이 의문을 표한다. 치열한 경쟁 속에서 '열정 넘치는' 인재를 원하는 기업이라면 그 비결이 궁금할 것이다.

① '안 된다'고 말하는 자아에게 최면을 걸어라

일본전산 창업 이후 5년 정도는 도전과 시행착오의 연속이었다. 그때부터 나가모리 사장은 대기업에서 개발을 꺼려하거나 다른 회사에서 어렵다고 외면하는 것들을 맡아서 하겠다고 나섰다.

대기업에 가서 속칭 '일거리'를 물고 온 그는 나머지 세 명의 직원들에게 설명을 한다. 그리고 바로 그 설명을 들은 직원들에게 "할 수 있을까?"라고 묻는다. 그러면 다들 대답을 못하고 서로 얼굴만 쳐다본다. 워낙 경험이 없으니 할 수 있는지, 불가능한지 판단할 수가 없는 것이다. 상황을 미리 예상했던 나가모리 사장은 이렇게 말한다.

"다들 일어나자. 그리고 지금부터 '할 수 있다'를 외쳐보자."

그러고는 막무가내로 일어나 가장 큰 소리로 선창을 한다. 직원들도 어쩔 수 없이 따라 한다. 처음에는 어색하고 부끄럽다는 생각에 소리가 기어들어간다. 그럴수록 나가모리 사장은 더 큰 소리로 외친다. 열 번 정도 외친 다음, 다시 직원들에게 묻는다. "할 수 있겠나?" 대답이 없다. 그러면 또다시 큰 소리로 '할 수 있다'를 외친다. 백 번 정도 외치고 났을 때, 직원들의 눈빛에는 '할 수 있다'는 생각이 조금 스며들기' 시작한다. 그리고 마침내 모두가 '할 수 있다'고 확신할 때까지 이들의 복창은 끝나지 않는다.

이것은 무엇을 의미하는가? 얼핏 보기에는 직원들이 '된다'고 할 때까지 얼차려를 시키는 사장의 똥고집으로 보일 수도 있다. 하지만 이런 단순한 '자기 마취'의 의식을 계속하는 이유에 대해 나가모리 사장은 아주 간명하게 설명한다.

"사람은 의외로 아주 단순한 동물입니다. 주변을 보십시오. '안 된다'는 것투성이입니다. 뉴스를 보아도 안 되는 사람들에 대한 푸념, 잘 안 된 것에 대한 원망과 책임 전가가 주조를 이룹니다. 의외로 우리의 의식에는 '안 된다'는 생각이 바탕에 깔려 있습니다. 말하자면, 그런 주변의 영향력은 끊임없이 새롭게 침투하는 소프트웨어와도 같습니다. 그런 소프트웨어의 공격 속에서도 자신의 신념을 유지하기 위해서는 '신념의 본체'를 강화하는 의식이 필요합니다. 미래에 벌어질 일에 대해서 '할 수 있다'고 믿는 것과 그렇지 않은 것은 엄청나게 차이가 납니다. 무엇보다 신념의 본체를 강화시켜놓으면 언제 닥칠지 모를 실패에 대한 면역력도 키워집니다."

모순 같은 이야기지만 우리 사회에는 성공보다 실패가 많다. 당연하다. 성공을 위해서는 엄청난 실패의 과정이 필요하기 때문이다. 그래서 '실패할 거야.' 하고 장담하면, 99% 맞는 이야기가 된다. 말로라도 혹은 신념으로라도, '실패하지 않는다'고 '본능'에게 다짐을 둘 필요가 있다. 그래도 실패한다면 어쩔 수 없지만, 실패를 예언할 필요까지는 없다는 말이다.

② 자신에게 엄격하고 혹독하라

누구나 인재가 중요하다는 사실 정도는 익히 잘 알고 있다. 어느 나라를 막론하고 기업이 침체에 빠지거나 성장하지 못할 때마다 대부분 '인재 부족'을 그 원인으로 꼽는다. 그렇다면 직원들 입장에선 어떨까? 그들에게 물어보면 하나같이 '경영진의 무능력'을 꼬집는다. 이렇게 패배자들은 남을 탓하는 데 익숙해져 있다.

사장은 푸념한다. '우리 제품은 정말 좋아. 하지만 직원들을 보면 이놈도 저놈도 다 바보들만 있고, 좀처럼 일을 안 한단 말이야. 제대로 된 사람이 없으니, 돈을 들여 제품을 만들어놓고도 쪼그라들 수밖에 없다.'

직원들도 푸념한다. '경영자가 되어가지고는, 자기는 손가락 하나 까딱하지 않고 직원들만 부려먹으려고 해. 직원들에게 투자를 하기는커녕, 그저 뭐든 빼먹을 궁리뿐이지. 이렇게 직원을 일회용 취급하니 회사가 발전할 수가 없어.'

미안한 얘기지만, 이 둘 중 하나의 푸념이라도 있는 회사는 전도가 어둡다. 경영자는 자신의 책임에 대해 혹독해야 하고, 직원들은 자신들의 역할에 대해 혹독해야 한다. 사장이 정신을 놓으면 '아무리 유능한 인재가 모여 있다 해도', 삼류 오합지졸로 바뀌는 것은 시간 문제다. 직원이 정신을 놓으면 경영자가 아무리 훌륭한 회사를 만들겠다고 결심해도 그 발걸음마다 덜미를 잡힐 수밖에 없다.

손바닥도 마주쳐야 소리가 난다. 어느 하나의 손바닥이 다른 손바닥을 원망해서는 안 된다. 상대가 마주 대주지 않으면 댈 수 있도록 요구하거나 끌어당겨주어야 한다. 그런 회사에 희망이 있다. 그래서 언제나 화살은 자신에게 향해야 하고, 엄격한 기준은 자신에게 먼저 적용되어야 한다. 잘나가는 회사일수록 이런 원칙이 철저하게 적용된다.

③ 즉각 반응하고 결과를 내라

일본전산이 CEO부터 말단 직원까지 열정적이고 도전적인 것은, 어찌 보면 일본전산이 가진 풍토나 토질 덕분이다. 일본전산에 들어오면 '산성토'의 인재도 얼마 지나지 않아 '비옥토'로 바뀐다.

이 토질은 바로 '즉시 한다. 반드시 한다. 될 때까지 한다.'라는 문구가 말해주듯, '즉각 반응하는 열정', 그리고 '결과를 내는 열정'이다.

지금 부사장이며 창업 멤버였던 고베 히로시는 처음 영업을 할 때의 경험을 이렇게 설명한다.

"사장을 포함해 직원은 고작 네 명. 아무것도 없었지만, 아무것도 없는 상태에서 주문을 받을 수 있는 방법을 각자 생각했다. 실적도 없고, 지명도도 없었다. 특허나 신용 같은 것은 전무했다. 보여줄 제품도 없었고 카탈로그도 없었다. 회사 이름과 주소, 모터 개발을 한다는 전단지 한 장이 전부였다. 아무것도 없는 상태에서도 영업을 할 수 있어야 남들보다 영업을 잘하는 것이고, 그렇게 해야 프로가 되는 것이다. 카탈로그가 없어서, 특허가 없어서, 회사가 제대로 꼴을 갖추지 않아서 못한다는 사람은 나중에 그런 조건이 갖춰져도 못한다. 무엇이든 '지금 현재 상태에서 해낸다'는 생각으로 움직여야 한다.

그런 마음가짐으로 모터를 쓸 만한 회사란 회사는 모조리 찾아내 방문했다. '이 회사는 이야기를 들어줄 것 같아.', '이 회사는 좀 만만해 보이는데.' 하고 머리로 판단하지 않고, 크든 작든 무조건 찾아가 영업을 했다. 보여줄 상품이나 샘플이 없으니, 그 업체가 쓰고 있는 모터를 보여달라 해서 '더 효율이 좋은 모터로 만들어주겠다'며 약속했다. 심지어 연구를 위해 모터를 빌려온 경우도 있었다."

그렇다. 하고자 하는 의욕과 하겠다는 자신감, 그리고 움직이는 실천력만이 무언가를 바꾼다. 가만히 앉아서 머리를 굴리는 것으로는 작은 조약돌 하나도 옮길 수 없다. 이들의 시작과 끝은 언제나 "I CAN DO IT!"이었다.

"그들은 정말 답변이 빨랐습니다. 그도 그럴 것이 시종일관 'I CAN DO IT'이었으니까요. 열정에도 놀랐지만, 샘플을 만들어내는 스피드에 또 감동했습니다." 창업 초기 나가모리 사장의 거듭되는 상담 요청에 응했던 당시 3M의 기술 부장 리 파스터(Lee Pastor)의 말이다.

나가모리 사장은 말한다. "지금까지 역사상 성취된 업적들은 모두 '할 수 있다'고 생각한 데서 출발했다." 이것이 그들의 '정신 무장' 내지는 '행동 학습'이다. 전례가 없으니 아무것도 참고할 수 없다. 참고는 할 수 있겠지만, 어느 정도 기한 안에 일을 성공적으로 해낼 수 있을지 검증된 수치 따위는 없다. 그런 안개 속을 거닐며 목표 지점을 도달한 선발 주자들에게는 'I CAN DO IT'만이 필요하다. 일본전산이 소형 정밀 모터 분야에서 선두를 달리고 있는 원동력이고 기본 정신이다.

④ 내가 스스로 불씨가 된다

나가모리 사장의 지론에 의하면, 보통 '스스로 불타오르는 사람'은 100명 중 10~15명 정도에 불과하다고 한다. 전혀 불타오를 줄 모르는 사람의 숫자도 그 정도다. 그리고 나머지는 주위에 불타오르는 사람이 있으면 자신도 따라서 불타오르는 사람들이다. 그래서 조직에서 열정을 만드는 핵심 키(Key)가 되는 사람은 먼저 불타오르는 소수다. "내가 먼저 할 테니까 너도 하자."라며 불을 지피는 존재 말이다. 이 사람들이 불타오르면, '저 사람도 저렇게 열심히 하는데, 나도 해야겠다'고 생각하는 사람들이 늘어난다.

대부분의 회사에서 바로 이렇게 '먼저 불타오르는 사람'은 사장, 임원, 팀장이 되어야 한다. 이 사람들이 먼저 솔선수범하지 않으면, 아무것도 바뀌지 않는다. 빨리 승진해서 좋은 자리에 올라가고 싶은 사람은 먼저 스스로 불타는 습관을 익혀야 한다. 그리고 그 자리에 오르게 되더라도, '이젠 됐다'고 불타기를 그만둬서는 안 된다. 기업을 이끄는 리더들이 '열정'의 표본인 것이다.

맨 먼저 불타올라야 할 임원들이 주말마다 '나이스 샷', '굿 샷' 해가면서, '우리 회사에는 제대로 된 놈들이 없어. 일을 알아서 제대로 척척 해주면 얼마나 좋아.' 하고 한탄해선 곤란하다. 직원들이 움직이지 않는다면, 그것은 전적으로 리더의 잘못이다. 리더가 거느린 대부분의 직원들은 '처음부터 스스로 열정을 쏟아낼 수 없다'고 보면 정답이다. 아직까지 한 번도 자신의 힘으로 불타오른 경험이 없기 때문이다. 그 사람들에게 불이 붙는 경험을 해주게 하는 것이 리더의 몫이다. 그렇게 열 번, 백 번 불타는 연습이 되어야 비로소 직원들의 열정에 불이 붙는다.

⑤ 더 까다로운 길에 도전하라

대부분 CEO들은 인재 육성에 관심을 가지고 있다. 서점에 들러보면 코너마다 '사람을 키우는 법', '인재 코칭 방법'에 관한 책이 넘쳐난다. 나가모리 사장 역시 창업 초기 경영에 대한 고민을 많이 할 때, 관련 서적을 수없이 탐독했다. 그런데 읽어보니 많은 책의 내용이 '인재는 칭찬해서 키우라'는 것이었다. 자신의 호통치는 모습이 왠지 부끄러워지는 순간이었다. 칭찬은 마치 대전제이자 철학인 것처럼, '인재 육성'이라는 키워드마다 붙어 있었다.

그런데 내심 의심이 머리를 들었다. '이렇게 많은 책들이 칭찬을 효과적인 인재 육성 방법이라고 제시하고 있는데, 왜 많은 기업에서 여전히 인재가 제대로 육성되지 않는 걸까?'

그래서 그는 나름대로 다시 결론을 내렸다. 일본전산의 인재는 '혼을 내서 키운다'는 방침을 더욱 확고히 한 것이다. 그 대신 '지속적으로, 열정적으로, 뜨겁게' 혼을 내서 키운다는 전제가 붙었다. 그가 직원들에게 호통을 치는 것은 그들을 사랑하기 때문이다. 겉으로는 '잘한다, 잘한다.' 입에 발린 칭찬을 하면서, 속으로는 정작 '쓸 만한 놈이 없어.' 하고 한탄하는 리더야말로 어불성설이다.

또 한 가지 많은 책에서 말하는 것은 '칭찬할 때는 대중 앞에서, 혼낼 때는 개인적으로'의 원칙이다. 이 원칙에 대해서 역시 그는 반대다. 혼낼 때는 가능한 한 여러 사람 앞에서 혼내고, 칭찬할 때는 따로 불러 칭찬한다는 원칙을 세웠다. 이것이 사람을 교육시키는 근본적인 요령이 아닐까 생각한 것이다.

그 바탕에는 '더 까다로운 길'에 도전하게 하는 정신력을 키운다는 전제가 자리 잡고 있다. '못하고 있는 것', '불만스러운 것'에 대해서는 확실하게 즉각 말해주고, 그것을 개선해서 성과를 낸 사람에게는 '개인적이고도 의미 있는 보상'을 해준다. 그것이 열정을 북돋우는 방식이라 믿는 것이다.

이런 사람들이 모이니, 어려운 오더가 들어오면 서로 매달리려고 했다. 어렵게 문제를 해결했을 때는 성취감도 더 컸고 몇 명 안 되는 직원들이 환호성을 질렀다. '할 수 있다'가 습관이 됐다. 지금도 일본전산은 영업을 하는 사람들에게 더 까다로운 주문을 받아오도록 권장한다. 그렇게 해야 '세계 최초, 세계 최고'를 만들고 세계에서 인정받을 수 있는 특허도 낼 수 있기 때문이다.

⑥ 불꽃을 시들게 하는 사람을 멀리 하라

열정의 중요성을 기회가 있을 때마다 역설하는 나가모리 사장은 '열정을 파괴하는 사람'을 가장 경계하고, 그런 요소는 과감하게 도려내려 했다. 일류 기업에서 낙방, 이류 기업에서도 낙방, 중소기업조차도 '쓸 만한 사람'으로 보지 않았던 그야말로 뒤처진 인재들을 뽑았다. 그들과 머리를 맞대고 어떻게든 최고의 기술력을 만들어내 쟁쟁한 글로벌 기업들과 경쟁해야 했다. 자연히 융단폭격식의 교육과 직설적인 피드백이 난무했다. 가히 군대라 할 만큼 지독한 조직 문화가 직원들을 단련시켰다. 그러나 그들의 낸 성과에 대해서는 확실하게 보상해주었다. 바뀔 사람은 확실히 바뀌었지만, 어떻게 해도 바뀌지 않는 사람은 요지부동이었다.

몇 년 간의 열정 경영의 결과로, 일본전산은 '교육하고 혼을 내도 소용없는 사람' 체크 리스트를 도출해냈다. 그리고 '이런 사람은 우리 일본전산에는 필요 없다'고 확실히 전 직원에게 인식시켰다.

일본전산에 쓸모없는 사람

• 변명만 하고 혼을 내는 진의를 이해하려 하지 않는 사람
• 혼을 내도 진보적 반발심(승부욕)을 가지지 않고 태연한 사람
• 다른 사람이 혼나고 있는 것에 대해 무관심한 사람
• 다른 사람을 나무랄 줄 모르는 사람
• 개인적인 사생활을 전혀 이야기하지 않는 사람

경험으로 보아 확실하게 단정적으로 말한다면 위 타입의 부류는 아무리 혼내도 무의미하고, 투자를 해서 교육을 시켜도 소용없는 사람들이다. 이런 직원에게는 중대한 일을 맡겨서도 안 되고, 권한과 책임이 있는 좋은 자리에 앉힐 수도 없다.

이 방식대로 직원들을 분류한다면, '혼내는 보람이 있는 직원'과 '혼을 내면서도 그 보람이 없는 직원'으로 나뉜다. 혼내는 보람이 있는 직원은 혼낼 때마다 성장한다. 그에 반해 아무리 혼내도 진보가 없는 사람은, 혼내면 혼낼수록 비뚤어진다. 역설적으로 말하면, 한 번 호되게 혼내보면 교육시켜볼 가치가 있는지 없는지 쉽게 알 수 있다는 말이다.

나가모리 사장은 호통을 쳐서 인재로 육성할 수 있는 사람에 대한 명확한 철학을 가지고 있다. 1978년에도 비슷한 '제발 떠났으면 하는 직원 백서' 목록을 만들어 화제가 된 적이 있었다.

일본전산에서 떠나야 할 직원

- 지혜를 내지 않는 직원
- 지시받은 것만 하는 직원
- 처음부터 다른 사람 힘에 의존하는 직원
- 곧바로 책임 전가부터 하는 직원
- 혈기왕성하지 않은 직원
- 자주 불평불만을 말하는 직원
- 자주 쉬고 자주 늦는 직원

반면 '등용문으로 들어서는 직원의 일곱 가지 조건'이라는 제목의 백서도 있었다.

등용문으로 들어서는 직원의 일곱 가지 조건

- 건강 관리를 제대로 하는 직원
- 일에 대한 정열, 열의, 집념을 기복 없이 발휘하는 직원
- 어떤 경우에도 비용에 대한 인식(Cost Mind)을 가지는 직원
- 일에 대해 강한 책임감을 가진 직원
- 지적받기 전에 할 수 있는 직원
- 꼼꼼하게 마무리할 수 있는 직원
- 당장 행동으로 옮길 수 있는 직원

이런 사람들은 상사의 의도를 잘 파악해 적극적인 행동으로 옮길 수 있는 사람들이다. 먼저 알아서 준비하고 즉시 행동으로 옮길 수 있는 직원은 그야말로 '등용문'에 들어설 자격이 있는 사람들이다.

이렇게 주체적으로 상사의 의중을 파악하며 솔선해서 일할 줄 아는 사람은 결국 사람을 움직일 줄 아는 사람이고, 나중에 윗사람의 위치에 서더라도 아랫사람 입장을 잘 헤아린다. 그것은 '부하를 억압하는 주인의 역할'이 아니라 '동참을 이끌어내는 리더 역할'을 제대로 수행할 수 있게 된다는 의미다.

일본전산이 영세하면서도 살아남아 성장할 수 있었던 이유, 시장 점유율이 높아지고 회사 규모가 커지면서 세계적으로 쟁쟁한 기업들과 경쟁하면서 승리할 수 있었던 바탕에는 바로 그들이 처음부터 순탄한 길을 걷지 않았다는 '현실'이 있었다. 그들은 아무도 가보지 않은 황무지를 개척하면서, 황야의 철인들과도 같은 독특한 기업 문화, 열정의 조직관을 갖게 됐다.

나가모리 사장은 자신이 직접 나서서 직원들을 교육하고 부족한 부분은 자신을 포함한 전 직원들이 정신력으로 보충해서라도, '마지막에는 결국 이겨야 한다'고 강조한다. 그래서 앞선 슬로건처럼 각 개인이 강한 인재로 거듭날 수 있도록 '열정 풍토'를 만들 수밖에 없었던 것이다.

적자를 지혈하는
경영 비법

나가모리식 '기업 재생법'

일본의 고도(古都) 교토에서 시작해, 최첨단 모터로 세계 시장을 석권한 기업 '일본전산'. 그들이 어떻게 지금까지 변함없이 '초정밀 소형 모터' 분야에서 세계 최고의 시장점유율을 유지하면서, 매년 수직 성장을 하고 있는지 많은 사람들이 궁금해 한다.

다른 대기업들 상당수가 지난 10년 사이 매출 부진과 불황으로 허덕이고 있는 반면, 일본전산은 2007년에만 해도 20%의 성장을 기록했다. 특히 적자 기업을 M&A해 즉시 흑자로 전환시켜가는 일본전산의 '부활 기법'은 시장이 주목하는 초미의 관심사다.

사회적으로 큰 이슈가 되었던 대형 M&A 때마다, 일본전산은 화제의 중심에 놓여 있었다. 적자에 허덕이던 기업, 이전에는 그 어떤 수단을 동원해도 정상화시킬 수 없었던 기업, 벼랑 끝에 선 기업을 인수해 흑자 기업으로 회생시켰다. 그 비결이 무엇인지 파헤치는 특집 방송이 줄을 이었고, 경영 전문가들의 심층 분석 역시 이어졌다.

"적자 기업의 일원이라니, 치욕인 줄 아시오!"

2003년 10월, 일본전산은 삼협정기를 매수했다. 그 후에도 일본전산은 2008년 현재까지, 대형 M&A만 서른 개 이상 성공시켰다. 그들 대부분 전통 있는 기업으로 '유력', '명문'이라는 타이틀을 자랑했던 회사들이다. 삼협정기 역시 다르지 않았다. 1960년대 초에 상장한 삼협정기는 오르골(Orgel) 세계 시장점유율 80%를 자랑하던 회사였다. 그 기술력을 활용해서 소형 모터, 카드 리더기 분야에서도 최고의 점유율을 유지할 수 있었다.

남다른 기술력을 가진 회사답게, 직원들의 자부심과 긍지도 대단했다. 임직원 수만 해도 1만 5천 명이 넘을 정도의 규모를 자랑하던 삼협정기는 우수한 엔지니어와 제품군을 갖추고 있었고, 앞서 말한 상품군 외에도 여러 분야에 세계 시장점유율을 확보한 저력 있는 기업이었다.

그러나 문제는 늘어만 가는 적자. 일본전산에 손을 들고 말았을 당시, 한 해에만 2백억 엔 정도의 적자를 내고 있는 실정이었다. 몇 년 동안 자성의 목소리도 높이고 경영 혁신을 위한 행보를 해보았지만, 소용이 없었다. 결국 무너지기 일보 직전에, 일본전산에 SOS를 청할 수밖에 없었다.

삼협정기를 매수한 직후, 나가모리 사장은 전 임직원을 모아놓고 이렇게 말했다.

"일하는 조직으로서, 적자를 낸다는 것은 큰 죄를 짓는 것입니다. 지금 이 시대는 하물며 공기업이라도 적자를 내는 것을 수치로 생각할 때입니다. 열심히 일한 것이나 대단히 훌륭한 업적을 이룬 것, 그것만으로 기업은 성립될 수 없습니다. 기업이 적자를 내면 죽을 수밖에 없습니다. 훌륭한 기술도 화려한 업적도 아무도 알아주지 않습니다. 그러나 이제부터 다시 시작입니다. 훌륭한 전통과 기술력이 있으니, 우리(삼협정기)는 반드시 훌륭한 실적을 올릴 수 있습니다. 자신하건대, 우리는 사상 최고의 수익을 기록할 것입니다."

매도 기업의 직원은, 마치 점령군에게 접수당한 식민지 국민과도 같은 심정이 된다. 그제야 비로소 '왜 우리가 조금 더 분발하지 못했을까', '너무 낭만적으로 일했다'는 회한과 자책이 들게 마련이다. 사람은 왜 '잃고 난 후에야' 소중함을 깨닫게 되는 것일까? 그렇지만, 최소한 일거리가 없어져 거리에 나앉게 된 것은 아니다. '지금까지 열심히 해왔으니, 앞으로도 분발해 달라'는 입에 발린 소리가 아니라, '적자 기업이라니 치욕으로 생각하라'는 정곡을 찌르는 나가모리 사장의 말을 듣고 직원들은 자신들의 처지를 다시금 진지하게 생각하게 됐다.

물론 그들 역시 열심히 일하지 않은 것은 아니었다. 여느 기업의 임직원들처럼 아침 일찍 출근하고 저녁 늦게까지 남아 열심히 일했다. 하지만 회사가 적자를 내고 있었다면, 어딘가 무슨 구멍이 뚫려 있었다는 말 아닌가? 생각하면 생각할수록 '치욕적인 일'이었다. 뛰어난 기술력을 갖고 남들과 똑같이 열심히 일해놓고, 다른 기업은 흑자를 낼 시간에 우리는 적자만 내고 있었다니.

나가모리 사장의 M&A 모토는 '구조조정 없는 흑자 기업으로의 재생'이다. "나는 회사가 적자를 내며 돈을 벌지 못하는 것은 전적으로 리더들의 책임이라고 생각한다. 나약한 병사들을 데리고 싸운다 할지라도 리더가 강하면 이길 수 있는 방법이 있다." 그 모토에 걸맞게 나가모리 사장은 솔선수범하여 몸으로 움직였다.

본사가 있는 교토에서 삼협정기가 있는 나가노까지 400킬로미터 이상이 되는 거리를 매주 출근했다. 한 번 출근을 하면 체류 일정은 1박 2일이나 2박 3일이었다. 그저 시찰하듯 어슬렁어슬렁 다니는 것이 아니라, 작업복에 안전모를 쓰고 현장으로 나갔다.

나가모리 사장의 열정 경영에 대해 삼협정기 사람들도 이미 들어 익히 알고 있었지만, 바로 옆 지근거리에서 움직이는 모습을 보고 있자니 절로 감동이 넘쳤다. '나도 가만히 있을 수 없다'는 모종의 에너지 흐름이 생겨났고, 이것은 곧 강력한 '동기 유발'로 이어졌다.

나가모리 사장의 솔선수범이 새로운 기업의 일원이 된 직원들에게 '큰 힘'이 되는 것은 사실이지만, 인수 기업이 회생할 수 있었던 가장 큰 동력은 다시 불타오르기 시작한 '직원들의 공헌 의식'이라고 필자는 생각한다.

물론 경영자로서 나가모리 사장의 리더십은 뛰어나다. 특히 새로운 가족이 된 매도 기업 직원들과 신뢰 관계를 형성하기 위해서 진두지휘하는 모습은 경영자의 역할모델답다. 하지만 그의 커뮤니케이션 방법은 '무조건 나를 믿고 따르라'는 식이라기보다는, 직원들 스스로 무엇부터 풀어나가야 할지 포착하고 깨닫게 해주는 쪽에 가깝다. 특히 인수합병 후에 가장 처음 시행하는 '청소 습관 들이기'는 그 훌륭한 예다.

얼마 전 환율 폭등과 수출 저조로 인해 문을 닫는 공장이 늘고 있다는 서울 근교의 한 공단에 관한 르포를 본 적이 있었다. 물론 시장의 침체는 마치 대기 중의 산소가 줄어드는 것처럼 우리의 숨통을 옥죄어온다. '어려울 때일수록 열심히 하라'는 식의 구호로 모든 것이 해결되지 않는다는 것도 잘 안다.

그러나 필자의 착시였을까? 유독 문을 닫았다는 공장의 현장들은 한눈에도 '일이 잘 돌아갈 것' 같아 보이지 않았다. 아무데나 나뒹구는 술병, 일회용 라면 용기, 비닐 봉지, 거기에 기계는 구입 후에 한 번도 닦은 적이 없는 것처럼 먼지와 기름때로 범벅이 되어 있었다. 보는 것만으로도 '저런 데서 일할 의욕이 났을까?' '자긍심이 생겨날 수 있었을까?' 하는 의문이 들 정도였다.

과연 어느 쪽이 선후였을까 생각해본다. '회사의 실적이 좋지 않아 현장이 지저분하고 청소할 의욕이 나지 않았던 것'인지, '지저분한 것을 방치하고 근본부터 해결하는 습관을 들이지 않아 결국 난관을 헤쳐 나갈 의욕조차 잃었던 것'인지 곰곰이 돌아보아야 할 듯하다.

삼협정기 직원의 당시 회고담을 들어보면, 적자 기업 회생의 실마리를 '어디서부터' 풀어갈 수 있을지 희미하나마 힌트가 보인다.

"회사가 적자를 내기 시작하면서, 직원들의 사기가 급격히 떨어졌습니다. 날마다 흉흉한 소문뿐이었죠. 구조조정이 있을 거라는 소문이 퍼지면서, 직원들이 하나 둘 떠나기 시작했습니다. M&A 이야기가 나오니까 직원들의 동요는 더 심해졌습니다. '적자가 난다', 'M&A를 한다더라', '회사가 문을 닫는다'는 이야기가 나오자마자 미련 없이 회사를 떠난 동료들 중에는 지금, 이름도 없는 회사에서 계약직으로 일하거나 사업에 실패해 힘들게 생활하는 사람들이 많습니다. M&A가 되면서, 정말 많은 생각을 했습니다. '그동안 내가 얼마나 회사에 의존하고 있었나?' 그것이 가장 뼈저리게 고민한 주제입니다. 적자를 내고 회사가 어려워져도 언제나 회사만 원망했습니다. 그런 내가 '회사를 망치고 있었다는 것'을 몰랐던 겁니다.

다행히 M&A가 되면서 다시금 긴장감을 갖게 됐습니다. 우선 처음으로, 내 손으로 구석구석 회사 물건들과 기계를 청소하면서 마치 나를 닦아가듯 의지를 다질 수 있었습니다. '나는 회사에 어떻게 공헌하고 있는가?' 곰곰이 생각해보게 되더군요. '내가 자기계발을 멈추면 내 가능성을 돈으로 사준 회사에도 죄를 짓는 것이지만, 곧 내 손으로 동료를 해고하는 것과도 같구나.' 어렵게 살고 있는 이전 동료들은 내 손으로 쫓아낸 것이라 다름없었습니다. 거꾸로 '그 친구들도 조금 일찍 자각을 해주었더라면 좋았을 텐데.' 하는 아쉬움도 듭니다. 짧은 기간 안에 다시 흑자를 낼 수 있게 되어 정말 행복합니다. 지옥으로 떨어졌다 천당으로 올라온 느낌입니다."

전 직원이 청소부터 시작했다. 청소를 하면서 주위 환경이 깨끗하게 변화되는 것을 보고, 가장 먼저 변화를 실감할 수 있었다. 정리, 정돈, 청결, 청소, 예의범절, 기본 소양…… 이런 기본적인 것으로부터 변화의 필요성을 인식하는 것이, 지옥에서 천당으로 가는 데 꼭 거쳐야 할 기본 관문이라는 것을 공감하게 된 것이다. 그중에서도 청소는 가장 빠르게 변화를 실감하게 해주는 강력한 도구였다.

체질을 바꾸면 적자 기업도
살아날 수 있다

일본전산이 지금까지 인수합병한 대다수의 기업들은 모두 그들 자신보다 몸집이 큰 회사들이었다. 더 오랜 전통을 자랑하고, 뛰어난 기술력과 인재로 무장한 회사들이었다. 일본전산의 M&A 1호는 당시 세계적인 종합 기계 메이커인 미국의 토린(Torin) 사였다. 1980년대까지만 해도, 도저히 상대할 수조차 없어 보였던 거대 기업이다.

토린 사는 1885년 설립된 유서 깊은 회사로, 모터를 포함해 종합 기계 메이커 분야에서 세계적인 입지를 차지하던 기업이다. 특히 팬(Fan) 모터 분야에서의 기술은 독보적이어서, 일본전산은 창업 초기였던 1970년대 중반부터 깊은 관심을 갖고 거래를 트기 위해 다방면의 모색을 계속하고 있었다. 나가모리 사장은 직접 토린 사에 대한 납품을 따기 위해 백방으로 노력했고, 결국 팬에 들어가는 AC모터를 납품할 수 있었다.

창업한 지 3년째가 되던 1975년 무렵부터, 나가모리는 끈질기게 토린 사에 구애의 신호를 보내기 시작했다. 팬을 생산하는 합자 회사를 일본에 설립하자는 제안이었다. 물론 그 제안이 처음은 아니었다. 이전에도 많은 일본 대기업들이 합자 회사를 제안했지만, 미동도 하지 않던 터였다. 하지만 나가모리 사장의 끈질긴 구애에 결국, 1978년 토린 사는 합자 회사를 설립하는 데 동의한다. 합자 회사를 통해 일본전산은 팬 제품을 수입·판매하고, 부품을 들여와 자사의 공장에서 직접 조립·판매하기로 했다. 그 과정에서 일본전산의 팬 사업부는 기술력과 상품 개발 능력을 축적하게 된다.

1980년대에 들어서면서 팬 시장은 급속하게 팽창했다. 덕분에 모터를 생산하는 일본전산의 사업 규모도 자연스레 늘어났다. 하지만 같은 시기에 토린 사는 사업 재편에 들어갔다. 이미 포화 상태가 시작된 팬 사업보다는 다른 분야로 눈을 돌리기 시작한 것이다. 이때, 조금의 망설임도 없이 일본전산이 나섰다. 팬 사업 분야를 인수하겠다는 나가모리 사장의 협상은 1984년 2월, 그 결실을 맺었다. 토린 사의 공장을 포함한 팬 사업부 전체를 인수한 것이다.

토린 사는 유럽과 남미, 아시아 등 세계 각국에 판매망을 구축한 글로벌 기업이다. 이것으로 일본전산은 미국식 경영 방식을 받아들이고 글로벌 기업으로 거듭나게 되었던 것이다.

토린 사를 인수해 사업을 확장하면서, '일본의 품질 관리'와 '미국의 글로벌 경영'이 융합되었다. 그리고 그에 따라 폭발적인 시장 확대를 꾀할 수 있었다. 거기에 당시로서는 신흥 시장이었던 컴퓨터와 사무기기 등의 분야에서 수요가 확대되면서, 일본전산은 또 한 번 비약적인 도약기를 맞이하게 된다. 토린 사는 팬 분야가 사양이라고 판단한 반면, 일본전산은 '컴퓨터'라는 새로운 분야를 읽은 것이다(컴퓨터에는 냉각 기능을 위해 팬이 들어가 있다). 1984년 당시 M&A한 토린 사의 연 매출은 1천 5백만 달러 정도였다. 그러던 것이 1986년에는 두 배 이상인 3천 5백만 달러에 달했다. 사업부를 매각한 토린 사로서는 배가 아플 일이었다.

당시 일본전산에 매각됨으로써 새롭게 선을 보인 미국법인 ㈜일본전산－토린의 대표이사 토머스 키넌(Thomas A. Keenan)은 이런 취임사를 남겼다.

"고객이 요구하는 기술력과 높은 품질, 저렴한 가격, 높은 수준의 서비스, 유연한 대응력을 키워 시장의 변화에 즉시 대응할 수 있는 체제를 구축합시다. 상품 개발 사이클이 단축되고 있는 현 시대에 신속하게 대응하는 스피드 경영은 필수입니다."

일본전산이 당시부터 채용한 경영 모토는 '스피드'와 '품질 경영'이었다. 글로벌 기업으로 성장하기 위해 새롭게 모토를 업그레이드한 것이다.

일본전산은 2007년 4월, 스물일곱 번째 인수합병을 단행했다.

세계적인 기업 히타치 그룹 소속의 '일본사보'라는 상장 기업을 매수한 것이다. 그리고 어김없이 매수 첫해에 바로 흑자로 전환시켰다. 당시의 주가 변동을 보면 일본전산의 능력을 시장이 어떻게 평가하고 있는지 잘 말해준다. 일본전산이 '일본사보'를 매수한다는 소식이 전해지면서, 겨우 약 2백 엔 전후로 움직이던 주가는 빠르게 수직 상승하기 시작해, 자회사가 된 지 1년 뒤인 2008년 봄에는 1천 엔을 상회하며 5배 이상 폭등했다.

동일 사업부는 2007년 3월 결산 때 14억 엔이 넘는 적자를 냈던 것이, 2008년 3월 결산 때에는 16억 엔 흑자로 전환되며 시장의 신뢰에 보답했다. 일본전산의 경영 능력에 대한 시장의 신인도가 검증된 것은 물론, 향후 일본전산이 추진하는 모든 인수합병 활동에 시장은 더 큰 관심을 보이게 되었다. 일본전산의 일거수일투족이 그야말로 시장이 주시하는 레이더망 중심에 놓이게 된 것이다.

물론 그 과정에 어려움도 많았다. 인수된 회사의 임직원들은 변화를 수용하기 위해 더 많은 노력을 투여해야 했다. 일본전산 본사가 제공하는 '재생 매뉴얼'에 따라 A부터 Z까지 철저히 실행해야 했다. 갑작스레 시작된 변화로 온몸이 파김치가 될 지경이었다. 하지만 인수된 기업의 구성원들은 입을 모아 말한다.

"'일이 없어질지도 모른다, 내 자리가 위태롭다'는 적자 시절의 정신적인 고통보다는, 차라리 뼈를 깎는 변화의 노력을 위해 기울이는 지금의 고통이 낫다!"

그렇게 변화한 직원들은 적자 일변도의 회사를 바꾸어놓았고, 그런 체질 개선의 결과가 그 후로도 계속된 일본전산의 M&A 신화를 뒷받침해주었다.

나가모리 사장은 M&A 기자 회견장에서 항상 이렇게 말한다.

"모든 임직원의 고용 승계는 당연하며, 인적 구조조정은 하지 않는다."

지금까지 일본전산의 기업 회생 사례가 그랬듯, 그들이 기업을 되살린 데는 '우리는 변할 수 있다'는 공감대가 가장 큰 원동력이었다. 구조조정 따위로 회사를 떠나는 것보다, 변화에 동참해서 정체돼 있거나 후퇴해 있었던 회사를 다 함께 성장 궤도로 올려놓는 희열을 함께 맛보는 편이 낫지 않느냐는 의욕을 선사한 것이다.

인수한 기업의 임직원들과는 수십 차례 식사를 함께 하며, '당신은 우리 사람'이라는 마음을 심어준다. 그런 제반 활동에 들어가는 일체의 비용은 모두 나가모리 사장의 사비로 지출된다. 자기 돈을 그런 데 쓰는 이유에 대해 나가모리 사장은, '회사를 살려 일자리를 보장하고, 회사를 키워 더 많은 일자리를 제공함으로써 인류 사회에 공헌한다'는 자신의 비전을 실현하기 위한 방편이라고 설명한다.

2007년의 스물일곱 번째 M&A도 성공적으로 끝났다. '일본전산에 맡기면 틀림없다'는 속설은 이번에도 어김없이 증명되었다.

거의 삼십 회에 걸친 인수합병의 성공으로, 일본전산 특히 나가모리 사장에게는 '부활의 신(神)'이라는 별명이 붙었다. 많은 기업들이 그들의 경영 해법으로부터 '위기 탈출'의 힌트를 얻고자 한다.

"도대체 다른 회사들은 헤매고 있을 때, 그렇게 월등한 실적을 낼수 있는 비결은 무엇인가? 체질도 구조도 다른 매수 기업들을 모두 단시간에 재건·성공시킬 수 있었던 핵심 요인을 설명해달라. 부진의 늪에서 허덕이던 기업들을 하나같이 경쟁력 있는 기업으로 부활시키는 특별한 방법이 있는가?"

그러면 나가모리 사장은 특유의 확신에 찬 표정으로 말한다.

"단 세 가지입니다. 정열, 열의, 집념! 그것이 전부입니다."

그렇게 대답하면 좌중은 모두 너무 싱겁다는 표정이다. "그렇게 말하면 직원들이 알아듣겠는가? 쉬운 말로 조목조목 풀어서 말해달라"고 조르기도 한다. 외부 사람들은 잘 모르는 뭔가, 특별한 재활 프로그램이라든지 각별한 능력의 인재 전문가라든지, 막강한 기술력과 창의력의 엔지니어라든지, 그런 구체적인 예를 들어 설명해달라고 말이다. 어떤 기자는 그런 내용 가지고 기사를 쓸 수 없다며 매달린다고 한다.

그런 요청에도 나가모리 사장은 대수롭지 않게 대답한다.

"그런 비결 따위는 아무것도 없다. 특별할 것도 없다. 우리 회사는 단지 위에서 말단까지 '정열, 열의, 집념'을 가지고 열심히 일할 뿐이다. 그것을 '할 때까지, 될 때까지' 계속하는 것뿐이다. 전 임직원들이 그렇게 임했기 때문에 창업 이래 지금까지 못해낸 것이 없다. M&A를 한 기업에 대해서도 마찬가지다. 될 때까지 하는 것이 전부다. 도중에 포기하지 않았기 때문에 해낼 수 있었던 것뿐이다."

그는 이렇게 쉽게 이야기 한다. 정말이지 별것 없지만, 사실이 또한 그렇다.

자세히 살펴보면, 그 심플한 이야기가 정답이다. 우리가 몸담은 기업에서 새로운 제품을 만드는 과정이나, 새로운 고객을 발굴하는 과정도 똑같다. '남들도 하기 싫어할 때', '그만 하고 싶은 생각이 턱까지 올라올 때', '그래도 하는 것'이다. 그게 전부다. 때로는 '승리의 비결' 따위는 너무도 간단하다. '끝까지 하는 습관'이 들었을 뿐이다. 그냥 하는 시늉만 하거나, 머리나 입으로만 하겠다고 장담하는 것이 아니라, 몸으로 하는 것이다.

그것이 밖으로 체화된 행위가 바로 '청소', '청결', '정리', '정돈'과도 같은 기본기다. '귀찮다', '조금 이따 하지', '이 정도야 뭐', '누가 신경이나 쓰겠어?…….' 이런 마인드가 지배하는 철저한 밑바탕의 행동! 그것을 먼저 지배함으로써, 더 깊은 창의력의 세계에서도 '될 때까지'를 가능하게 하는 것이다.

"조직이 방대해지거나 공무원 조직이나 글로벌 기업처럼 넓은 범위를 포괄하게 되면, 스피드 면에서든 의사 소통 면에서든 느려질 수 있다. 하지만 일본전산의 나가모리 시게노부 사장은 크든 작든 똑같이 '권한과 책임'으로 무장하고 어떤 과제에도 도전할 수 있는 열정적인 직원들로 가득 채우고, 스피드를 살리는 법을 알고 있다. 그들은 마치 점조직처럼 서로가 서로를 끈끈하게 견인해낸다. 사장이 없어도, 임원이 없어도, 누구를 보아도 분발하게 되는 조직. 그것이 바로 일본전산의 힘이다!"

한 매체는 일본전산이 '부활의 신'으로 등극할 수 있었던 이유를 이렇게 꼽는다.

조직이 아무리 방대하더라도, 공룡과 같은 거대 조직으로 무언가를 잘라내지 않고서는 적자를 피할 수 없는 상황처럼 보이더라도, '저 아래 말단까지 창업의 초심과 같은 정열과 열의, 집념을 전달하고 새롭게 바꿔간다면' 재건은 가능하다. 경영자가 먼저 불타고, 리더가 불타고, 저기 어린 신입 사원까지 불타오를 수만 있다면, 조직은 결코 활력을 잃지 않는다.

패자의 문화,
승자의 문화

M&A가 정식으로 성립되면, 서로 다른 문화에서 살아오던 두 기업이 비로소 소통을 시작한다. 나가모리 사장은 매회 20명 정도의 젊은 사원들과 점심 간담회를 갖고, 과장급 이상 간부들과는 저녁 식사를 가졌다. 새로이 인수한 기업에 가는 날에는 이런 스케줄이 매일 잡혔다. '일'에 대한 자신의 생각을 들려주고, 간부들이나 사원들의 의견을 경청했다.

자신감이나 의욕이 떨어져 있기 쉬운 직원들에게, 새로운 의지를 북돋는 것이 이런 자리의 첫째 목적이었다. 실적이 떨어지고 적자가 이어지면서 '결국 다른 회사에 팔리게 되었다'는 패배 의식에 젖어 있는 직원들에게는 '내가 이 회사의 주인'이라는 생각을 심어주는 것이 급선무였기 때문이다.

일 년 동안 점심 간담회가 50회 이상 열린다. 천 명이 넘는 젊은 사원들과 직접 이야기를 나눈 것이다. 또 25회 이상의 저녁 모임을 통해서 어림잡아 과장급 이상 관리직 삼사백 명과 이야기를 나눴다. 이것이 나가모리 사장의 '식(食) 커뮤니케이션, 주(酒) 커뮤니케이션'이다.

그가 자연스러운 분위기에서 식사나 술을 같이 할 수 있는 자리를 만드는 이유는 간단하다. 가뜩이나 주눅이 들어 있기 쉬운 임직원들과는 딱딱한 회의실에서 진솔한 이야기를 나누기 어렵다. 업무자체만이 아니라 개인적인 이야기까지 자유롭게 주고받을 수 있는환경 조성이 필요하다. 활기차고 의욕이 가득한 직원들도 회의실에몰아놓고 사장이 마주 앉아 있으면, 쉽게 입이 열리지 않는다. 나가모리 사장은 비록 술을 못하지만 그런 식사 자리에서 와자지껄 우스갯소리를 하며 분위기를 띄운다.

서슴없이 말문을 열 상황이 되면, 자연스레 질문도 나오고 속 깊은 이야기도 나온다. '하루 종일 서서 일하는 게 너무 힘들다'든지 '현장에서는 쉬는 시간이 되어도 앉아서 쉴 곳이 부족하다'는 이야기도 나온다. 구내 식당 메뉴에 대한 주문도 들어온다. 불평불만이라고 일축할 수도 있지만, 잘 생각해보면 개선해서 발전시킬 수 있는 아이디어들이 많다.

이야기를 나누다 보면 때론 해결책이 즉석에서 나온다. 사장은이런 자리에서 나온 의견들을 꼼꼼히 기록해서 바로 개선할 수 있도록 한다. 혹시라도 오해가 있거나 잘못 알려진 정보에 대해서는사장의 입장에서 충분히 설명하기도 한다.

불평불만은 재빨리 해결해주고 나서, 경영자로서 앞으로 회사를어떻게 만들어가고 싶은지 '꿈'에 대해 많은 시간을 할애한다. 회사가 앞으로 어떤 방향으로 움직이려고 하는지, 회사는 직원들의 노력을 어떻게 꼼꼼하게 평가해줄 것인지에 대한 이야기도 한다. 또 재건 프로그램이 가동된 다음에 1년 후, 2년 후의 그림을 구체적으로 머릿속에 그려지도록 설명한다. 그것이 바로 나가모리 사장의 비전 제시 방법이다.

그리고 끝으로 그런 미래의 모습을 위해서 '회사와 직원들 모두가' 추구하고 정착시켜나가야 할 기업 문화에 대해 진지하게 이야기한다. 이 과정을 통해서 직원들은 '과거의 불평불만을 늘어놓는 습성'에서 '미래에 대한 아이디어를 내는 습성'으로 바뀌었다고 털어놓는다.

패자라고 스스로를 평가 절하한 사람이라도 '건설적인 투쟁심의 불을 지필 수만 있다면' 승자로 바뀔 수 있다. 마찬가지로 무너져가는 것처럼 보이는 회사도 '기둥만 바로 세우면' 재건시킬 수 있다는 것을 1~2년에 걸친 재건 프로젝트를 통해 실감하게 되는 것이다.

토론회에 참석한 직원들은 커뮤니케이션과 같은 소통이 더 이상 서로간의 차이를 확인하고 갈등을 낳는 시간이 아니라, 새로운 아이디어를 만들어내거나 새로운 해결책을 만들어내는 시간이라고 재해석했다. 조금씩 적자 내는 사고 방식에서 흑자 내는 사고 방식으로 바뀌는 '생각의 전환'이 일어난 것이다.

일본전산은 1995년 1월, 심포공업을 인수했다.

이 회사는 1952년에 창업해 '데밍상(일본 내 품질 관리에 공헌한 개인이나 단체에 수여하는 상)' 이외에 여러 개의 발명상, 과학 기술상 등을 수상하면서 변속기 분야에서 선두 기업으로 성장했다. 뛰어난 기계 가공 기술력을 가지고 1970년대와 1980년대 급성장했던 만큼, 나가모리 사장은 1980년대 후반부터 깊은 관심을 갖고 이 회사를 지켜보고 있었다.

특히 같이 오사카 증권거래소에 상장돼 있었고, 인근 지역에 위치한 기업이었던 만큼 여러 채널을 통해 M&A에 관심을 표명했다. 그 시기 심포공업의 실적이 급격하게 악화됐기 때문이다. 하지만 경영진은 실적 악화라는 현실을 '말도 안 되는 소리'라고 단호하게 일축하며 외면했다.

하지만 1985년 플라자합의(미국의 대규모 무역 적자를 해소하기 위해 엔화 절상에 합의해 일본은 엔화의 환율 하락을 용인하였다) 등 시장 변화에 회사가 스피디하게 대응하지 못하면서, 심포공업은 적자를 내기 시작했다. 1992년에는 주주들에게 한 푼도 배당을 줄 수 없게 되었고, 인적 구조조정도 잇따랐다. 3년여에 걸쳐 인력 감축, 사업 재편, 예산 감축 등 기업이 쓸 수 있는 모든 방법들이 모조리 동원되었다. 젊은 경영진으로 세대 교체까지 감행해 조직에 활력을 불어넣으려 했지만, 반전은 일어나지 않았다.

결국 심포공업은 명성과 자존심을 모두 버리고 1995년, 일본전산에 기업 재건을 의뢰하게 된다. 절망 속에서 제대로 일이 손에 잡히지 않아 우왕좌왕하던 임직원들은 일본전산이 M&A를 하겠다고 하자 기대보다는 걱정부터 했다. 회사가 쓸 수 있는 수단이란 수단은 모조리 시도해봤다고 생각했기 때문이다.

"심포공업은 세계 최고의 기술력을 가졌던 회사다. 다시 기본으로 돌아가 당연한 일들을 철저히 하면 바로 흑자 회사가 될 수 있다. '결근을 없애고 주변 청소'만 잘 하면 된다."

나가모리 사장의 단순한 해법이 이번에도 먹힐까? 일본전산은 즉시 M&A 계약을 마무리하고 재건 활동에 들어갔다. 그리고 다음해인 1996년도 결산에서 '흑자'로 전환시켰고, 1997년에는 심포공업을 일본전산 자회사로 편입시켰다.

심포공업은 창업 초기부터 과학 기술상을 받는 등 기술력과 품질 관리 면에서 탁월한 기업이었다. 그런 기술력에 걸맞은 비약적인 성장의 시기도 있었다. 데밍상을 받을 만큼 시스템 경영도 앞서 도입했다. 데밍상은 6시그마의 전신이라 할 만한, 종합 품질 관리 프로그램인 것이다. 그런 강한 체질의 기업이 어떻게 한 순간에 무너질 수 있었을까?

'가망 없음'이라는 딱지는
스스로가 붙이는 것

일본전산은 심포공업을 인수해 '가망 없음'이란 세간의 판정을 뒤

엎고, 1년 만에 흑자로 전환시키는 데 성공했다. 어떤 인수 기업이든 흑자로 전환되어야 '일본전산'이라는 이름을 달 수 있다는 것이 회사 내부 규정이다.

이 재건 프로젝트에서도 중심은 '3 Quality 6 Basic'이었다.

임직원들부터 기본기를 갖추고 의식 있는 좋은 사원(Quality Worker)으로 변신한다. CEO부터 말단 직원에 이르기까지 좋은 사원들이 모인 회사는 평판이 좋아 밖에서도 좋은 회사(Quality Company)로 인정받는다. 그런 좋은 회사에서는 좋은 제품(Quality Products)을 만들어낼 수밖에 없다. 고객들은 그런 회사를 믿고, 브랜드를 믿고, 제품을 믿고, 서비스를 믿는다.

먼저 청소부터 시작했다. 청소는 바로 성과가 드러나는 업무다. 가령 사무실 유리창을 닦으면 아주 짧은 시간 안에도 바로 반짝거리는 차이를 눈으로 확인할 수 있다. 이렇게 바로 성과나 효과를 눈으로 확인할 수 있으니, 금세 성취감을 느낄 수 있다. 더군다나 다 같이 짧은 기간 안에 얼마나 많은 성과를 낼 수 있는지 모두가 눈으로 확인한다.

'평소에 하지 않던 일', '내키지 않는 일'을 하는 것으로 한 번 성취감과 만족감을 느끼면, 그 감정 상태는 아주 여러 가지 요소들에 영향을 미친다. 주부들도 집안 대청소를 깨끗이 한 후 커피 한 잔을 마실 때 최고의 만족감을 느낀다. 그렇듯 청소는 과정은 조금 힘들지만 기분 좋은 변화를 빠르게 체험할 수 있는 일이다.

몸이 아프면 쓴 약을 먹거나 힘들고 고통스러운 재활 과정을 거쳐야 한다. 재활이란 어려움과 고통이 따르는 과정이고, 그런 과정이 없이는 몸이 절대 좋아질 수 없다.

적자 기업에서 흑자 기업으로 변신하기 위해서는, 전 임직원들이 고통과 어려움을 겪지 않고서는 안 된다. 괴롭지도 않은데 저절로 위기가 극복되고, 어렵고 힘들지 않은데 저절로 회사가 이익 구조로 바뀌지 않는다. 구호나 다짐 정도로는 아무것도 바뀌지 않는다.

'잘해보자', '정말 변해야 한다'는 말로 정신은 속일 수 있다. 마치 무언가 새로운 변화가 생겨날 것 같은 기대감에 정신은 일시적으로 각성한다. 하지만 몸은 알고 있다. 이미 몇 번이나 시도했지만 안 됐던 일, 실패할 게 뻔한 전시 행정이 반복된다는 것을 기가 막히게 알아차린다. 자신에게 고통과 괴로움이 오지 않는 한, 바뀔 이유도 그렇게 해서 성공할 수 있다는 실감도 나지 않기 때문이다. 그래서 의식을 바꾸려면 몸을 먼저 움직여야 한다. '청소'라는 체험은 바로 그렇게 몸에 세팅된 '실패와 좌절'을 뒤엎는 과정이다.

6 Basic도 같은 맥락이다.

'정리'란 쌓여 있는 불필요한 것들, 정신을 어지럽히고 목적을 산란하게 하는 것들을 버리는 일이다. 재활용할 것은 철저히 다시 사용한다. 그만큼 활용할 공간과 자원이 늘어나고 낭비를 유발하던 잡음이 없어진다.

'정돈'이란 '쓰고 나면 제자리에 둔다'는 기본 원칙과 같이, 항상 누구나 쓰기 편리하고 찾느라 시간 낭비하지 않도록 배치부터 고민하고 개선하는 프로세스 활동이다. 끊임없이 정돈을 고민하고 궁리하면 아이디어도 생겨난다. 회의할 자료를 미리 배포하고 정돈된 절차에 따라 회의를 진행하면 시간도 짧아지고 내용도 알맹이로 가득해진다. 주변의 사물을 정돈하면 머릿속도 똑같이 정돈된다.

'청결'이란 수명을 길게 하는 과정이다. 청결하면 무엇이든 오래 쓸 수 있다. 고장도 덜 나고 불량률도 낮아진다. 똑같은 물건도 더 값어치를 발휘하게 된다.

'단정'이란 마음가짐을 바로잡는 과정이다. 복장부터 단정하게 한다는 생각을 가지면 마음가짐도 달라지고, 행동거지도 달라진다. 복장을 단정하게 하기 위해 자기 주변을 먼저 청결하고 단정하게 하는 습관이 생긴다. 격이 달라지고 같은 옷이라도 맵시가 난다.

'예의'란 동료나 상하 간의 커뮤니케이션을 바로잡는 것이다. 인간 관계를 풍성하게 하고 불필요한 에너지 낭비를 막는다. 원활하고 기분 좋은 의사 소통이 가능해지고, 고객도 더 많이 얻을 수 있다. 회사의 품격도 높아진다.

'소양'이란 전문 분야에 대한 기본기를 높이는 것이다. 실력을 쌓고 팀의 실적을 개선하고 회사에 기여하고자 하는 열정이다. 그런 소양 있는 직원들이 모여 있는 기업이야말로 이 사회에 꼭 필요한 기업이다. 소양을 키우는 데 집중하는 것이 장기적인 성장의 밑바탕이다.

심포공업을 흑자로 전환시키는 과정에서, 이런 기본 지침에 대한 공감을 확산시키고 직접 몸으로 실천할 수 있는 '재건 매뉴얼'이 완성됐다. 이후 일본전산은 계속해서 M&A 성공 신화를 이룩해 세계를 놀라게 했다. 특히 서른 차례 정도의 대규모 M&A를 우호적이고 협력적인 분위기에서 성공시키면서 직원들의 공감을 이끌어냈고 지역 사회에도 공헌했다.

회사가 존속되고 흑자 기업으로 전환되면서, 직원들은 고용 불안에서 벗어나 일에 전념할 수 있었고, 지역 사회는 다시 활력을 찾을 수 있었다.

M&A나 적대적 TOB(주식 공개 매입)를 하면, 많은 사람들은 일단 부정적인 생각부터 가진다. 물론 일본에서도 '머니 게임'과 같은 M&A나 적대적 TOB가 다수 성사되기도 했다. 하지만 일본전산은 '머니 게임'을 싫어한다. 나가모리 사장은 절대 적대적 매수는 하지 않는다고 공언한다. 그렇게 사들인 기업에는 '동기 유발'이 될 리 없다. 모든 임직원이 M&A에 동의하고 그것을 선택할 때까지, 절대 사인을 하지 않는다.

나가모리 사장이 M&A할 때 가장 중요시하는 점은 '기술력'과 '재무 구조'다. 그중에서도 특히 중요하게 생각하는 것이 '기술력'이다. 기술을 개발해 실용화하거나 상품화하는 데는 시간이 필요하다. 기술력 있는 인재를 육성하는 데도 시간이 필요하다. 창업한 지 수십 년이 된 명문 기업들에는 좋은 기술과 기술자들이 있다. 개발하고 육성하는 데 그만큼 시간이 필요하므로, 그런 회사가 잘못돼 공중 분해된다면 사회적으로도 엄청난 손실이다. 그런 기업들이 사라지는 것을 그냥 지켜보고 있을 수만은 없다. 최고의 기술과 최고의 상품 모두 '사람'에게서 나오기 때문에, 사람은 제일 먼저 건져야 할 보물이다.

나가모리 사장의 M&A은 모두 구제의 형태였다. 대상은 같은 업계의 경쟁 업체들이나 인접 기술을 보유한 협력 업체들이다. 그들이 없어지면 일견 시장이 모두 내 것이 될 것 같지만, 그렇지 않다. 시장은 다양한 회사들의 다양한 기술력이 서로 공존하고 경쟁하면서 더욱 활성화된다.

지역 사회도 그런 그의 공로를 일찍부터 인정했다. 일본전산이 증권거래소 2부에 상장한 이듬해인 1989년에 'STC(신농특기)'라는 회사를 M&A하게 되는데, 이 회사는 1980년대에 들어서부터 HDD용 모터 분야에서 가장 강력한 경쟁자였다. 하지만 1984년부터 시장 1위 자리를 일본전산에 내주면서 STC는 부진에 빠져들기 시작했다. 연이은 외환 시장의 변화로 경영 악화를 겪게 되어, 결국 채권단에 지원을 요청하게 된다. 갖은 방법을 동원해 재건을 모색하던 STC는 최후의 수단으로 자존심을 버리고 경쟁 업체인 일본전산에 도움을 요청한 것이다.

그런데 문제가 생겼다. 이 회사를 인수하게 되면 시장점유율이

90%를 넘어, 독점 금지법에 저촉되게 된 것이다. 당시 언론은 '작은 시장에 거인 기업 탄생'이라는 표현을 써가며 일본전산의 M&A에 관심을 보였다. 독과점으로 문제가 된다는 사실을 안 일본전산은 공정거래위원회에 질의서를 냈다.

결론은 간단했다. 공정거래위원회는 M&A의 취지와 그 과정을 인정해, '부진에 허덕이는 기업을 구제한다는 명분에서 특별히 인정한다'는 결정을 내렸다. 사회도 예외를 인정할 정도로 일본전산에 대한 믿음은 굳건했던 것이다.

나가모리 사장은 M&A 대상 기업을 고를 때, 직원들이 나태하거나 제대로 일을 하지 못해서 적자를 내는 정도는 문제 삼지 않는다. 영업력이 부족하거나 판매망이 약한 것도 개의치 않는다. '기술력'만 있다면 조직이 망가진 회사일지라도 반드시 살릴 수 있다고 보기 때문이다. 기술력을 가진 기업을 사라지게 한다면, 사회적으로도 큰 손실이기 때문에 반드시 살려야 한다는 철학을 가지고 있다.

그렇게 기술력이 있는 회사를 매수한 뒤에는 적자 기업 스스로도 놀랄 만큼 짧은 기간 내에 흑자로 전환시킨다. 매수한 기업에 대해서는 철저하게 인원을 재배치하거나 능률이 떨어진 곳을 재구축해가며 재건시키는 것이 그의 스타일이다. 인위적인 인원 삭감 같은 구조조정은 원칙적으로 하지 않는다. '청소, 출근, 기본 매너' 같은 가장 기본적이고 당연한 것들을 철저히 하는 것만으로 부활시켜간다.

"회사가 침체에 빠지는 것은 직원이 무능력해서가 아니라, 직원들의 의욕을 상실하게 하는 비효율적인 업무와 상호 소통 없는 나태함 때문이다. 그 원인을 제거하면 곧바로 회복될 수 있다. 왜냐하면 본래 대다수의 직원들은 의욕을 가지고 회사에 입사하고, 일을 하려고 직업을 선택하기 때문이다.

결국 심리적인 문제다. 수십 년간 기술력과 경영 능력을 토대로 규모도 키우고 주식 상장도 하면서 잘나가던 회사가 어느 시점부터 '아노미 상태'에 빠져든다. 프랑스의 사회학자 에밀 뒤르켐(E. Durkheim)이 주장했던 이론이다. 회사에서는 동기 부여를 하고 의욕을 일으킬 수 있는 '발전적 규범이나 원칙'이 없어지고 모두가 혼돈에 빠져, '의욕을 가지고 회사와 일을 선택했던 사람들'조차 점차 그런 조직에서 희망을 잃고 '나로서는 어떻게 할 힘이 없다'며 '숙명적 자포자기'에 빠지는 것이 소위 '대기업 병'인 것이다."

이것은 '심리적인 병'으로 일본전산이 적자 기업을 흑자 기업으로 부활시켜 보여주듯, 절대적으로 '치료할 수 있는' 병이다. 그래서 일본전산은 매수한 기업에 대해 인적 구조조정을 하지 않는다. 말하자면 사람과 같은 하드웨어는 그대로 두고 그 속에 인스톨되어 있는 프로그램만 바꾸어 자기 치유력을 통해 적자 기업을 흑자로 만들고 있다. 그런 식으로 실적을 올리다 보니 일본전산과 M&A 교섭에 나온 상대 기업은 나가모리 사장의 이야기를 경청할 수밖에 없다. 더욱이 계속 프로그램을 업그레이드해야 하는 책임을 가지고 있는 CEO들은 그의 'M&A 부활 작전'에 큰 관심을 가질 수밖에 없다.

일본전산의 꿈은 '새로운 기술을 가지고 불모의 시장에 도전하는' 인재들의 '거대한 실험실'을 만드는 것이다. 일본전산은 '모터'라는 전문 분야에서 시작했지만, 10년이나 20년 후의 미래를 그리면서 현재의 기술을 확장시킬 영역을 찾아나가고 있다. 그리고 그 거대한 배에 '스스로 불타오르는 사람들', '누구든 옆에서 불타오르기만 하면 함께할 준비가 된 사람들'을 태우고 있다.

최근, 모터가 필요 없는 플래시 메모리 기술이 확산되면서, 일본전산도 장기적으로는 사업 영역을 바꾸지 않으면 수익성이 떨어질 수 있다는 사실을 파악했다. 그들은 모터 기반의 새로운 시장 개척을 준비하면서, 동시에 그 기술력으로 인해 파생되는 다양한 시장에 대해 시야를 열어놓고 있다. 그 일환으로 세운 목표가 '2012년에는 자동차 탑재용 모터로 세계 최고가 된다'는 것이다. 기존에 1위인 숱한 시장이 있지만, 앞으로는 자동차 시장에서도 1등을 하겠다는 생각이다. 전기 자동차, 태양 전지 자동차 등 차세대 공해 없는 첨단 자동차는 엔진 없이 최고의 출력과 효율을 낼 수 있어야 하기 때문에, '모터가 핵심'이 될 수밖에 없다. 그렇게 되면 자동차 시장에서도 모터가 주연이 된다.

일본전산의 도전은 계속되고 있다. 이들의 성과 목표는 2015년 매출액 2조 엔, 2030년에는 10조 엔이다. 10조 엔 매출이 되면, 세계 50위 권 정도의 규모다. 그 길에서 만나게 될 조력자들을 어떻게 일본전산의 열정으로 감복시킬지 귀추가 주목된다.

"끝날 때까지는 끝난 것이 아니다!"

불황은 어디까지나 핑계일 뿐이다

"아직, 끝나지 않았다"

미국의 전설적 야구 코치 요기 베라(Yogi Berra)는 '끝나기 전까지는 끝난 것이 아니다.'라고 말했다. 그는 가난한 이탈리아 이민 1세대 가정의 네 아들 중 막내로 태어나 세인트루이스에서 어린 시절을 보냈다. 중학교 2학년 때 중퇴를 하고, 막일을 전전하다 1946년 뉴욕 양키스에 입단한다. 1946년부터 1963년까지 17년 동안 뉴욕에서 선수 생활을 하면서, 그는 양키스를 무려 열 번이나 월드시리즈 챔피언에 올려놓았다. 역사상 가장 위대한 포수이자 코치인 그는 성패를 좌우하는 요건에 대해서 이렇게 말한다.

"절대 포기하지 마라. 언제나 기회를 포착하고, 다중이 선택하는 것을 무조건 따라가지 마라. 항상 긴장을 늦추지 않고 정신력을 똑바로 갖추고 있으면, 언제든 이길 수 있다."

강연과 기업 코칭을 통해 여러 경영자들을 만나보면, 한 분도 의욕적이지 않은 사람이 없다. 그렇지만, 한두 해도 아니고 수십 년씩 또렷한 목표를 가지고 전 직원의 참여를 이끌어내는 일이 쉽지만은 않다고 토로한다. 막상 그런 회사 직원들과 워크숍을 하면서 이야기를 들어보면, 직원들 역시 나름대로 '역량과 경력을 개발해야 한다'는 압박감을 느끼면서도 무엇을 어떻게 해야 할지 모르겠다고 고백한다. '필요성을 강력히 느끼고 있다는 것'만으로도 이미 반은 시작한 셈이다.

시야를 한 발 앞선 미래에 두고, 현재에 머물러 있는 손발은 부지런히 움직이면서, 하나하나 작은 성취를 통해 역량을 만들어가는 과정. 우리는 쉽고도 어려운 이 과정을 실천하고 있는 역할모델로 '일본전산'을 주목해 살펴보았다.

요즈음 많은 기업들이 목도하고 있는 극심한 '불황'의 와중, 나가모리 사장은 아마 지금 이 순간도 이렇게 외치며 직원들을 호령하고 있을 것 같다. 그의 표정과 말투가 눈앞에 보이는 듯하다.

"우리에게 불황은 핑계일 뿐이다. 주저앉아 있는다고 밥이 나오냐 쌀이 나오냐? 뭐든 움직여 포착해내야 한다. 그래야 캐어야 할 뿌리라도 발견할 수 있다. 일이 손에 잡히지 않는다며, 가십거리 기사나 클릭하고 있으면 마음만 더 싱숭생숭할 뿐이다. 뛰어라! 하다 못해 잘 유지되고 있는 거래처 담당자라도 다시 살펴 튼튼히 단속해두고, 할 일이 없으면 먼지 쌓인 책상이라도 닦아라! 운이라는 놈도, 오물거리고 움직이는 손 위에 떨어지게 마련이다."

"미래의 나는 내가 '지금 무엇을 가졌느냐'가 아니라 내가 '무엇을 끊임없이 추구하느냐'에 의해 좌우된다." 경영 대가 게리 해멀(Gary Hamel)의 말이다. 그는 1990년대에 '높은 수준의 청사진을 그려 그에 따른 도전 목표를 명확히 하고, 개인과 기업의 핵심 역량(Core Competence)을 한곳으로 모아야 한다'고 강조했다. 환경을 탓하는 기업이나 개인에게 그는 "위대한 성과를 낸 기업이나 개인들은 모두 그들이 가진 제한적인 자원이나 능력을 뛰어넘는 원대한 야망을 가지고 있었다"고 일침을 놓았다.

원대한 꿈을 꾸면서 지속적인 성장을 만들어내 세계 최고가 된 기업들을 연구해보았더니 모두 그런 공통 분모가 있었다는 것이다. 일본전산이야말로 그런 기업 중 하나이고, 더군다나 누구라도 벤치마킹할 수 있는 강렬하면서도 단순한 행동 지침을 가진 기업이다. 핵심 역량, 경쟁력, 미래 가치, 실행 방법 등등……, 무엇을 어디서부터 해야 하나 하고 복잡해진 우리들 머릿속을 탁! 하고 깨뜨리는 의외성과 통렬함까지 갖췄다.

대기업의 똑똑해 보이는 인재들도 '시간이 없다, 너무 바쁘다'고들 한다. 가만히 앉아서 '리스크가 너무 커 위험하다'고 한다. 새로운 것을 시도하다 실패하면 잃는 것이 많으니, '하던 것'만 하려 한다. '지금까지도 잘해왔는데 새삼 뭘 바꾸냐'고 반문한다. 그런 생각들이 바로 전혀 흔들릴 것 같지 않던 기업들까지도 무너뜨리는 원인이 된다. 영세 업체나 중소기업 역시 '사람이 없다. 인재가 없다. 돈이 없다. 설비가 부족하다. 장소가 없다. 기술이 없다.' 등등 불가능하다는 이야기만 한다. 하지만 일본전산의 성공 스토리를 보면, 변명이 쏙 들어간다. '변명하는 것은 배부른 투정에 불과하다'는 생각이 들 정도다.

성공이란 거창하고 멀기만 한 미래의 그림이 아니며 바로 지금 우리의 자리에서 할 수 있는 것을 차근차근 해나갈 때 비로소 한걸음 다가오는 것임을 우리는 일본전산의 이야기를 읽으면서 깨달을 수 있다. 일을 '지루하게 감내해야 하는 노동'이라 생각하느냐, '도전할 만한 흥미진진한 게임'이라고 생각하느냐에 따라 그 사람의 하루는 사뭇 달라질 것이다.

우리는 항상 '어떻게 하면 즐겁게 일할 수 있을까?', '회사에서 내 능력을 어떻게 발휘하는 것이 좋을까?', '어떻게 자기계발을 해야 할까?' 고민한다. 필자는 이 책에 소개된 다양한 사례와 에피소드를 통해 그 질문에 대한 아이디어는 물론, 삶에 필요한 영감까지 얻을 수 있다고 확신한다. 많은 이들이 이 책을 통해 뜨거운 열정과 가슴 벅찬 교훈을 얻기를, 그리고 그 교훈을 바탕으로 희망찬 내일을 설계하기를 기원한다.

끝으로 이 책이 세상에 나올 수 있도록 도움을 주신 쌤앤파커스의 모든 분들에게 감사를 드린다. 또한 취재와 자료 수집에 적극적으로 협조해준 일본전산 관계자분들과 오사카, 교토 등 일본 관서지역 취재에 매번 도움을 주고 있는 밀레니엄아트의 후지타 나오야 대표와 임직원들에게도 감사드린다.

― 지은이 김성호

참고문헌 & 자료

자료 수집과 취재에 도움을 준 많은 분들에게 지면을 빌려 감사드린다. 본 책은 인터뷰와 본사에서 제공받은 자료들을 통해 집필되었으며, 다면적인 사실 확인을 위해 기타 여러 문헌과 자료들을 참고했다. 아울러 한쪽으로만 치우치지 않기 위해, 여러 채널의 기사와 인터뷰, 평론 자료, 연설 등도 참고하였다. 지면상 검토 비교하고 참고한 자료 모두를 다 싣지 못한 점 양해 바란다.

- 〈과감한 도전 - 일본전산30년사〉(사내자료), 2003년, 일본전산30년 사편찬위원회
- 〈도전의 길〉(사내자료), 1997년, 일본전산
- 〈요미우리신문〉, 〈아사히신문〉, 〈일본경제신문〉 등 다수의 신문 기사
- 〈일본전산 결산보고서 자료집〉
- 〈Nikkei Business〉, 2006년 9월호
- 《기적의 인재육성법》, 나가모리 시게노부(永守重信), 1989년, PHP 문고
- 《사람을 움직이는 사람》, 나가모리 시게노부(永守重信), 1998년, MIKASASHOBO
- 《일본전산 나가모리이즘의 도전》, 일본경제신문 편, 2004년, 일본 경제신문사 출판부
- 《정열·열의·집념의 경영》, 나가모리 시게노부(永守重信), 2005년, PHP문고

저자 소개

김성호

솔로몬연구소 대표. '변화 코칭' 전문가.

일본대학교에서 산업 경영을 전공했으며, 한국외국어대학교 대학원을 다녔다. 인간 개선 기법과 성공 철학에 관해 전 세계적인 자료와 정보들을 고대와 현대에 걸쳐 폭넓게 연구하고 있다.

유학 시절부터 성공 철학과 기업의 성공 사례 연구, 심리학적 접근을 통한 동기 부여를 연구했으며, 비즈니스 분야에서 직접적으로 다양한 사례를 체험하기 위해 오랫동안 통·번역과 비즈니스 컨설턴트 일을 병행해왔다. 이런 다양한 경험을 토대로 각 조직에 밀착하여 '역량 강화 코칭', '자기 변화 코칭'과 '발상의 전환' 등의 테마로 프로그램을 운영하고 있으며, 삼성을 포함한 국내 유수의 기업과 금융업계 보험사나 증권사 등에서도 강의를 진행하고 있다.

또 많은 기업의 면접관으로 활동하면서 체득한 경험을 바탕으로 구성한 대학생들을 위한 '비즈니스 정글에서 살아남기' 강의 시리즈, 우수 기업들을 위한 코칭 프로그램인 '도시락 강의' 등이 많은 이들의 관심을 끌고 있다. 현재 인문, 사회과학 분야 번역 작가 활동과 집필 활동을 겸하고 있다.

저서로는 《답을 내는 조직》, 《보이게 일하라》, 《변화 바이러스》, 역서로는 《조선을 석권한 미나카이 백화점》, 《돈은 은행에 맡기지 마라》 등이 있다.

일본전산 이야기 50만 부 돌파 리커버

2009년 1월 1일 초판 1쇄 | 2024년 8월 14일 2판 12쇄 발행

지은이 김성호
펴낸이 이원주, 최세현 **경영고문** 박시형

책임편집 강동욱 **디자인** 윤민지
기획개발실 강소라, 김유경, 박인애, 류지혜, 이채은, 조아라, 최연서, 고정용, 박현조
마케팅실 양봉호, 양근모, 권금숙, 이도경 **온라인홍보팀** 신하은, 현나래, 최혜빈
디자인실 진미나, 정은예 **디지털콘텐츠팀** 최은정 **해외기획팀** 우정민, 배혜림
경영지원실 홍성택, 강신우, 김현우, 이윤재 **제작팀** 이진영
펴낸곳 (주)쌤앤파커스 **출판신고** 2006년 9월 25일 제406-2006-000210호
주소 서울시 마포구 월드컵북로 396 누리꿈스퀘어 비즈니스타워 18층
전화 02-6712-9800 **팩스** 02-6712-9810 **이메일** info@smpk.kr

© 김성호(저작권자와 맺은 특약에 따라 검인을 생략합니다)
ISBN 979-11-6534-693-5 (03320)

쌤앤파커스(Sam&Parkers)는 독자 여러분의 책에 관한 아이디어와 원고 투고를 설레는 마음으로 기다리고 있습니다. 책으로 엮기를 원하는 아이디어가 있으신 분은 이메일 book@smpk.kr로 간단한 개요와 취지, 연락처 등을 보내주세요. 머뭇거리지 말고 문을 두드리세요. 길이 열립니다.

그들만 알고 있는

슈퍼

레스토랑

그들만 알고 있는

OPEN

토박이 같은 현장 소장이
소개하는 레알 맛집!

KSCE⚡PRESS
KOREAN SOCIETY OF CIVIL ENGINEERS PRESS

지역의
숨은 맛집을 모아
책으로
발간하기까지

대학과 대학원 학생 시절, 당시 석사과정 지도교수이셨던 지금은 고인이 되신 황학주 교수님 그리고 막 부임하셨던 김문겸 교수님을 모시고 현장을 방문하는 일이 종종 있었습니다. 그때마다 현장 소장님의 극진한 환대와 소개해주셨던 식당들의 아쉬울 것이 없던 맛깔스러움과 정갈한 식사가 아직도 기억에 남아 있습니다. 40년이 훌쩍 넘은 지금도 기억이 선명한 것은 그만큼 인상적이었기 때문일 것입니다.

교수가 되고 나서는 건설 현장을 방문할 때면 현장 소장님과 함께 식사를 하거나 식사할 장소를 소개받을 기회가 종종 있었습니다. 그럴 때마다 현장 소장님과 같이 갔거나 소개로 간 식당들은 한결같이 맛이나 서비스가 탁월한 선택이었다고 평가할 만한, 그 지역에서는 최고의 맛집이라는 생각이 늘 머릿속에 있었습니다. 때때로 개인적인 업무로 혹은 가족과 함께 그 근처를 지나갈 때, 잠시 돌아가더라도 그 식당에 들러서 맛있는 음식을 먹었던 기억이 늘 한 자리를 차지하고 있습니다.

어떤 때는 잘 모르는 지역을 갔을 때, 그 지역에 인접한 현장 소장에게 연락하여 맛집을 추천 받곤 하는 것이 일종의 나만의 맛집을 찾는 비법으로, 지인들 사이에선 '맛집은 임교수에게'라고 하는 일종의 트레이드마크처럼 알려지기도 했습니다. 최근 핸드폰 검색에 의존하기 전까지 낯선 지역에서 맛집을 찾는 나만의 가장 좋은 비법이었습니다.

이런 기억들과 함께 늘 마음속에 자리 잡고 있던 것이 '언젠가는 현장 소장들이 추천하는 이런 숨은 맛집들을 한 권의 책으로 엮어보자.'라는 생각이었고, 2021년 대한토목학회 출판위원회를 맡고 위원장으로서 한 가지 해보고자 했던 것이 바로 '진정한 토목인, 현장 소장님들이 알고 있는 지역의 숨은 맛집을 공개하는 책자를 출간해보자.'라는 것이었습니다.

여기에 이 책을 펴내는 또 하나의 이유는 그 지역의 숨은 맛집을 널리 알려 지역경제에 조금이나마 도움이 되었으면 하는 바람도 있습니다. 'Covid-19로 인해 피폐해진 지역의 작은 식당들이 겪을 수밖에 없는 고통을 그나마 조금이 라도 같이 나눠보자.'라는 생각이기도 합니다.

이 책을 기획하며 기꺼이 지역의 맛집을 소개해주신 각 건설회사의 토목 본 부장님들과 토목 관련 현장의 현장 소장님들께 감사드립니다. 토목건설 현장은 일반적으로 건축 현장과 많이 다릅니다. 우리 토목인의 역할은 주변에 아무것 도 없는 지역에 사회 전반에 꼭 필요한 기반구조물을 만들고 그 구조물들이 사 회의 주요 축으로 사용되기까지 책임을 지고 건설할 뿐더러 유지, 관리하는 작 업입니다. 이러한 노고를 우선 칭찬하고 싶습니다. 국가의 중추 기반구조물을 만드는 우리 토목인들이 오지에서 찾는 즐거움은 바로 맛집을 찾아 그 집의 음 식을 함께 나누는 것이었으리라 생각됩니다. 따라서 이 책에 수록된 맛집이야 말로 그 지역에서 가장 맛있고 어디 내놔도 손색이 없는 맛집 중에 맛집일 것입 니다.

다만 이 책을 기획하고 발간하는 과정에서 약간 아쉬운 점이 있다면 수록된 맛집이 대부분 한식에 치중돼 있다는 것입니다. 아무래도 중장년층인 현장 소 장님들의 취향이 반영된 결과일 수도 있지만, 그렇다 하더라도 소개된 맛집들 이 세대를 아우르는 맛집임엔 의심의 여지가 없습니다. 대신 후속 책에선 개성 강한 2030세대도 눈이 번쩍 뜨일 만한 더 다양한 메뉴와 식당들을 소개해보고 자 합니다.

또한 이 책을 위해 전국 각지의 현장 소장들께서 200여 군데의 맛집을 추천 해주셨습니다. 추천 맛집 어느 한 곳도 허투루 추천하신 곳이 없습니다. 현장 일 로 바쁜 와중에도 우리 토목인의 자부심과 애정의 결과라고 하겠습니다.

다만 전국 200여 군데 중 맛집이 중복된다거나, 식당에서 추천을 거부한 경우, 정보 확인 과정에서 현재 영업 유무가 확실치 않은 경우 부득이하게 본문에 싣지 못한 맛집들이 있습니다. 비록 본문에는 싣지 못했지만, 보내주신 추천 맛집의 리스트('본문에 싣지 못한 현장 소장님 pick 숨은 맛집들')만이라도 공유하고자 합니다. 다시 한 번 이 책을 위해 소중한 정보를 공유해주신 현장 소장님과 참여와 성원을 독려해주신 건설사와 관계자 분들께 감사의 마음을 전합니다.

2021년 코로나 사태로 한참 힘든 시기인 지금, 이 책에 나와 있는 맛집이 한 모금의 청량제처럼 힘에 부칠 때 힘든 것을 잊게 해주고, 잠시나마 지역경제를 생각하는 Post Covid 시대를 준비하는 첫 단추가 되었으면 하는 바람으로 이 책을 출간합니다.

4월 말 연세대학교 연구실에서…
편집장 임윤묵

CONTENTS

⋔PART 3⋔ **충청**

PART 4 경상

PART 1

서울

001

고흥 쭈꾸미

📎 **Info**

👤 서울 동대문구
　무학로36길 14, 주차 가능

☎ 02-921-8435

₩ 쭈꾸미 12,000원

🕙 10:00~22:00, 연중 무휴

🍴용두동 쭈꾸미 골목 최고 맛집

　용두동 쭈꾸미 골목엔 유명 쭈꾸미 맛집이 수두룩하다. 그중에서도 아직 잘 알려지지 않은 숨은 맛집 〈고흥 쭈꾸미〉를 추천한다. 그야말로 숨은 맛집인 덕에 다른 집들에 비해 대기시간 없이 바로 입장 가능한 것도 이 집을 추천하는 이유 중 하나다. 당연히 쭈꾸미 맛은 두말할 필요가 없다.

　보통 매운 쭈꾸미 요리를 먹다 보면 다른 반찬들이 먹고 싶거나 매운맛을 잡아줄 사이드 메뉴를 떠올리게 되는데, 〈고흥 쭈꾸미〉는 다양한 밑반찬과 사이드 메뉴를 제공해, 이런 걱정은 잠시 접어둬도 좋다. 맛과 서비스를 고루 갖춘 〈고흥 쭈꾸미〉를 강력 추천한다.

쭈꾸미 12,000

추천메뉴

홍합탕 (기본 제공)

계란찜 5,000원

MENU

쭈꾸미 (1인분)	12,000	**주 류**		
삼겹살 (사리1인분)	7,000	소주		4,000
계란찜	5,000	맥주		4,000
볶음밥	2,000	청하		5,000
라면사리	2,000	음료		1,000

신분당선(용산-강남) 복선전철 민간투자사업 1-2공구
☆김용명 소장님 추천 맛집

002

이강인
참치도매상

📎 Info 🐟

📍 서울시 강남구 학동로4길 10,
   102호, 주차 불가

☎ 02-546-3779

₩ 점심메뉴 8,000~16,000원,
   저녁메뉴 38,000~79,000원

🕐 11:30~23:00, 일요일 휴무

🍴가성비 좋은 참치머리 전문점

　많은 참치집 중에서도 〈이강인 참치도매상〉은 참치머리를 전문으로 하는 집이다. 상호에 '도매상'을 붙였을 정도로 가격 또한 저렴해 인기가 많다. 매장이 그리 넓지는 않지만 깔끔한 내부에 호탕하고 친절한 사장님이 있는 〈이강인 참치도매상〉은 이미 동네의 유명 맛집이다.

　메뉴는 점심메뉴와 저녁메뉴로 나눠져 있어 점심에는 밥집으로, 저녁 퇴근 후에는 참치를 안주로 술 한잔 하기에 딱 맞춤인 곳이다. 가성비 좋은 참치를 편하게 즐기고 싶다면 〈이강인 참치도매상〉을 추천한다.

지라시 초밥 12,000원

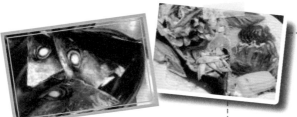

 38,000원(小)

남춘네 염창직영점
숯불닭갈비

📎 Info

📍 서울 양천구
목동중앙북로 100, 주차 가능

☎ 0507-1312-2668

🕐 16:00~01:00

🍴목동에서 닭갈비로 제일 맛있는 곳

〈남춘네 숯불닭갈비〉는 목동에 본점이 있고 추천하는 집은 염창역에 있는 직영점이다. 이 집은 맛 없는 메뉴가 없을 정도인데, 그래서인지 매장 입구 대기자 명단은 비어 있을 틈이 없을 정도로 인기가 많다.

종업원이 직접 구워주기도 하지만, 손님이 너무 많다 보니 대신 닭갈비 굽는 팁을 알려주는데, 중요한 팁은 구울 땐 자주 뒤집어줘야 한다는 것. 고기류부터 식사류까지 모든 메뉴가 우열을 가릴 수 없을 정도로 전 메뉴가 일품 맛을 자랑하는 집이다.

🍴 추천메뉴

고기류

닭갈비(300g)	12,000
닭 발(무뼈)	11,000
더덕구이(국내산)	11,000
닭 똥 집	11,000
닭 내 장	11,000

식사류

막 국 수	
쟁반막국수	5,500
잔치국수	14,000
계 란 찜	4,000
된장찌개	2,000
공 기 밥	1,000
	1,000

숯불 닭갈비
T. 2645-2668

닭갈비[소금/양념] 12,000원

황금오리농장

Info

📍 서울시 양천구 국회대로 176
☎ 02-2699-6974
₩ 9,000원(1인 메뉴)~69,000원
🕐 11:30~22:00, 연중 무휴

🍴 커다란 돌판에 푸짐하게 즐기는 오리고기집

〈황금오리농장〉은 오리소금구이, 오리양념구이 두 가지 메뉴를 주력으로 운영하는 식당이다. 소금구이는 담백하고 맛이 자극적이지 않기 때문에 남녀노소 누구나 즐길 수 있는 메뉴이고, 양념구이는 맵기가 적당하고 식사뿐 아니라 안주로도 좋다. 메뉴 구성에 치즈볶음밥과 오리탕이 포함되어 더 푸짐하게 느껴진다. 소금구이와 양념구이 반반 주문은 불가하여 한 메뉴를 다 먹고 나서 추가로 다른 메뉴를 주문해야 하며, 추가 반찬은 셀프이다.

기본 반찬 외에 소면과 팥죽, 매실차가 제공된다. 주차 공간도 넉넉하여 모임, 외식 장소로 추천한다.

추천메뉴

양념구이 48,000원

소금구이 48,000원

전농동-배봉로간 연결고가도로 건설공사
한진중공업 ☆이선철 소장님 추천 맛집

005

왕십리
제일곱창

Info

- 서울 성동구 고산자로 281, 주차 불가
- ₩ 한우대창 22,000원(250g), 모듬구이 54,000원(580g)
- 15:00~22:00, 일요일·공휴일 휴무

왕십리 곱창골목 소곱창의 성지

　곱창하면 왕십리 곱창골목을 떠올리는데 그중에서도 소곱창 맛집 중의 맛집 〈왕십리 제일곱창〉을 추천한다.

　〈왕십리 제일곱창〉 인기메뉴는 모듬구이로 2인분에 54,000원쯤하며 서비스로 순두부곱창낙지전골이 제공되는데 그 맛과 푸짐함에서 왕십리 곱창골목의 최고 맛집이라 할 수 있다. 대기 시간이 다소 길더라도 꼭 한 번 먹어봐야 하는 소곱창의 성지이니 방문을 강력 추천한다.

¶¶ 추천메뉴

순두부곱창낙지전골

모듬구이 54,000원(2인)

MENU

한우곱창 250g	26.0	소주 (이슬,처음)(진로,자몽)	5.0
한우대창 250g	22.0	맥주 (카스,테라)	5.0
양깃머리 180g	26.0	클라우드	6.0
모듬구이 580g	54.0	칭타오	7.0
(곱창1양깃+대창) (2인분)		청하	6.0
볶음밥	3.0	백세주	9.0
라면사리	3.0	산사춘	10.0
		복분자주	12.0
		매화수	6.0

※ 구이류는 중간에 추가 안됩니다.
첫주문 시 넉넉히 주문 해주세요!

서비스

또순이네

Info 🍲

📍 서울 영등포구
선유로47길 16, 주차 가능

☎ 02-2672-2255

₩ 식사류 6,000원대

🕐 11:30~22:00, 연중 무휴

🍴 냉이 듬뿍 영양 가득, 된장찌개 맛집

한우구이 맛집 〈또순이네〉다. 이 집은 고기 맛도 좋지만 된장찌개 맛이 일품이다. 일반 된장찌개와는 조금 다르게 냉이가 많이 들어 있는데, 그 덕에 된장찌개의 향이 특별하며 부추, 버섯, 두부 등 재료를 아낌없이 넣어 주인장의 정성이 느껴진다.

자박한 된장찌개를 밥에 비벼 먹으면 환상적이고 먹고 나서도 소화가 잘 되어 속이 편하다. 찌개를 화로 위에 올려서 먹기에 식사 내내 보글보글 끓는 된장찌개를 먹을 수 있다.

된장찌개 6,000원

백궁양꼬치

Info

📍 서울 강서구 강서로5나길 118, 1층

☎ 02-2605-3458

₩ 12,000~18,000원

🕐 14:00~02:00, 둘째·넷째주 화요일 휴무

🍴 양꼬치는 기본, 모든 메뉴가 맛있다!

　〈백궁양꼬치〉의 대표 메뉴인 양갈비, 양꼬치는 부드럽고 잡내가 없어 누구나 즐길 수 있는 맛이다. 대표 메뉴 외에 향라새우, 건두부볶음 같은 요리를 정통 중식 조리법으로 만들어 맛과 풍미가 뛰어나다.

향라새우 18,000원

삼겹양꼬치 12,000원

PART 2

경기

법원 설렁탕

Info

📍 경기 파주시 법원읍
술이홀로 832, 주차 가능

☎ 031-959-7045

₩ 설렁탕 8,000원/수육 20,000원

🕐 09:00~20:30

부드러운 고기, 진한 국물! 몸보신하고 싶을 때 가고 싶은 집

〈법원 설렁탕〉의 특징은 설렁탕 안에 들어 있는 고기가 정말 부드럽고 맛있다는 거다. 가격 대비 양이 푸짐하고 국물이 진국이다. 잘 꾸며놓은 정원에서 한가로이 가정집 같은 편안함을 느끼면서 몸보신이 가능한 맛집이다.

설렁탕 8,000원

수육 20,000원

제4활주로 북측지역 4-2공구 시설공사
★ 오현철 소장님 추천 맛집

원조1호 **공항마을**

Info

- 인천 중구 마시란로 46, 주차 가능
- ☎ 032-746-3004
- ₩ 간장게장 정식 17,000~27,000원, 생선구이 정식 13,000~17,000원
- 🕘 09:00~21:00, 연중 무휴

깔끔한 백반 맛집

〈원조1호 공항마을〉은 정식에 솥밥이 함께 나오는 백반집이다. 간장게장이 인기메뉴인데 자극적이지 않고 싱싱하다. 또 삼치를 비롯한 생선 구이는 적당히 잘 구워진 상태로 겉바속촉한 느낌이며 같이 나오는 간장이 기름기를 잡아준다. 솥밥 두 개를 시키면 고등어구이 한 마리를 무료로 주는 것도 장점이다.

간장게장 27,000원

삼치구이 정식 14,000원

GS건설

 003

태화산가든

Info

📍 경기 광주시 도척면
   도척로 876-35

☎ 031-798-5181

₩ 오리백숙 70,000원,
   돼지갈비 14,000원(250g),
   샤브샤브 14,000원(2인 이상)

소~돼지갈비, 육회, 오리백숙 닭볶음탕까지, 모든 고기가 다 있다!

태화산가든에서는 돼지갈비, 소갈비, 육회, 오리백숙, 닭볶음탕 등 모든 고기요리를 다 먹어볼 수 있다. 돼지갈비를 주문하면 선짓국을 제공하는데 푸짐하고 맛이 좋다. 오리백숙에는 한방약재가 들어가 보양식으로 적합하며 같이 제공되는 죽맛도 일품이다.

수제**돼지갈비** 14,000원

오리백숙 70,000원

004

해미정

📎 **Info**

📍 경기 시흥시 서촌상가2길 29,
☎ 0507-1442-7719
₩ 모듬회 중 29,000원,
　　대 45,000원,
　　특 60,000원
🕐 16:00~01:00, 연중 무휴

🍴 활어, 참치, 연어 전문점

　〈해미정〉은 활어 전문점이다. 갓 잡은 해산물로 재료가 싱싱한 것이 특징이다. 세트를 시키면 튀김, 게장, 멍게, 산낙지가 함께 나오는데 가격에 비해 양이 아주 푸짐하고 맛있다. 얼큰하고 감칠맛 나는 매운탕 역시 엄지 척! 할 만하다.

모듬회 특 60,000원　　　**물회** 30,000원

005

단풍나무

Info

📍 인천 서구 검단로379번길 31-2,
　주차 가능
☎ 032-563-5323
₩ 8,000~55,000원
🕙 10:00~22:00, 명절 휴무

🍴육개장, 오리, 닭 요리에 음료까지

〈단풍나무〉는 아늑하고 아기자기한 분위기가 느껴지는 인천의 숨은 맛집이다. 비싸지 않은 가격에 맛은 일품인데 육개장 한 그릇에 8,000원으로 부담스럽지 않고 반찬도 5~6가지나 된다. 국물이 진하고 양도 많아 자주 찾게 되는 곳이다.

서비스와 친절함은 기본이고 식후에는 매실차를 제공한다. 입구에는 같이 운영하는 카페가 있어서 차를 마시기 위해 따로 이동하지 않아도 된다는 장점도 있다.

얼큰한 국물이 먹고 싶을 때는 육개장, 맑은 국물이 먹고 싶을 때는 백개장을 추천한다. 저녁시간 방문 시에는 손님이 많아 헛걸음을 할 수도 있으니 예약이 필수이다.

🍽 추천메뉴

백개장 8,000원

육개장 8,000원

006

돈가네

Info

경기도 용인시 기흥구
동탄기흥로 712, 주차 가능

☎ 031-693-6999

₩ 7,000~32,000원

🍴 가성비 좋은 김치찌개 맛집

〈돈가네〉는 숙취해소로 얼큰한 김치찌개가 생각날 때 찾기 좋은 식당이다. 기흥IC 근처에 있어 접근성이 좋고 주차 공간이 넉넉하며 주변 식당 대비 가성비가 좋은 집이다.

계란말이 7,000원

김치찌개 7,000원

007

소나무집

📎 **Info**

📍 김포시 양촌읍 대포리
209-3번지, 주차 가능

☎ 031-981-5354

₩ 9,000~150,000원

🕐 11:00~22:00, 연중 무휴

소나무집		정식메뉴 11:00~14:00	
해 신 탕	150,000	닭곰탕+돌솥밥	10,000
한방오리/옻오리	65,000	회 막 국 수	11,000
닭 백 숙 / 옻 닭	65,000	막국수(비빔/물)	9,000
산낙지 철판볶음	80,000/60,000	돌 솥 밥	2,000
연 포 탕	80,000/60,000	소 주 4,000 복분자 15,000	
		맥 주 4,000 백세주 8,000	
문 어 숙 회	50,000	청 하 5,000 막걸리 4,000	
낙 지 탕 탕 이	30,000	음료수 2,000	

🍽 몸보신을 위한 해신탕을 먹을 수 있는 곳

〈소나무집〉은 일반적으로 접할 수 있는 닭백숙, 옻닭을 기본 메뉴로 하며 특히 몸보신의 대표 메뉴인 해신탕을 먹을 수 있다. 보양식 해신탕에는 닭과 전복 등 각종 해산물에 문어만 한 낙지 한 마리가 통째 들어가 있다. 가격은 조금 비싸지만 해신탕 한 그릇으로 5명까지 식사가 가능하다.

회막국수 11,000원

해신탕 150,000원

산들제빵소

📎 **Info**

📍 남양주시 불암산로 59번길 48-31, 주차 가능

₩ 빵 4,000~6,000원대, 브런치 8,000~12,000원대

🕐 10:30~20:00, 연중 무휴

🥄 계절마다 달라지는 숲의 풍경과 맛이 어우러지는 브런치카페

〈산들제빵소〉는 산들소리수목원 입구에 세워진 브런치 카페로 매일 구워 내는 다양한 빵의 풍미를 즐길 수 있다.

〈산들제빵소〉만의 개성이 느껴지는 브런치 음식은 산들소리수목원 전경과 어우러져 한결 더 좋은 맛을 자아낸다. 여기에 1인 1메뉴(음료 or 식사)를 이용하신 고객은 수목원을 무료로 이용할 수도 있어, 실내에서만이 아니라 산들소리수목원 곳곳에 위치한 쉼터에서 자유롭게 음식을 즐길 수 있다. 그 맛 또한 각자의 감성에 따라 플러스알파를 제공. 주차 공간도 넓어 편하게 이용할 수 있다. 숲속 나무 내음과 브런치를 즐길 수 있는 별내동 맛집이다.

🍴 추천메뉴

생크림 크로와상 5,000원

포테이토 에그 빠네 12,000원

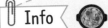

009

오늘 손두부

Info

📍 경기 용인시 처인구 포곡읍
성산로 629, 주차 가능

☎ 031-335-2003

₩ 7,000~20,000원

🕐 11:00~21:00, 월요일 휴무

두부요리 전문점

평범하고 익숙하면서도 자극적이지 않은 음식이 생각나면 찾게 되는 두부 전문점
〈오늘 손두부〉이다. 새콤하고 매콤한 두부김치, 제육볶음과 함께 먹는 고소한 두부 그
리고 시골집에서 먹는 것 같은 된장국과 비지찌개가 일품인 〈오늘 손두부〉를 주저 없
이 추천한다.

두부보쌈 35,000원

제육직화정식 15,000원

금호건설 | 이천오산2공구
★김근우 소장님 추천 맛집

010

삼미당 막국수

Info

- 경기도 용인시 석성로 886, 주차 가능
- ☎ 031-339-3150
- ₩ 막국수 9,000원
- 🕐 11:00~21:00(15:00~16:30 브레이크타임, 20:00 주문 마감), 일요일 휴무

메밀의 참맛을 느낄 수 있는 정통 막국수집

〈삼미당 막국수〉는 적당한 가격대로 메밀의 참맛을 느낄 수 있는 막국수를 먹을 수 있는 집이다. 막국수에 감자전을 함께 곁들이면 든든하고 건강한 한끼가 된다.

계절 별미로 직접 만든 손만두 전골과 만둣국도 있는데 막국수와 함께 만두 요리를 맛볼 수 있는 것도 〈삼미당 막국수〉를 추천하는 이유다.

감자전 14,000원

막국수 9,000원

011

에덴농장

Info

📍 경기 김포시 고촌읍 장곡로 74
☎ 031-986-4314
₩ 40,000~70,000원
🕐 11:00~21:30, 연중 무휴

정겹고 편안한 백숙 전문점

〈에덴농장〉은 찾아가는 길부터 정겹다. 식당 초입 풀과 나무들 사이로 난 흙길을 지나는 동안 마치 시골에 온 듯한 정취와 산 내음이 느껴져 벌써 마음이 편안해진다.

대표 메뉴인 능이백숙을 비롯해 오리백숙, 오리불고기까지 맛은 말할 것도 없고, 야외 하우스를 개조한 투박한 식당의 분위기가 최고다. 여럿이 옹기종기 모여 정도 나누고 든든한 백숙으로 보양도 할 수 있다. 몸과 마음을 맛과 정으로 채워주는 곳, 〈에덴농장〉을 적극 추천한다.

송산서측연결도로TF 현장
☆정선영 소장님 추천 맛집

012

제부도 경하네

📎 **Info**

📍 경기도 화성시 서신면 송교리 377-13, 주차 가능

☎ 031-356-4953

₩ 8,000~30,000원

🕐 08:00~22:00

🍴 가성비 높은 굴 구이 무한리필 집

신선한 굴을 저렴한 가격에 마음껏 먹을 수 있는 곳이 바로 〈제부도 경하네〉이다. 굴 구이 무한리필 집! 〈제부도 경하네〉 가게 내부는 아날로그 감성을 자아내는 인테리어로 꾸며져 있다. 감성 만점 제부도에서 1인당 10,000원의 저렴한 가격으로 제철 굴을 무한으로 즐길 수 있는 곳, 〈제부도 경하네〉를 추천한다.

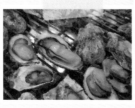

굴구이 10,000원(2인 이상)

이배재장어

📎 **Info**

📍 경기도 광주시 이배재로
451번길 14, 주차 가능
☎ 031-765-3451
₩ 장어 33,000원(1인)
🕐 12:00~21:30, 일요일 휴무

🍴 감칠맛 나는 숯불 장어 구이집

경기 성남과 광주를 잇는 고개인 '이배재'를 넘는 길목에 자리하고 있는 〈이배재장어〉. 40여 년 넘게 팔당댐 인근에서 장어·매운탕 집을 운영하신 부모님의 노하우를 전수받아 지금의 주인장이 1995년부터 20년 넘게 운영하고 있다.

이곳의 가장 큰 특징은 주인장이 손수 참숯에 장어를 굽는다는 것인데, 그 덕분에 연기가 옷에 밸 걱정 없이 손님들은 노릇노릇 잘 익은 장어구이를 맛볼 수 있다. 직접 만든 양념장 맛이 일품인데 이 양념에도 역시 부모님 때부터 이어져온 비법이 담겨 있다. 장어 본연의 맛을 해치지 않는 은은하면서도 감칠맛이 나는 양념이 식욕을 한층 돋운다.

추천메뉴

갈등의 마 **이 배 재 장 어**

국내산			주류	
장어 대1마리	33,000원		소 주	4,000원
	(1인분)		백 주	4,000원
국내산 매기			청 하	5,000원
매운탕	대	60,000원	백세주	6,000원
※ 3~4인 기준	중	50,000원	매취순	12,000원
※ 2~3인 기준	소	40,000원	복분자	12,000원
식사류			음료수	2,000원
비빔국수		5,000원		
공기밥		1,000원		
된장찌개		2,000원		

저희업소에서는 국내산을 사용합니다. 단, 생강은 수입(중국)산을 사용합니다.
OPEN 12:00   CLOSE 9:30

장어 33,000원(1인)

송쉐프

📎 **Info**

📍 경기도 평택시 고덕면 고덕여염
   10길 132 1층, 주차 가능
☎ 031-662-1178
₩ 식사류 7,000~16,000원
🕐 11:00~22:00, 명절 휴무

🍴 자장면 천국이 바로 여기!

일반 자장면과 달리 볶음자장처럼 면에 소스가 담겨져 있고, 큼직한 고기의 식감이 일품이다. 야채 또한 금방 볶아낸 듯 숨이 살아있고 재료 본연의 신선한 맛이 느껴진다. 칼칼한 국물에 불향이 느껴지는 옛날짬뽕과 밥알이 고슬고슬하게 살아있는 옛날 볶음밥도 별미다.

자장면 7,000원

옛날볶음밥 8,000원

015

영산포

Info

📍 경기도 화성시 풀무골로
106번길 15, 주차 가능

☎ 031-375-0344

₩ 남도한상 300,000원(4인)

🕐 10:00~22:00, 연중 무휴

🍴 수도권에서 만나기 힘든 남도음식점

화성시 중동에 위치한 〈영산포〉는 내부가 요즘 식당들의 신식인테리어와는 거리가 먼 90년대 가정집처럼 느껴진다. 들어서면서부터 풍겨오는 푸근하고 정겨운 시골집에서 갖가지 나물부터 갈치구이, 민어회, 홍어삼합으로 이어지는 3연타는 전라도 어느 맛집에 와 있는 듯한 착각에 빠지게 한다.

남도한상 200,000원

016

거목산장

📎 Info

📍 경기도 안성시 양성면
도곡길 34-15, 주차 가능

☎ 031-673-9981

₩ 13,000~55,000원

🕐 11:00~21:00,
매주 일요일 휴무

즉석 솥굴밥과 굴전이 맛있는 집

〈거목산장〉은 안성에 위치한 굴요리 전문점이다. 기와집을 개조한 식당의 실내는 마치 주막을 연상시키는 예스러운 분위기를 자아낸다.

대표 메뉴로는 굴밥과 굴전이 있는데 굴요리 전문점답게 신선한 굴을 듬뿍 넣어 굴전은 빼곡이 굴로 채워져 있다. 굴의 풍미로 바다 맛을 제대로 느낄 수 있으며, 정갈하고 맛있는 반찬도 다양하게 나와 만족한 웃음이 절로 지어진다.

〈거목산장〉은 생굴로만 요리하기 때문에 예약을 하고 방문하기를 권한다.

🍴 추천메뉴

굴전 23,000원

굴밥 13,000원

017

대추나무집

> **Info**
>
> 👤 인천 계양구 드림로 672-8, 주차 가능
> ☎ 032-519-2931
> ₩ 40,000~50,000원
> 🕐 12:00~22:00

🍴 민물매운탕 전문점

〈대추나무집〉 빠가사리 매운탕은 민물매운탕 중에서 국물이 가장 좋다고 알려져 있다. 신선한 민물새우를 듬뿍 넣어 민물매운탕 특유의 비린내가 없는데, 민물새우가 매운탕의 시원한 맛을 배가시켜주기에 가능한 맛이다. 빠가사리 매운탕은 언뜻 걸쭉한 국물이 살짝 매워 보이기도 하지만 먹어보면 맵기보단 칼칼하고 담백하다.

빠가사리를 비롯 민물새우, 감자, 수제비, 대파, 쑥갓, 깻잎 등이 푸짐하게 들어가 있고, 특히 빠가사리는 선도가 좋아서 살이 아주 부드럽다. 민물매운탕이 생각나면 무조건 고고!

새우전 10,000원

추천메뉴

참게매운탕 40,000원

대우건설 과천지식정보타운 지구조성 현장
★정영석 소장님 추천 맛집

도깨비를 물리친
농부네 수제갈비

> **Info**
>
> 📍 경기도 과천시 새빛로 25,
> 주차 가능
>
> ☎ 02-504-7233
>
> ₩ 수제돼지양념갈비
> 16,000원(280g)
>
> 🕐 11:30~21:30, 연중 무휴

🍴 눈과 입이 즐거운 감성 수제갈비집

〈도깨비를 물리친 농부네 수제갈비〉는 청계산 등산로 입구 앞에 위치해 있다. 식당 내부는 고급스런 한옥풍으로, 실외 공간에는 아담한 분수와 화초로 꾸민 넓은 정원을 조성해 놓았다. 여기에 LED 전구를 설치해 놓아 밤이면 낮과는 또 다른 감성을 자아낸다. 눈과 입이 즐거운 감성 맛집!

갈비 맛이 일품인데 100% 국내산 생갈비만을 사용하고 있으며, 3대째 이어오는 비법 양념으로 72시간 숙성한 고기를 내온다. 기성 양념갈비 맛이 아니라 수제갈비 명성에 걸맞은 매콤 달콤하면서도 고소하고 고기육즙과 양념의 조화가 특별해 여느 갈비와 비교 불가다.

🍴 추천메뉴

양념소갈비 25,000원(250g)

수제돼지생갈비 17,000원(220g)

수제돼지양념갈비 16,000원(280g)

고기류		점심 특선 (평일 3시까지)	
수제돼지 양념갈비 (280g) - 100g당 5.7그램	₩16,000	소양념 갈비(280g) + 수제 함흥냉면	₩25,000
수제돼지 생갈비 (220g) - 100g당 7.7그램	₩17,000	수제 함흥냉면	₩8,000
소 양념갈비 (250g) - 100g당 10,000	₩25,000	한쪽상 소고기 토양꽝	₩6,000
소 생갈비 (250g) - 100g당 12,000	₩27,000	전통 맛 된장쌔게	₩7,000
한우육회 (250g) - 100g당 12,000	₩19,000	소양념에 수제냉면 세트(5~9시)	₩9,900
후식		식사 메뉴 (주말, 평일 저녁)	
수제함흥냉면 (일/저녁)	₩6,000	한쪽상 소고기 토양꽝	₩10,000
오이비빔 열만냉면	₩9,000	전통 맛 된장쌔게	₩8,000
후식환장비빔(유산균야자)	₩3,000	수제 함흥냉면 (일/저녁)	₩9,000
공기밥	₩1,000	한쪽산 마늘 열반꽝	₩12,000
주류 음료	소주	₩4,500	청비/예탁수	₩3,500	국천사	₩12,000
	맥주/소주친로	₩5,000	김요오	₩6,000	송로수	₩2,000

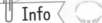

만화 간장게장

📎 Info

📍 경기도 의정부시 고산로 309,
　주차 가능

☎ 031-843-0627

₩ 25,000~40,000원

🕐 11:00~21:00(20:30 주문 마감),
　연중 무휴

🍴 간장게장 전문점

꽃게로 담근 간장게장은 타우린 성분이 풍부해 콜레스테롤 수치를 낮추고 피를 맑게 만들어주는 효과가 있어 순환계 질환을 앓고 있는 사람들에게 좋은 음식으로 알려져 있다.

의정부 〈만화 간장게장〉은 이런 간장게장을 가장 만족스럽게 먹을 수 있는 곳이다. 알을 잔뜩 배고 있는 싱싱한 암꽃게의 살이 실하고 게살의 질감 하나하나가 느껴지며, 짜거나 비리지 않고 게살 자체의 단맛을 느낄 수 있다. 특히 함께 제공되는 따뜻한 돌솥밥 한 숟가락을 등딱지에 비벼 먹고 입가심으로 누룽지를 먹으면 사람들이 왜 간장게장을 밥도둑이라고 하는지 알 수 있다. 따뜻한 돌솥밥과 밥도둑 간장게장의 찐 조합을 느껴보시라.

추천메뉴

꽃게탕 25,000원

간장게장 30,000원

사라굴밥

Info

📍 시흥시 오이도9길 18, 주차 가능
☎ 0507-1402-2251
₩ 16,000~40,000원
🕙 10:00~21:00, 일요일 휴무

바다 내음 나는 솥밥과 해산물 식당

오이도의 〈사라굴밥〉은 바다 내음을 맡으면서 식사를 즐길 수 있는 곳이다. 오이도의 운치를 느끼며 굴밥과 싱싱한 해산물을 함께 맛볼 수 있다. 다양한 정식과 코스가 있어 취향에 따라 선택할 수 있다. 이미 맛과 운치로 명성이 높아 평일 점심에 방문해도 자리가 없을 정도다. 예약이 필수인 맛집이다.

굴밥 16,000원

기본반찬

021

산수정

Info

📍 경기도 여주시 금사면
이여로 1397-8, 주차 가능

☎ 031-884-7174

₩ 20,000~50,000원대(1인 기준)

🕐 11:00~20:00,
둘째·넷째주 수요일 휴무

🍴 남한강변 신선한 민물고기 전문점

남한강이 인접하여 신선한 민물고기를 접할 수 있다. 가장 인기가 많은 메뉴는 잡고기 매운탕으로 메기, 동자개, 모래무지, 피라미 등 여러 가지 민물고기가 들어가 국물 맛이 시원하고 깔끔하다. 매운탕과 함께 나오는 반찬들도 조미료를 쓰지 않아 담백하고 맛있다. 인원수에 맞춰서 솥에 밥을 지어 제공되는데 쌀이 유명한 여주라 그런지 밥맛이 특히 좋다.

잡어탕 20,000원

백합칼국수

 Info

📍 인천광역시 서구 금곡동
242-23, 주차 가능

☎ 032-562-8980

₩ 10,000~15,000원

🕐 10:30~22:00, 월요일 휴무

🍴 푸짐한 백합과 쫄깃한 생면 맛이 일품!

검단 칼국수 맛집 〈백합칼국수〉는 백합을 먼저 육수에 끓여서 일단 백합을 건져 먹은 다음에 칼국수 사리를 넣어서 먹는다. 백합이 싱싱하며 실하고, 곁들여 먹는 김치맛이 정말 좋다. 쫄깃한 생면과 푸짐한 백합, 채소의 조합이 깔끔하고 시원한 백합칼국수는 아이들이 먹기에도 좋아서 온 가족이 함께할 수 있는 외식메뉴로 추천한다.

백합칼국수 10,000원

🍴 추천메뉴

"산낙지"

백합탕, 칼국수에 넣어드시면 최고!!

- 메 뉴 -

백합 칼국수		10,000
백합 탕 (2인이상)	(1반)	15,000
모듬조개 칼국수		15,000
모듬조개 샤브 (2인이상)	(1반)	20,000
산낙지 볶음 (2인이상)	(1반)	15,000

백합탕 15,000원(2인 이상)

023

송도식당

Info

📍 인천 연수구 한나루로
196번길 8, 주차 가능

☎ 032-832-7650

₩ 10,000~25,000원

🕐 11:00~21:00

🍽 낙지연포탕으로 이름난 35년 맛집

해장(解酲)은 두 가지 뜻이 있다. 전날 과하게 마신 술로 상한 속을 푸는 뜻으로 두루 쓰이지만, 술을 조금씩 마시며 거북한 속을 다스리는 것도 의미한다. '술로 술을 푼다.' 보통 사람들은 가까이할 수 없는 술꾼들의 유난스러운 행동이 아니다.

식당 주인이 내온 해장국이 얼큰하거나, 시원하거나, 깔끔하다고 느껴지면 누구나 반주를 곁들일 수 있다. 낙지연포탕으로 이름난 〈송도식당〉은 인천에서 해장의 두 가지 요구를 모두 충족할 수 있는 식당 중 하나다. 끝내주는 국물 맛, 35년 전통의 〈송도식당〉을 강력 추천한다.

🍴 추천메뉴

산낙지 볶음 18,000원

산낙지 연포탕 18,000원

송 도 식 당	
산낙지연포탕 (1인분) 18,000	중국산 냉동
산 낙 지 탕 (1인분) 18,000	낙 지 덮 밥 (1인분) 10,000
산 낙 지 볶 음 (1인분) 18,000	낙지해장국 (1인분) 10,000
산 낙 지 회 18,000	낙 지 볶 음 25,000
산낙지탕탕이 18,000	라 면 사 리 1,000
	칼국수사리 2,000
※ 쌀(국내산) / 배추김치(국내산) / 고춧가루(국내산)	

024

여기 있소
먹고 가소

📎 Info

📍 경기도 수원시 팔달구
   창룡대로 94, 주차 가능

☎ 031-241-1940

₩ 한우T본스테이크 89,000원(600g),
   한우생갈비 58,000원(450g)

🕐 12:00~21:30, 일요일 휴무

신선한 한우생갈비 전문점

〈여기 있소 먹고 가소〉는 수원화성 인근에 있는 한우생갈비 전문점으로 신선한 고기를 저렴한 가격에 먹을 수 있다.

주차는 주간에는 식당 근처 차로변에 2~3시간 가능하고 야간에는 맞은편 수원화성 주차장을 이용할 수 있는데 주차료는 식당에서 지원한다. 특히 저녁 시간에 수원화성 야경을 보며 운치 있는 식사를 여유 있게 즐길 수 있는 곳으로 강력 추천한다. 예약은 필수다.

🍴 추천메뉴

한우T본스테이크 89,000원(600g)

한우생갈비 58,000원(450g)

여기있소
먹고가소

한우갈비전문

서울가든

📎 **Info**

📍 경기도 안성시 공도읍
　서동대로 4067, 주차 가능

☎ 031-691-4067

₩ 26,000~92,000원

🕐 11:30~22:00, 일요일 휴무

🍴고급 한우갈비, 양념돼지갈비가 맛있는 곳

　　〈서울가든〉은 안성에 위치한 1200평 규모의 한옥 숯불구이 전문점이다. 가격은 조금 부담되지만 고기의 육질이 좋고 다양하고 맛있는 반찬들이 나와 아깝지 않다. 정말 고급진 한우를 즐기고 싶다면 〈서울가든〉을 추천한다. 한우가 부담스럽다면 한돈 양념 돼지갈비도 있어 부담 없이 〈서울가든〉의 풍미를 맛볼 수 있다.

한우갈비살 68,000원

한돈양념갈비 26,000원

숯불에닭 당하본점

📎 Info

📍 인천 서구 청마로167번안길 7

☎ 032-563-3132

₩ 양념닭갈비(2인분 기본) 12,000원,
   소금닭갈비(2인분 기본) 12,000원

🕐 16:00(대략)~01:00, 일요일 휴무

🍴참숯불의 풍미를 느낄 수 있는 닭갈비 맛집

미리 양념에 재우지 않고 국내산 생닭 다리살로 주문과 동시에 숯불로 초벌해 낸다. 생닭을 바로 구워내다 보니 본연의 육질과 육즙이 살아있어, 특히 더 담백한 풍미를 느낄 수 있다. 기본 반찬으로는 다양한 절임류와 콩나물국, 계란찜 등이 제공되는데, 양파절임에 고기를 함께 싸 먹는 쌈맛이 일품이다.

양념닭갈비 12,000원(2인 이상)

📎 **Info**

📍 경기 양주시 청담로 303,
주차 가능

☎ 031-868-1237

₩ 옛날육개장 8000원

🕐 08:00~18:00,
설·추석 연휴 휴무

이조명가

🍴 진한 사골국물 베이스의 옛날육개장, 양주의 숨은 맛집

〈이조명가〉는 차량을 이용해 방문하지 않으면 찾기 힘든 곳이지만, 양주 시민들 사이에선 손꼽히는 맛집이다. 식사 메뉴로는 육개장이 기본인데 사골국물 베이스 국물은 면이든 밥이든 무엇을 넣어 먹어도 맛있다.

빨간 국물이 맵거나 자극적이지 않고 얼큰하고 구수하다. 식당 주방 카운터 앞에 "저희집 육수는 보약입니다."라는 문구가 써 있는데 정말 보약 한 사발을 먹은 느낌이 난다. 칼국수, 밥까지 제공하면서 가격도 8,000원. 8,000원에 보약 한 사발이면 그야말로 착한 가격! 추천하지 않을 수 없는 양주의 숨은 맛집이다.

추천메뉴

육개장칼국수 8,000원

풍곸가든

📎 **Info**

📍 경기 김포시 고촌읍 풍곡로 89,
   주차 가능
☎ 031-985-8215
₩ 양갈비 26,000원(250g)
🕐 11:30~22:00, 명절 휴무

🍴양고기와 흑염소를 함께 즐길 수 있는 맛집

최근 양고기 프랜차이즈가 비교적 많아지면서 양고기를 접할 기회가 많아졌다. 하지만 서울 근교에서 특별한 분위기와 맛을 원한다면 〈풍곡가든〉 방문을 추천한다. 오래된 한옥이 풍기는 정겹고 편안한 분위기와 고향 인심과 맛을 느끼게 할 정도의 밑반찬들이 최고다.

양갈비 소스가 일반 체인점과는 다른 독특한 맛으로 풍미를 더하며, 양고기 구이뿐만 아니라, 흑염소 전골 요리를 즐길 수 있는 점도 이 집만의 장점. 주차 공간도 여유가 있어 소규모 모임 장소로도 추천한다.

🍴 추천메뉴

양갈비 26,000원

흑염소전골 26,000원

별내선(암사-별내) 복선전철5공구 건설공사
☆홍종상 소장님 추천 맛집

029

홍헤야

📎 **Info**

📍 경기도 남양주시 진접읍
금강로 1553-19

☎ 031-527-8114

₩ 일등급홍어회 국산
105,000원(中)

🕐 12:00~22:00,
일요일 저녁 휴무

깔끔한 홍어 요리의 끝판왕

홍어를 좋아하시는 분들, 홍어를 잘 못 드시는 분들도 모두 다 만족할 수 있는 홍어 요리의 끝판왕 〈홍헤야〉. 삭힌 정도에 따라 강하게 삭힌 것, 중간 정도, 삭히지 않은 것 중 원하는 대로 주문이 가능하다.

일등급 국내산 홍어를 시키면 홍어 코와 입, 홍어애, 꼬리, 갈비, 홍어전 등 다른 곳에서는 맛볼 수 없는 특수 부위도 서비스로 제공된다. 또 메인 메뉴를 선택하면 메뉴판에는 없는 홍어탕 소(小)자 주문도 가능하다.

추천메뉴

일등급홍어회
주문 시 특수부위 서비스

일등급홍어회 국산 105,000원(中)

홍어탕 105,000원(中)

양촌가든

📎 **Info**

👤 경기도 안성시 서운면
서운로 364-2, 주변 주차

☎ 031-672-9585

₩ 흑염소전골 22,000원(1인)

🕐 11:00~21:00, 첫째·셋째주
월요일 휴무

🍴 흑염소 요리가 맛있는 집

도심에서 벗어나 한적한 안성에 위치한 〈양촌가든〉은 처음 가게 문을 연 1994년부터 지금까지 흑염소 요리를 고수하고 있는 정통 흑염소 맛집이다. 고기 누린내가 없어 먹기 좋고, 보양이 필요할 때면 늘 생각나는 맛집! 식당 뒤편 텃밭에서 직접 재배한 신선한 채소를 버무린 흑염소전골과 흑염소무침을 추천한다.

흑염소전골 22,000원 (1인)

흑염소무침 22,000원 (1인)

031

임금님 쌀밥집

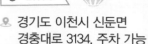

📎 **Info**

📍 경기도 이천시 신둔면
경충대로 3134, 주차 가능

☎ 031-632-3646

₩ 13,000~50,000원

🕐 10:30~21:30

🍴맛있고 정갈한 이천 한정식집

쌀의 명산지 이천하면 쌀밥집을 찾게 되는데 〈임금님 쌀밥집〉은 규모는 비교적 작지만 상차림에 정성이 보이고 상대적으로 번잡함이 적다. 무엇보다도 돌솥밥과 곁들여지는 반찬들의 깊은 맛이 좋다.

보리굴비정식 29,000원

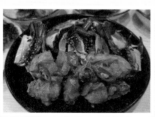

간장게장 35,000원

대우건설 | 대곡소사복선전철4공구
☆정재훈 소장님 추천 맛집

032

팽오리농장

Info

📍 경기도 부천시 대장로 118번길 7, 주차 가능

☎ 032-678-5196

₩ 42,000~48,000원

🕐 11:10~21:00, 연중 무휴

🍴 30년 전통의 오리요리 전문점

30년 전통의 오리요리 전문점이다. 오리주물럭은 커다란 판 아래 연탄불을 넣고 각종 야채들과 함께 푸짐하게 제공되는데 추가로 야채사리(부추)를 시켜서 오리고기와 함께 싸 먹으면 입안에 부추향이 은은하게 퍼지는 맛이 일품이다. 매콤한 양념의 오리고기를 먹다 보면 술이 술술 넘어가는 맛집. 밥을 볶아 김치와 함께 곁들여 먹으면 그 맛 또한 환상이다.

볶음밥 2,000원

뼈없는 오리 42,000원(1마리)

033

박씨네 추어탕

Info

📍 경기 고양시 덕양구 통일로
542번길 5-20, 주차 가능

☎ 031-963-8440

₩ 임금님 영양밥추어탕 19,000원

🕐 09:30~21:30(16:00~17:00
브레이크타임) 명절(전일, 당일)
휴무

🍴 30년 전통의 추어탕 맛집

식당 건물이 꽤 오래되었음에도 불구하고 식당 위생 상태도 전반적으로 깨끗하고 아기자기하며, 식당 앞 주차장도 넓다. 시골 흙내음도 맡을 수 있어서 방문할 때마다 정겨움이 느껴지는 곳이다.

〈박씨네 추어탕〉 매운탕은 전혀 추어탕 같은 느낌이 들지 않고 진하고 개운한 맛이 나므로 남녀노소 누구나 즐길 수 있다. 특히 이 집의 특별함은 강황영양밥으로 돌솥밥에 네 가지 쌀과 강황이 들어갔다고 하는데 밥 하나에도 주인의 정성이 느껴진다. SBS '생방송 투데이' 최고의 추어탕 맛집 4위에 오른 30년 전통의 추어탕 맛집이다.

시골식당

Info
- 경기도 구리시 검배로 15번길 25
- ☎ 031-551-1113
- ₩ 동태탕 18,000(2인)
- 🕐 10:30~21:00, 일요일 휴무

🍴 소박한 얼큰 시원 동태탕!

〈시골식당〉은 이름처럼 정겨운 식당이다. 시원한 국물과 소박한 밑반찬이 맛깔나고, 푸짐히 들어간 알과 동태를 먹는 맛이 그만이다. 세대 간 공감을 높이고 행복한 추억을 만들 수 있는 장소이다. 얼큰한 동태탕만으로도 밥 두 공기는 뚝딱이다. 맛있는 식사 후 인근 구리타워 야경 감상은 덤이다.

035

청목장어

📎 Info

📍 경기도 양평군 양서면
   양수로111, 주차 가능

☎ 031-773-6668

₩ 13,000~68,000원

🕐 10:30~21:00, 마지막 주 월요일
   휴무

📍세미원 옆 아주 특별한 장어집

〈청목장어〉는 세미원 주차장 옆에 위치하여 세미원 관람 후 방문하기 편리하며, 장어, 지리산흑돼지 오겹살, 돼지갈비 등을 팔고 있으나 특히 장어와 지리산흑돼지가 대표 메뉴이다. 그 외 특별히 연근제육쌈밥이 있으며 깻잎, 상추, 미나리 등 유기농 야채를 직접 농사지어 무한으로 제공한다.

장어 68,000원

지리산흑돼지 오겹살 15,000원

DL E&C

036

초리골 초계탕

📎 Info

👤 경기도 파주시 법원읍
　초리골길 110, 주차 가능

☎ 031-958-5250

₩ 초계탕 36,000원(2인)

🕐 11:00~16:30, 수요일 휴무

🥄 얼음동동 시원담백한 보양식 초계탕

〈초리골 초계탕〉은 40년 전통의 원조 초계탕 맛집으로 늘 줄을 서서 기다려야 하는 식당이다. 식초와 겨자로 간을 해 새콤하고 톡 쏘는 차가운 육수에 과일, 야채, 견과류 등과 잘게 찢은 닭을 넣은 초계탕 맛이 일품이다. 여름 별미로 메밀국수도 넣어서 먹을 수 있다.

초계탕 36,000원(2인)　　**물막국수** 7,000원

문성5호 2호점

Info

📍 경기 시흥시 오이도로 231,
주차 가능

☎ 031-433-2996

₩ 민어탕 20,000원(2인 이상)

🕙 10:00~20:00, 연중 무휴

민어탕 (국내자연산) 1인	20,000원	소 주	4,000
잡어탕 (국내자연산) 1인	15,000원	백 주	4,000
		막걸리	4,000
민어회 (국내자연산) 1인 (2인 이상)	15,000원	청 하	5,000
추가 : 박대, 간장게장 12,000원		복분자	12,000
회 : 국내산 / 김치 : 국내산 (배추김치) / 고추 : 국내산		음료수	2,000
박대 (반건조) 10미 33,000원		★매운탕 포장판매★	

🍴자연산 민어 요리 전문점

여름 보양식으로 유명한 국내산 자연산 민어를 주메뉴로 하는 흔치 않은 식당이다. 푹 우러난 육수가 진국인 매운탕은 비린 맛이 전혀 없고 몸보신과 해장으로 딱 맞춤이다. 밑반찬으로 나오는 박대구이는 민어탕만큼이나 인기가 있어서 박대 맛을 잊지 못해 찾는 이들도 많다. 부레회도 고소하고 쫀득한 식감을 자랑한다. 껍질째 썰어 나오는 뱃살과 입안에서 사르르 녹아 없어지는 민어살 맛이 일품이다.

민어회 15,000원(2인 이상)

민어탕 20,000원(2인 이상)

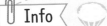

동탄 곤드레

📎 **Info**

📍 경기도 화성시 석우동
  삼성1로 84, 주차 가능

☎ 031-8003-3661

₩ 곤드레 나물밥 11,000원

🕐 11:00~21:00

🍴정갈하고 건강한 한상차림

곤드레나물은 강원도 평창과 정선의 고랭지에서 자생하는 산채로 맛이 담백하고 부드러우며 향이 독특한 것이 특징이다. 지혈, 소염, 이뇨작용 및 당뇨와 고혈압, 혈액순환 개선 등 성인병에 매우 좋은 음식이다. 〈동탄 곤드레〉에서는 강된장이나 간장 소스로 밥을 비빈 후, 김에 싸서 먹으면 맛있고 건강한 한끼 식사를 할 수 있다. 곁들여 먹을 수 있는 새우장과 부추전도 이 집의 별미이니 같이 맛보기를 추천한다.

부추전 10,000원

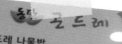

곤드레 나물밥 11,000원

곤드레 나물밥	11,000
곤드레밥+간장꽃게장	35,000
부 추 전	10,000
새 우 장	10,000
제육볶음	10,000
곤드레 나물밥(포장)	7,000
간장꽃게장3마리(포장)	60,000
새우장12마리(포장)	20,000
객 주 4,000	소주 4,000
막걸리 4,000	음료 2,000

새우장 20,000원(포장)

길조

📎 Info

👤 경기 양평군 강상면 독배길 32-25, 주차 가능

☎ 031-774-7020

₩ 정식 32,000원

🕐 12:00~21:30, 월요일, 명절 휴무

🍴 일본 전통 료칸을 재현한 남한강변 명물

일본 전통 료칸을 재현한 〈길조〉 일식당은 남한강변 전망으로 운치와 맛을 함께 즐길 수 있는 맛집이다.

정갈한 일식 코스요리는 계절과 날씨에 따라 달라지는 남한강의 절경과 어우러져 먹는 즐거움과 보는 즐거움을 함께 제공한다.

코로나로 답답한 요즘 이국적인 건물 외관을 배경으로 찍은 사진으로 추억 한 장을 남길 수도 있을 것이다.

사시미코스 59,000원

040

모란의 뜰

📎 **Info** 🍲

📍 경기도 화성시 금곡로 231-10,
주차 가능

☎ 031-377-6787

₩ 10,000~45,000원

🕐 10:30~22:00, 연중 무휴

🍴친절하고 맛있는 고깃집

〈모란의 뜰〉은 이름처럼 편안하고 친절한 곳이다. 일반 식사와 육류 메뉴로 구성되어 있는데, 육류 중 돼지고기는 선진포크를, 소고기는 채끝, 안창, 꽃살 부위의 1⁺⁺ 등급으로만 사용하여 신선하고 질이 높다. 밑반찬 대부분 제철 재료들로 직접 만들어 낸다. 정성 가득한 집밥이 생각난다면 이 집을 추천한다.

갈비탕 10,000원

안창살, 꽃살 45,000원(150g)

장안면옥

📎 Info 🍜

📍 경기도 평택시 어인남로 40

☎ 031-655-3128

₩ 냉면 8,000~9,000원,
   왕만두 6,000원, 수육 21,000원

🕐 10:30~20:30, 명절 휴무

🥄 면과 고명이 정갈한 평양냉면 맛집

<장안면옥>은 면과 고명이 정갈한 냉면 맛집이다. 동치미 육수 맛이 조금 약하게 느껴질 수 있으나 그 깊은 맛을 보고 난 후엔 집으로 돌아와서도 한 번씩 생각이 안 날 수 없다. 면발은 전분이 꽤 들어간 스타일로 편하게 즐길 수 있다. 평양식과 함흥식 냉면을 선택해서 먹을 수 있고 백김치와 무김치를 취향에 맞게 곁들여 먹을 수 있다.

차 림 표

냉　　　면	8,000원
사　리	4,000원
비 빔 냉 면	8,000원
회 냉 면	9,000원
비(회)사리	4,500원
함흥식 물 냉면	8,000원
함흥식 비빔냉면	8,000원
쟁 반 냉 면	17,000원
제육무침(사리포함)	19,000원
수육무침(사리포함)	21,000원
홍 어 회	21,000원
모둠무침(사리포함)	45,000원
녹두빈대떡	8,000원
왕 만 두	6,000원

042

참치가

 Info

📍 경기도 광명시 일직로
12번길 11, 주차 가능

☎ 02-6949-6355

₩ 참치회 28,000~120,000원

🕐 평일 11:00~24:00

🍴 최고의 가성비와 퀄리티, 참치 전문점

KTX 광명역 인근에 위치한 〈참치가〉는 참다랑어(VIP 코스 기준)를 강남 대비 40~50% 저렴하게 먹을 수 있는 곳이다. 무한리필 맛집으로 대식가인 참치 매니아라도 만족할 정도로 참치를 마음껏 먹을 수 있다. 추천메뉴는 VIP코스! 배꼽살, 오도로, 중도로, 가마살을 제공하며 참치대가리(빅아이) 특수 부위도 맛볼 수 있다.

VIP코스 55,000원

산마루

📎 Info 🥘

📍 인천광역시 계양구
   둑실안길 16, 주차 가능
☎ 032-552-5233
₩ 50,000~120,000원

🥄 옻닭과 염소탕을 동시에

보양 음식으로 자주 찾는 옻닭과 염소탕 중 선택해서 맛을 볼 수 있는 맛집이다. 염소탕은 예로부터 왕실에서도 즐겨 먹던 요리로 특히 조선시대 두 번째로 장수한 왕 숙종의 보양식으로 유명하다. 남성에게는 양기를 북돋아 주어 스태미나에 좋고, 여성에게는 미용, 노화방지, 기미 제거에 효과적인 것으로 알려져 있다.

〈산마루〉에서는 염소탕을 잡내 없이 담백하게 먹을 수 있는데 염소탕에 거부감이 있는 분들에게는 옻닭을 추천한다.

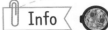
044

소문난
대구왕뽈찜

Info

📍 수원시 장안구 송죽동
277-21, 주차 가능

☎ 031-241-7050

₩ 해물대구뽈찜 59,000원(大)

🕐 10:30~22:30, 연중 무휴

🍴 매콤한 찜 요리 맛집

대구뽈찜 59,000원(大)

〈소문난 대구왕뽈찜〉은 시원한 국물의 해물대구뽈지리, 해물대구뽈탕, 해물아구지리, 해물아구탕을 비롯하여 매콤하면서 담백한 해물대구뽈찜, 해물아구찜, 해물쭈꾸미, 고니해물찜 등 다양한 해물요리를 선보이고 있다. 대구찜의 명가 〈소문난 대구왕뽈찜〉에서 매콤한 대구찜의 진수를 맛보길 권한다.

해물아구탕 59,000원(大)

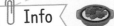

045

천지연

Info

📍 인천 연수구 첨단대로 80, 주차 가능

☎ 032-822-8212

₩ 11,000~56,000원

🕐 11:30~22:00, 연중 무휴

된장찌개가 맛있는 갈비명가

인천 송도국제도시 5공구에 위치한 송도갈비 〈천지연〉의 돼지갈비와 소갈비는 국내 최고라고 평할 수 있다. 갈비 시식 후에 돌솥밥과 함께 나오는 된장찌개는 여느 다른 음식점과는 비교가 안 되는 깊은 풍미가 있다.

1층은 돼지갈비, 2층은 소갈비로 다양한 메뉴 선택이 가능하고, 20명 이상 회식이 가능한 넓은 홀과 4인에서 최대 12인까지 입실 가능한 방이 있어서 손님을 모시기에도 회식에도 적합한 맛집이다. 또 식사 메뉴인 갈비탕은 깍두기를 포함한 밑반찬이 잘 나와 혼자 식사를 하기에도 좋다.

추천메뉴

생갈빗살 24,000원

된장찌개

돼지갈비 17,900원

한진중공업 | 인천북항 배후단지 조성공사
☆김정열 소장님 추천 맛집

046

심학산
도토리국수

> **Info**
>
> 📍 경기도 파주시 교하로
> 681번길 12, 주차 가능
> ☎ 031-941-3628
> ₩ 도토리쟁반국수 24,000원
> 🕐 10:30~20:30(19:00 주문 마감,
> 15:20~16:20 브레이크타임),
> 월요일 휴무

🍴 건강한 도토리요리 식당

도토리들깨수제비 11,000원

가벼운 등산 후에 과하지도 부족하지도 않은 도토리 요리를 맛볼 수 있다면 어떨까? 〈심학산 도토리국수〉는 일산, 파주 근교에서 편하게 오를 수 있는 심학산 근처 맛집이다. 도토리국수와 도토리묵무침, 도토리 들깨 수제비까지 도토리로 할 수 있는 요리를 모두 맛볼 수 있는 건강한 한끼, 심학산 도토리국수를 추천한다.

새싹도토리묵무침 17,000원

도토리쟁반국수 24,000원

풍천가

> **Info**
>
> 📍 경기도 성남시 수정구
>   청계산로 449 1층, 주차 가능
> ☎ 031-721-6252
> ₩ 벌떡탕(장어추어탕) 8,000원
> 🕐 10:30~22:30, 연중 무휴

🍴 청계산 입구 근처 장어 맛집

청계산 옛골 입구에 여러 맛집이 있지만, 현장 근무로 쌓인 피로를 풀고 면역력을 증진시키는 데는 장어보다 좋은 음식이 없는 것 같다. 그중에서 〈풍천가〉는 점심에는 '벌떡탕'으로 건강한 한끼 식사가 가능하고, 저녁에는 장어구이로 몸보신을 할 수 있는 식당이다. 내부가 청결하고 넓은 편이고, 주차가 편리하다.

벌떡탕 8,000원

장어구이 34,000원(1인분)

한진중공업 | 평택동부 고속화도로 민간투자사업
☆김태형 소장님 추천 맛집

향토 민물매운탕

📎 **Info**

📍 경기 평택시 진위면삼봉로 290

☎ 031-662-6390

₩ 민물매운탕 25,000~35,000원

♥

♡ ♡ ♡

🍴깔끔하고 담백한 민물매운탕집

평택시 진위면에 위치한 맛집으로 맛이 깔끔하고 담백하며, 어느 매운탕집과 비교해도 전혀 손색이 없다. 건더기를 다 건져 먹은 후 소면을 추가해서 먹으면 좋다. 여기서 끝이 아니다! 소면을 건져 먹고 난 뒤 국물이 졸았을 때, 마지막으로 밥까지 말아 먹으면 매운탕의 새로운 진리를 발견하게 될 것이다.

빠가매운탕 45,000원

049

만두집

📎 **Info**
📍 경기도 하남시 하남대로 5,
　　주차 가능
☎ 031-794-3122
₩ 만두전골 8,000원(2인 이상)
🕙 10:00~21:00

🍴만두전골과 해물파튀의 조화

　　경기도 광주시의 유명한 문화유적 남한산성(유네스코 등재) 주변에 위치한 만두전골집이다. 뜨끈한 만두전골로 든든하게 속을 채우고 이 집에서만 맛볼 수 있는 바삭한 해물파튀(파전 아님)와 함께 막걸리 한잔을 곁들이면 더운 여름이든 추운 겨울이든 편안하게 기분 좋아질 수 있어서 추천한다.

만두전골 8,000원 (2인 이상)　　**해물파튀** 10,000원

본오왕족발

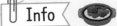

Info

📍 경기도 안산시 상록구
샘골로 124

☎ 031-501-8830

₩ 3~4인 30,000~50,000원

🍴 깨끗하고 친절한 족발집

안산시 본오동에 위치한 식당으로 식당 앞 골목은 좁으나, 지하에 주차장이 있어 주차가 편리하다. 주메뉴인 족발과 보쌈 둘 다 맛있으며, 밑반찬이 푸짐한 것도 장점이다. 이 중 불족발이 가장 맛있고, 한 번 다녀간 손님을 다 기억하는 친절한 사장님과 청결한 내부가 인상적이다.

반반세트 45,000원

051

예지원

Info

◉ 경기도 동두천시 삼육사로 1142
☎ 031-865-9363
₩ 14,000~28,000원
🕐 11:30~20:30, 연중 무휴

🍴 진정한 떡갈비 맛의 승자

진정한 떡갈비 맛집이다. 누구나 한 번 맛보면 빠져들 수밖에 없는 두툼한 살코기는 한우와 육우를 다져 만든 것으로 단짠의 조화가 일품이다. 여기에 큼직한 갈비가 푸짐하게 들어간 갈비탕은 국물이 구수하고 진해 말 그대로 진국 그 자체다. 떡갈비를 시키면 갈비탕 국물이 곁들여 나오기도 한다.

떡갈비 28,000원

갈비탕 14,000원

여명

> **Info**
>
> 📍 경기도 화성시 정남면세자로
> 303번길 11-8, 주차 가능
> ☎ 031-336-4466
> ₩ 25,000~50,000원
> 🕐 11:30~21:00(20:00 주문 마감,
> 15:00~17:00 브레이크타임),
> 연중 무휴

🍴꽃게장과 보리굴비가 일품인 고급 한정식집

〈여명〉은 신선한 꽃게장과 맛깔스런 보리굴비를 즐길 수 있는 고급 한식당이다. 식당 입구부터 멋스러운데 깔끔한 내부에 프라이빗한 룸까지 갖추고 있어 손님 접대를 하기에 손색이 없다.

메인 메뉴는 보리굴비와 간장게장이고 밑반찬도 다양한데 하나같이 정성스럽고 정갈하다. 무엇보다 재료가 신선해서 본연의 맛을 즐길 수 있다. 넓은 주차장이 완비되어 있고 친절하고 센스 있는 직원 분들의 응대로 최고의 서비스를 느낄 수 있다.

보리굴비 29,000원

추천메뉴

간장게장 42,000원(大)

053

원조 다래 솥뚜껑

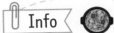

> **Info**
>
> 📍 동두천시 삼육사로 980
> ☎ 031-868-5353
> ₩ 20,000원대(1인 기준)
> 🕐 10:30~22:00, 수요일 휴무

🍴동두천에서만 맛볼 수 있는 솥뚜껑 베이컨 요리점

미군부대가 많은 동두천. 동두천 하면 군부대에서 유래한 부대찌개 맛집이 제일 먼저 떠오르겠지만, 부대찌개 말고도 동두천에서만 경험할 수 있는 숨겨진 요리는 또 따로 있다. 바로 '베이컨구이'. 그중 가장 오래된 원조 베이컨 구이집 〈원조 다래 솥뚜껑〉을 추천한다.

'맛있는 녀석들'(136회), '식신로드'(250회) 같은 방송에서 자주 소개되기도 했던 유명 맛집이다. 베이컨은 친절한 사장님이 직접 구워주는데, 사장님 추천조합인 무채무침+파김치+케첩+핫소스+베이컨구이+햄을 한입에 먹으면 태어나서 경험해보지 못한 이색적인 맛을 느낄 수 있다. 또 기름진 베이컨구이에 부대찌개를 곁들이면 그야말로 금상첨화!

🍴추천메뉴

솥뚜껑모듬구이 25,000원(小)
　　　　　　　35,000원(大)

📍 **부대찌개** 8,000원(2인 이상)

054

유치회관

Info

📍 수원시 팔달구 효원로 292번길 67, 주차 가능

☎ 031-234-6275

₩ 9,000~27,000원

🕐 24시간 영업, 연중 무휴

해장국	9,000원	소주	4,000원
수육	27,000원	맥주	4,000원
		청하	4,000원
수육무침	27,000원	막걸리	4,000원
		음료수	1,000원

🍴선지가 따로 나오는 해장국집

연중 무휴 24시간 운영으로 언제든 찾을 수 있는 곳이다. 해장국, 수육, 수육무침 단 세 가지 메뉴를 전문으로 하며 손님이 많아도 회전율이 빨라 기다림이 적고, 주차장도 넓어 주차에 대한 부담이 없다. 해장국의 고기가 부드럽고 푸짐하며, 선지가 따로 나와 국물이 깔끔하고 담백하다.

해장국 9,000원

수육 27,000원

더티트렁크

📎 **Info**

📍 경기도 파주시 지목로 114,
주차 가능

₩ 5,000~15,000원대

🕐 09:00~22:00,
연중 무휴

빵류 5,000원대

내슈빌 치킨버거 16,000원

🍴가장 힙한 창고형 카페

파주뿐만 아니라 전국에서 손꼽히는 창고형 핫플레이스이다. 커피와 빵, 그리고 브런치까지 준비되어 있다. 창고형 브런치 카페로 넓은 공간에 높은 천장은 카페에 들어서는 순간부터 분위기를 압도하는 웅장한 분위기가 있으며, 1층은 물론 시그니처 포토존이라 불리는 2층 공간까지 구석구석 세심한 인테리어가 돋보이는 공간이다. 이곳의 디자인은 아시아 3대 디자인어워드에서 모두 수상해 업계의 이목을 끌 정도. 여기에 카페를 채우는 탁월한 선곡의 음악까지 그야말로 '힙'한 카페이다. 가족끼리, 연인끼리, 동료끼리 그 누구와 오더라도 만족할 만한 공간이다.

심학산 뜨락

📎 **Info**

📍 경기도 파주시 돌곶이길 136, 주차 가능

☎ 031-941-9202

₩ 15,000~20,000원대

🕐 11:00~21:00, 연중 무휴

🍴 짜지 않은 보리굴비 전문점

메인 메뉴인 보리굴비가 손질이 다 되어 나와 먹기 편하고, 짜지 않아 건강하고 맛있게 먹을 수 있다. 다양한 밑반찬이 장점인데 반찬 모두 정갈하고 감칠맛이 있다.

특히, 서비스가 좋고 친절하여 기분 좋게 식사할 수 있고 전용주차장이 있어 단체식사로 방문하기 좋다.

보리굴비정식 23,000원

뜨락특정식 20,000원

057

옛날국밥&
갈비한판

Info

📍 경기 고양시 덕양구
지도로49번길 7–21

☎ 031–970–6300

₩ 옛날국밥 7,000원

🕙 10:00 개점, 재료 소진 시
영업 종료, 연중 무휴

옛날국밥 7,000원

해장에 특화된 토렴한 돼지국밥집

'단돈 7천 원짜리 국밥이 얼마나 맛있겠는가?'라는 선입견을 말끔히 씻어준 돼지국밥
집이다. 고기 양이 푸짐하고 국물은 돼지 잡내 하나 없이 고소하다. 곁들여 나오는 김치
와 깍두기는 맛이 최고다.

시장통의 허름한 집이나 내부가
깔끔하고, 가격까지 착한, 우리
현장 근처의 이 맛집을 소개
하고 싶다.

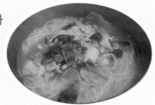

착한고기국수 5,000원

고덕복집

📎 **Info** 🍲

👤 경기도 평택시 고덕면
   청원로 715-3, 주차 가능

☎ 031-611-8889

₩ 10,000~45,000원

🕘 09:30~21:00,
   일요일 오후 휴무

🍴매콤한 양념의 복불고기가 특별한 복요리 전문점

국가 복 기능사 자격 요리사가 같은 장소에서 15년째 복요리 전문점을 운영하고 있는 자부심 있는 식당이다. 다른 복집과는 차별화된 메뉴와 맛으로 인근에서는 꽤 유명한 곳이다.

추천메뉴는 다른 복집에는 없는 매콤한 양념의 복불고기(2인 이상)로 버섯, 미나리 등의 각종 야채와 함께 양념된 생복이 나와 즉석에서 조리해 바로 먹을 수 있다. 복불고기를 다 먹은 후에 볶음밥을 주문하면 세트 주문 시 함께 나오는 복지리/매운탕(택1)과 함께 먹을 수 있다.

국가 복 기능사 자격 요리사의 집

복지리/매운탕	10,000	세트요리 2인 이상	
복칼국수	10,000	A-복지리/매운탕+튀김	
생복지리/매운탕	27,000		16,000
복튀김	13,000	B-복지리/매운탕+불고기	
복불고기(2인이상)	14,000		19,000
복찜	45,000	소주	4,000
복사시미	싯가	맥주	5,000
		음료수	1,000

※ 냄비를 원하시면 주문시 선택

🍲 고덕복집
TEL 031-611-8889
체인점문의 010-7654-9003

모든메뉴 포장됩니다

복불고기 14,000원(2인 이상)

복튀김 13,000원

059

기와집 양·대창센타본점

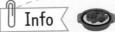

Info

- 📍 경기 하남시 감일남로 30 1층, 주차 가능
- ☎ 02-431-2329
- ₩ 양 35,000원, 대창 33,000원
- 🕐 12:00~22:30, 명절 휴무

🍴 오직 외길, 양·대창 요리집

　　서울 송파구에서 10분 거리에 위치하여 접근성이 매우 뛰어나며, 넓은 주차장이 편리한 양·대창 요리 전문점이다. 50년 가까운 전통의 양·대창 요리집으로 메인 메뉴는 양·대창. 직접 고기를 구워주는데 음식의 냄새가 옷에 배는 것을 최소화하기 위하여 방한피복(일명 깔깔이)을 제공한다. 이런 이 집만의 특별한 서비스가 맛있는 음식 맛 플러스 남성들에게는 군대시절의 추억을, 여성들에게는 경험해보지 못한 색다른 재미를 선사한다. 또 후식으로 나오는 잔치국수가 기름진 양·대창 식사 후 깔끔한 마무리를 도와준다.

🍴 추천메뉴

양.대창 35,000원

잔치국수 4,000원(小)

밀밭칼국수

📎 **Info**

📍 경기 남양주시 강변북로
632번길 41-10, 주차 가능

☎ 031-551-1118

₩ 해장칼국수 6,000원

🕐 10:00~17:00(토요일 19:00),
일요일 휴무

🍴남양주의 간판이 없는 칼국수 맛집!

〈밀밭칼국수〉는 주차장 옆 컨테이너에서 시작해 오직 입소문만으로 십수년간 단골 손님들을 지켜온 남양주의 간판 없는 칼국수집이다. 굴, 계란, 호박, 고추 등을 넣어 얼큰하고 칼칼하게 끓여낸 칼국수를 큰 양동이 그릇에 담아 제공한다. 쫄깃한 칼국수면을 다 먹고 밥 한 공기를 말아 먹으면 이만큼 든든한 식사가 따로 없다.

사랑하는 가족, 지인들과 함께 방문했을 때는 감자전 추가 주문을 추천한다. 바로 부쳐 내는 감자전은 겉은 바삭하고 속은 촉촉한(겉바속촉) 식감을 선사하고, 청양고추가 들어간 양념장을 곁들이면 또 다른 입맛을 돋아낸다. 십여 년 넘게 간판 없이 식당을 운영할 수 있던 가장 큰 비결은 '한결같은 맛과 푸짐한 인심 덕이 아닐까' 생각하며, 꼭 한 번 찾아가서 맛보시라고 권하고 싶다.

🍴 추천메뉴

해장칼국수 6,000원

감자전 10,000원

 061

옹기종기 동태탕

📎 Info

📍 경기 구리시 경춘로 242번길 31-13

☎ 031-566-3655

₩ 동태애탕 9,000원

🕐 10:30∼22:30, 일요일 휴무

🍴 구리시의 맛있게 매운 동태탕집

시원하다! 얼큰하다! 개운하다! 라는 말은 '맛있게 매운 국물'을 표현하는 수식어이기도 하다. 이 세 가지 말을 동시에 느낄 수 있는 곳이 있으니 바로 구리시의 동태탕 맛집, 〈옹기종기 동태탕〉이다. 동태탕과 회무침, 단 두 가지 메뉴밖에 없지만 아주 특별한 맛으로 늘 붐비는 집이다.

대표 메뉴인 동태애탕은 가게주인만의 특별한 양념장을 사용하여 맵고 칼칼한 맛을 제대로 느낄 수 있다. 싱싱한 애(간)는 담백한 국물에 깊은 맛을 더한다. 어느 정도 먹고 난 후 수제비를 넣어 먹는다면 금상첨화! 이 집의 또 다른 메뉴인 명태회무침은 잘 숙성된 명태, 아삭한 오이 그리고 산뜻한 미나리가 어우러져 감칠맛과 풍미를 자아낸다. 밥 반찬으로도 좋고 술 안주로는 안성맞춤이다.

손님들에게 따뜻한 한끼, 건강한 한끼를 제공하고자 노력하는 주인장의 정성이 오랜 시간 사랑을 받고 있는 이유가 아닐까? 추천하지 않을 수 없는 맛집이다.

추천메뉴

명태회무침 13,000원

동태애탕 9,000원

 062

황후

📎 Info

📍 인천 중구 중산로 87번길
40-27, 주차 가능

☎ 032-751-7515

₩ 한방흑염소탕 15,000원

🕐 11:00~21:00, 일요일 휴무

🍴 원기 회복에 좋은 흑염소 전문점

영종도 〈황후〉는 탁 트인 바닷가 근처에 고즈넉한 분위기를 자아내는 한옥 식당이다. 흑염소 고기 전문점으로 고기 맛도 좋지만 바닷바람과 주변 산세에 벌써 들어가는 순간 마음이 편안해지는 집이다. 〈황후〉의 염소 고기는 염소 특유의 냄새는 거의 나지 않고 매우 부드러운 식감에 국물이 진하다. 전골을 먹고 나서 직접 볶아주시는 볶음밥 맛도 일품이다. 다른 육고기보다 아미노산과 비타민A, 비타민D 등이 함유되어 있어 어린이, 수험생, 산모, 중장년층의 원기회복에 매우 좋은 보양식인 흑염소. 원기 회복이 필요하다면 맛 좋은 음식과 편안한 공간을 제공하는 〈황후〉를 추천한다.

한방흑염소탕 15,000원

♨ 추천메뉴

한방흑염소수육 26,000원(2인 이상)

한방흑염소전골 23,000원(2인 이상)

PART 3

충청

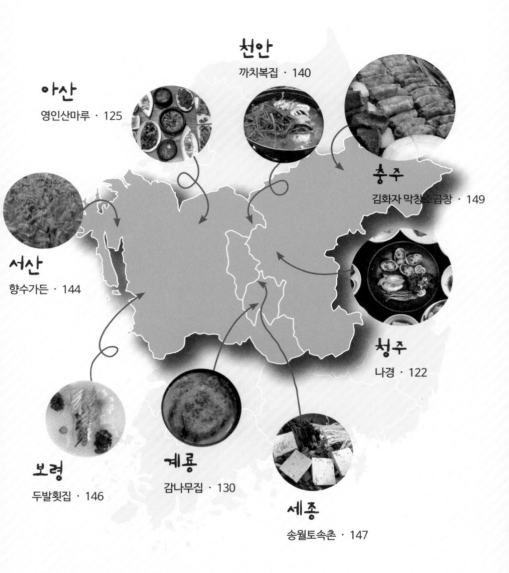

남한강

Info

📍 충북 청주시 흥덕구 오송읍 오송생명3로 151 센트럴오피스, 주차 가능

☎ 043-235-3385

₩ 40,000~70,000원대

🕐 11:00~21:30, 일요일 휴무

짜지 않은 우렁쌈밥과 풍미 만점 이베리코 구이 맛집

〈남한강〉 식당의 점심 특선 메뉴 우렁쌈밥은 여덟 종류의 반찬과 채소를 무한정 먹을 수 있을 뿐 아니라 마약된장찌개와 고추장불고기가 덤으로 나와 가성비 있는 식사로 인기가 있다. 특히 신선한 재료만을 내기 위해 일일 한정수량만 판매한다.

대표 메뉴인 이베리코 모둠은 카레가루, 와사비, 홀그레인 머스타드 소스 등 다양한 소스를 함께 내 다채로운 맛을 즐길 수 있다. 사실 고기 자체가 좋아 그냥 먹는 고기의 풍미도 좋다. 또 함께 나오는 구운 토마토와 장아찌, 명이나물과 곁들여 먹는 맛도 별미다.

〈남한강〉의 이베리코는 다른 고기들보다 육즙이 풍부하고 숙성된 고기를 사용하여 육질이 부드러워 많이 먹어도 전혀 부담스럽지 않다.

송애집

> **Info**
>
> 📍 충북 진천군 초평면 초평로 1051-5, 주차 가능
> ☎ 043-532-6228
> ₩ 붕어찜 13,000~17,000원
> 🕐 11:00~20:00, 연중 무휴

🍴 낚시터 방문객들 사이에서 입소문이 자자한, 원조 붕어찜 맛집

〈송애집〉은 붕어찜으로 '향토맛집 진천군 지정 제1호'를 지정받은 붕어찜 기능 보유자의 집이다. 1970년대 초 전라도 화산에서 기술을 전수받아 지역 특색에 맞게 메뉴를 개발하고 발전시킨 붕어찜 전문점이다. 직접 재배한 농산물을 재료로 이 집만의 비법 양념을 더한 붕어찜 맛은 담백하면서도 구수한 맛이 좋다. 간이 세지 않아 생선살의 풍미를 온전히 맛볼 수 있다. 낚시터 방문객들 사이에선 이미 입소문이 자자한 맛집 중 맛집!

1인당 붕어 한 마리씩 먹을 수 있게 조리되는데 약한 불에 자작하게 국물을 졸이고 우거지와 수제비, 비린 맛을 싫어하는 사람도 먼저 붕어찜의 국물 맛을 보고 나면 그 맛에 빠져들 수밖에 없다. 붕어찜 안주에 덕산 생막걸리로 목을 축이고 밥을 볶아 먹으면 금상첨화.

추천메뉴

볶음밥 2,000원

붕어찜 17,000원(大)

터줏골 명가

📎 **Info**

📍 충북 충주시 금제7길 14
☎ 043-843-4408
₩ 명가짜글이 7,000원(2인 이상),
   매운 갈비찜 18,000원(小)
🕐 11:00~22:00, 연중 무휴

🍴 힘내고 싶을 때 찾게 되는 맛! 맵단의 정석 매운 갈비찜 맛집

매운 갈비찜과 짜글이 맛집 〈터줏골 명가〉이다. 맵단의 정석이라 할 수 있는 매운 갈비찜의 매운맛과 단맛의 조화가 아주 좋다. 지치고 기운이 없을 때 땀을 뻘뻘 흘리고 이 집 갈비찜을 해치우고 나면 한결 개운하고 지친 몸도 회복되는 기분이다. 양념에 밥을 슥슥 비벼 먹어도 좋고, 곁들여 나오는 채소에 쌈을 싸 먹어도 좋다. 각종 야채와 두부가 들어간 짜글이 역시 맛이 깊고 좋다. 또 다른 메뉴인 수제떡갈비도 별미!

매운 갈비찜과 명가짜글이, 수제떡갈비로 메뉴는 단출하지만, 적은 메뉴에 집중하는 만큼 맛은 자신한다. 밑반찬도 정갈하고 신선해서 꼭 추천하고 싶은 맛집이다.

추천메뉴

매운갈비찜 18,000원(小)

떡갈비정식 7,000원

명가짜글이 7,000원(2인 이상)

나경

004

📎 **Info**

📍 충북 청주시 흥덕구 월명로
172, 주차 가능

☎ 043-273-2900

₩ 15,000~50,000원

🕐 11:30~21:00, 명절 휴무

🍴 소중한 사람에게 잘 차려진 한 상을 대접할 수 있는 집

이 집은 굴비정식이 일품이다. 녹찻물을 부은 밥에 짭쪼름한 보리굴비를 발라 얹어 먹으면 깔끔하고 시원한 맛이 더할 나위 없다. 신선한 제철 재료로 내는 반찬들도 담백하고 정갈해 건강한 한 상을 선물 받은 기분이 든다. 귀한 분에게 잘 차려진 한 상을 대접하고 싶다면 〈나경〉을 적극 추천한다.

수라정식 50,000원   **굴비정식** 25,000원

고향산장

📎 **Info**

📍 충남 천안시 동암구 북면
   충절로 1474-19, 주차 가능
☎ 041-555-9922
₩ 불고기전골 17,000원(한우)
🕐 11:00~21:00, 연중 무휴

불고기전골 17,000원

자연 속에서 맛 좋은 음식으로 휴식을 즐길 수 있는 곳

〈고향산장〉은 실내에서뿐 아니라 테라스, 야외에서도 식사가 가능하다. 주변에 3만 평 규모의 울창한 숲과 나무, 작은 연못과 폭포가 있어서 식사 후에는 가볍게 산책을 하기에도 정말 좋은 장소로 〈고향산장〉이란 이름이 아주 안성맞춤인 곳이다.

고기류와 식사류 모두 맛과 신선도가 훌륭하며 특히 불고기전골은 버섯의 식감과 부들부들한 고기 맛이 일품이다. 알이 꽉 찬 게장도 가격 대비 만족감이 커 꼭 추천하고 싶다.

간장게장 33,000원

순천만꼬막집

> **Info**
>
> 📍 충남 아산시 배방읍 모산로 186-16, 주차 가능
> ☎ 041-546-4988
> ₩ 꼬막정식 23,000원(3인 이상)
> 🕐 11:30~20:40, 월요일 휴무

🍴 맛깔나는 음식으로 입맛을 돋우고 싶다면,
단연 추천하고 싶은 1순위 식당

아산에서 유명한 꼬막정식 맛집이다. 주재료인 꼬막이 워낙 싱싱하고 살이 꽉 차 있으며 양도 많다. 같이 나오는 반찬도 다양한데, 음식 맛 좋은 집들이 대개 그렇듯 이 집 반찬들도 하나같이 정갈하고 입맛 당기는 맛이다. 특히 돌솥밥으로 내오는 밥은 쌀이 좋아서인지 윤기가 자르르 흐르는 것이 그야말로 밥맛이 달다.

꼬막정식 23,000원(3인 이상)

영인산마루

Info

📍 충남 아산시 영인면
아산온천로 16-8, 주차 가능

☎ 041-543-4778

₩ 우렁쌈밥정식 15,000원(2인 이상)

🕐 10:00~21:00(16:00~17:00 브레
이크타임), 월요일, 명절 휴무

🍴색다른 메뉴로 부담 없는 손님 접대가 가능한 우렁쌈밥 맛집!

타지역 손님이 충청남도에 방문했을 때 접대하기 좋은 맛집이다. 특히 〈영인산마루〉
에서 '부담 없이' 접대하면서도 다른 곳에서는 맛볼 수 없는 특색 있는 메뉴를 고르자면
단연 우렁쌈밥! 영인산 대자연을 느끼면서 웰빙식재료로 차려진 한 상을 마주하면 절로
대접하는 이도 대접받는 이도 흡족해진다.

우렁쌈밥정식 15,000원(2인 이상)

생삼겹살 15,000원

장수정

📎 Info

📍 충북 청주시 서원구 현도면
   청남로 12, 주차 가능
☎ 042-932-1127
₩ 장어구이 49,000원(1kg)
🕐 10:00~21:00, 연중 무휴

장수정민물장어(MENU)
■국내산 민물장어 1Kg 49,000
1인분 27,000 / 2인분 54,000
장어탕   8,000   ●맥 주   3,000
후식장어탕   5,000   소 주   3,000
물냉면   6,000   복분자 10,000
비빔냉면   6,000   음료수   1,000
누룽지   4,000
국 수   4,000
라 면   3,000
된장찌개   2,000
공기밥   1,000

🍴청주의 대표 민물장어집

신탄진에서 청주로 가는 국도변에 위치한 식당으로 대전에서 현도교를 건너면 바로 우측에 위치해 있다. 가게 내부로 들어가면 냉장고에 손질한 장어가 진열되어 있는데, 여기서 맛있어 보이는 장어를 고르면 직원들이 장어 참숯 초벌구이로 준다. 장어를 직접 고를 수 있는 것이 장점이고, 가격도 청주 시내에 비하면 저렴하다. 숯불에 구운 장어는 비린 맛이 전혀 나지 않고 고소하고 맛있다.

장어구이 49,000원(1kg)

호반토종닭

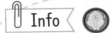

Info

📍 충청남도 아산시 염치읍
동정리 33, 주차 가능

☎ 041-543-7694

₩ 백숙 50,000원,
한방옻닭 50,000원

🍴현지인들이 인정한 닭도리탕, 백숙 1위 맛집

가정집을 개조하여 식당 외관이나 실내가 화려하진 않지만, 바로 옆에 염치저수지가 있어 저수지 경치를 보는 것만으로 기분이 한결 좋아지는 곳이다. 가격 대비 닭도리탕의 양과 크기, 맛에서 실망한 적이 없는 곳으로 쫄깃쫄깃한 식감의 토종닭과 진한 양념의 국물이 조화롭다. 특히 명이나물에 싸 먹는 닭고기, 공기밥(찰밥)은 이곳의 별미로 꼭 먹어보길 추천한다.

닭도리탕 50,000원

롯데건설 | 서부내륙고속도로5공구
★김은호 소장님 추천 맛집

010

꼭지네 식당

📎 **Info**

📍 충남 부여군 은산면 충의로
677, 주차 가능

☎ 041-834-4866

₩ 10,000~13,000원

🕐 09:00~21:00,
둘째·넷째 일요일 휴무

육회비빔밥 10,000원

🍴 육회의 풍미를 온전히 느낄 수 있는
진짜 육회비빔밥!

　곰탕, 수육, 육회 전문점 〈꼭지네 식당〉이다. 이 집의 최고 장점이자 특징은 사장님이 정육점을 같이 운영한다는 것. 아무래도 재료가 좋으면 음식 맛이 좋을 수밖에 없다. 좋은 재료에 주인장의 정성, 손맛이 가미되면 같은 요리라도 다른 맛, 더 좋은 맛이 날 수밖에 없는 것. 〈꼭지네 식당〉이 바로 그런 맛집이다.

　신선한 원재료에 밥보다 더 많은 육회가 담겨 나오니 그야말로 육회의 풍미를 온전히 느낄 수 있는 진짜 육회비빔밥을 먹을 수 있다. 육회비빔밥 말고도 다른 메뉴도 모두 원재료가 좋으니 하나같이 좋은 맛과 풍미가 있다.

011

강산매운탕

Info

📍 세종시 금남면 금강변길 1249, 주차 가능

☎ 044-867-4576

₩ 참게메기 매운탕 30,000원(小)

🕐 11:00~20:30, 명절 휴무

메기와 참게의 환상 조합

금강변에 자리한 〈강산매운탕〉의 대표 메뉴는 메기와 참게를 넣은 참게메기 매운탕이다. 여느 매운탕집과는 확연히 차이 나는 부드러운 식감의 메기와 깔끔한 맛을 끌어내는 참게의 조합이 진하고 깊은 풍미를 자아낸다. 비리지 않게 잘 끓여낸 국물 맛이 아주 개운하고 여기에 수제비까지 넣어 먹으면 그 맛이 환상적이다.

참게메기 매운탕 30,000원(小)

012

감나무집

Info

- 충청남도 계룡시 엄사면 평리길 20, 주차 가능
- ☎ 042-841-9252
- ₩ 누룽지 삼계탕 12,000원
- 🕐 11:00~22:00(15:00~17:00 브레이크타임), 첫째·셋째 월요일 휴무

🍴 삼계탕 국물에 구수한 누룽지가 녹아들어 어우러진 삼계탕 별미

〈감나무집〉은 계룡시 엄사면에 위치한 삼계탕, 백숙 맛집이다. 삼계탕에 누룽지를 올려 내는 게 이 집 삼계탕 맛의 비결! 삼계탕 국물에 누룽지가 녹아들어 어우러진 맛이 일품이다. 복날이나 삼계탕을 많이 찾는 시즌이 되면 자리가 없어 먹을 수 없는 경우가 많고, 예약도 안 받는 경우가 많으니 방문 전 예약 가능 여부 및 자리의 유무를 반드시 확인해야 한다. 계룡시에서 손에 꼽는 보양 맛집 〈감나무집〉이다.

누룽지 삼계탕 12,000원

013

샘터 산삼가든

📎 Info 🌑

📍 세종시 금남면 영곡리
21-10, 주차 가능

☎ 044-866-4896

🕐 10:00~22:00

🍴산양삼을 넣은 보양식당

〈샘터 산삼가든〉은 산중턱에 위치하여 세종시가 한눈에 보이는 뷰를 자랑한다. 주인이 직접 재배한 산양삼으로 요리한 건강한 보양음식을 먹고 있자면 그곳이 바로 무릉도원이라고 느껴질 정도다. 주메뉴로 산양삼닭백숙이 있고 산양삼 삼계탕과 돌솥밥정식도 꼭 한 번 맛보시길 권한다. 메인 메뉴뿐 아니라 곁들여 나오는 반찬 맛도 일품이다. 국물이 진한 백숙, 삼계탕에 주인이 직접 담근 산삼주를 곁들이면 그야말로 금상첨화다.

청룡 원조 매운탕

Info

📍 충남 천안시 서북구 입장면 성진로 1406, 주차 가능

☎ 041-585-5598

₩ 25,000~57,000원

🕐 10:00~21:00, 연중 무휴

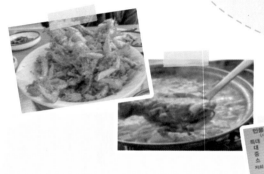

🍴 원조 민물새우 매운탕의 참맛

〈청룡 원조 매운탕〉은 시원하고 얼큰하면서 진한 국물 맛으로 소문난 식당이다. 외관이 허름해 보일 수도 있지만, 1978년에 문을 연 전통 있는 매운탕 맛집이다. 전국에서 처음으로 새우로만 매운탕을 요리한 원조 민물새우 매운탕 집이기도. 민물매운탕을 좋아하지 않는 분이라도 부담 없이 한 번쯤 도전해볼 만하다. 매운탕 말고도 바삭한 새우튀김은 고소한 맛과 씹을 때 바사삭 부서지는 식감, 소리가 재밌다. 미각과 청각을 고루 즐길 수 있는 집이다.

015

신정식당

Info

- 충남 아산시 시민로409번길 18, 주차 가능
- ☎ 041-545-7500
- ₩ 6,000~12,000원대
- 🕙 10:00~20:30, 연중 무휴

닭수육 12,000원

숨은 밀면의 달인! 노포의 손맛을 느낄 수 있는 집

〈신정식당〉은 SBS '생활의 달인'에서 '밀면의 달인'으로 그리고 또다시 '2018년 대한민국 10대 맛의 달인'으로 선정될 정도로 그야말로 밀면 최강자 식당이다. 아산 조그마한 시골마을에서 60년 넘게 밀면을 고수해온 이 집은 늘 밀면 맛을 보기 위해 방문한 손님들로 북적이는데, 이것이 바로 이 집의 맛을 보여주는 증거다.

사장님만의 비법 재료가 더해진 닭과 시골로 우린 진한 육수에 이 집만의 특별한 소면 삶는 법으로 삶아낸 면을 말아 먹으면 특유의 풍미와 밀가루 풋내가 전혀 나지 않는 쫄깃한 면발의 어우러짐이 그야말로 최고다. 또 밀면으로 부족하다면 닭수육도 한 번 맛보시길. 노포의 손맛을 느낄 수 있는 아산 〈신정식당〉을 추천한다.

016
위례산장

📎 **Info**

📍 천안시 동남구 북면 위례성로 1439, 주차 가능

☎ 041-567-9451

₩ 10,000~120,000원

🕐 10:50~21:00, 월요일 휴무

🍄 직접 채취한 버섯과 갖가지 한약재로 맛을 낸 최고의 보양식당

천안의 알프스 북면에 위치한 능이오리백숙 맛집 〈위례산장〉이다. 이 집 백숙에 들어가는 능이버섯은 물 맑고 공기 좋은 강원도 정선에서 사장님이 직접 경매에 참가해 공수하고, 나머지 버섯들도 전국 각지를 돌며 직접 채취한 것이다. 〈위례산장〉 백숙은 이렇게 품을 많이 들인, 정성이 담뿍 담긴 좋은 재료와 열세 가지 한약재, 오가피, 블루베리를 넣어 숙성시킨 육수에 끓여낸다. 이 정도면 가히 요리라기보다는 '약'이라고 해야 맞지 싶다. 최고의 재료로 시간과 공을 들인 보양식! 능이오리백숙, 오리백숙, 오리도리탕, 닭백숙, 닭도리탕, 비빔밥 등의 메뉴가 있다.

추천메뉴

닭도리탕 55,000원

오리백숙 65,000원

연잎밥 15,000원

017

개울건너 가마솥 소머리국밥

> **Info**
>
> 📍 세종시 전의면 금반형길 7,
>   주차 가능
> ☎ 044-863-6066
> ₩ 소머리국밥 9,000원,
>   수육 25,000원
> 🕐 09:00~20:00, 연중 무휴

옛날 가마솥에서 우려내는 국밥집

임재철 야구선수의 어머님이 운영하시는 식당이다. 전통 방법으로 조리하는 국밥집인데, 메뉴는 소머리국밥, 곰탕, 수육 단 세 가지이나 밑반찬이 깔끔하고 맛이 좋다. 특히 시원한 깍두기가 일품!

국밥은 누린내나 잡내 하나 없이 깔끔하면서 담백하고 고소하다. 수육을 주문하면 가자미식해를 함께 제공하는데, 그 양이 꽤 푸짐하고 맛깔나서 수육과 함께 먹으면 훨씬 풍미가 좋다. 뜨끈한 국물 한 사발로 지친 몸도 풀고 든든히 속도 채울 수 있는 현지인들이 인정한 지역 맛집이다!

추천메뉴

소머리 국밥 9,000원

수육 25,000원

018

쌍둥이네
매운탕

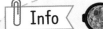

Info

📍 충남 아산시 음봉면
　 연암율금로 155, 주차 가능

☎ 041-547-8851

₩ 8,000~45,000원

🕐 19:00~21:00, 연중 무휴

🍴 민물새우를 이용한 매운탕집

　　〈쌍둥이네 매운탕〉은 민물새우 매운탕, 메기 매운탕, 잡고기 매운탕, 어죽 등을 주 메뉴로 하는 매운탕집이다. 민물새우를 이용한 매운탕으로 새우가 정말 아낌없이 들어 있어서 국물 맛이 특히 시원하고, 수제비도 넉넉하게 제공하는데 추가 요금 없이 무한정 제공한다.

　　밑반찬도 정갈하고 푸짐해 먹음직스럽다. 이 밑반찬들은 직접 재배한 야채와 울릉도에서 공수한 약초를 조합해 손수 만든 반찬이라 신선하고 맛이 좋아 계속 리필해서 먹게 된다. 식당 내부가 상당히 넓어 최대 150명까지 수용이 가능하므로 단체로 회식하기에도 적합한 곳이다.

추천메뉴

메기 매운탕 45,000원(大)

민물새우 매운탕 40,000원(大)

따로 어죽 8,000원

📎 **Info** 🍲

📍 충남 천안시 서북구 백석3로 13-7, 주차 가능

☎ 041-551-1258

₩ 19,000~150,000원

🕘 09:30~21:30, 일요일 휴무

까치복집

🍴 기력 회복과 숙취 해소가 필요할 때 찾는 집

〈까치복집〉은 미나리, 팽이버섯, 각종 채소가 듬뿍 들어간 까치복, 복어불고기 맛집이다. 담백한 복어 살에 쫄깃한 껍데기, 거기다 매콤한 양념, 싱싱한 채소들의 궁합이 훌륭하다. 얼큰하면서 살짝 단맛이 나는 복불고기는 기력 회복과 숙취 해소에도 좋다. 이 밖에도 복뼈를 선별해 멸치 다시마 등으로 육수를 낸 복지리도 좋은데, 토실한 복살과 미나리, 콩나물이 듬뿍 들어 있어 국물 맛이 시원하고 깔끔하다.

〈까치복집〉은 다양한 가격대의 복어 요리가 제공되고 복어조리기능장 셰프가 요리하여 안심하고 먹을 수 있다. 가게 내부가 방으로 분리되어 있어서 손님 접대나 부모님을 모시기에도 좋다.

♨ 추천메뉴

까치복 지리 19,000원

복불고기 21,000원

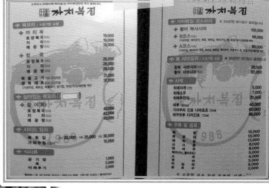

020 용뎅이 매운탕

📎 Info

👤 세종시 연동면 태산로
　163-6, 주차 가능
☎ 044-864-9068
₩ 20,000~40,000원
🕐 11:00~21:00, 연중 무휴

🍴 진하고 개운한 메기 매운탕 국물과 손으로 뜬 수제비의 환상 조합

세종시 부강의 대표 맛집 〈용뎅이 매운탕〉이다. 용뎅이는 세종시 연동면 명학리에 있는 산으로 산 아래 강가에서 용이 승천해서 용뎅이라 불렸다는 전설이 있다. 〈용뎅이 매운탕〉은 메기 매운탕 단일 메뉴로 승부하는 메기 매운탕 맛집이다. 보양식으로 우수한 메기를 가장 맛있게 먹을 수 있는 곳.

민물고기는 대개 비려서 잘 먹기 힘든데 이 집 메기 매운탕은 메기살이 부드럽고 비린내나 흙 맛이 전혀 나지 않기로 유명하다. 특히 함께 끓여 먹는 수제비는 손으로 일일이 뜯어내 찰지고, 적당히 국물 맛이 배어 그 맛이 참 좋다. 매운탕 국물과 찰진 수제비의 환상조합을 꼭 한 번 맛보길 추천한다.

🍴추천메뉴

라면사리 1,000원

메기 매운탕 30,000원(中)

《차림상》
메기 매운탕   大 (4인) 40,000
            中 (3인) 30,000
            小 (2인) 20,000
라면사리/공기밥   1,000
영업시간 AM 11:00 ~ PM 21:00

■ 용댕이 매운탕 ■
《주류 및 음료》
복분자   10,000
산사춘   8,000
이강문주 /   6,000
청하 / 대포 / 心술 5,000
소 주 / 맥주   4,000
막걸리   3,000
탄산수 /   2,000
음료수   1,000

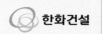

021

향수가든

📎 Info

📍 충남 서산시 해미면
   관터로 43, 주차 가능

☎ 041-688-3757

₩ 18,000~55,000원

🕐 11:20~20:00,
   둘째·넷째 화요일 휴무

🍴 주인장의 손맛이 고스란히 담긴 보리밥정식과 오리주물럭 맛집

서산에 게국지, 게장 맛집만 있는 건 아니다. 서산 해미읍성 근처에 위치한 〈향수가든〉은 오리주물럭과 보리밥정식으로 서산 주민들의 입맛을 사로잡은 서산의 숨은 맛집이다.

흔한 메뉴일 수도 있지만, 신선한 야채와 담백한 나물을 양념장에 슥슥 비벼 먹는 보리밥정식과 갖가지 쌈채소와 함께 내는 오리주물럭 맛이 일품이다. 양념 맛이 특히 좋아 오리주물럭을 다 먹고 나선 아무리 배가 불러도 밥을 비벼 먹는 맛을 놓칠 수 없다. 여기에 곁들여 나오는 주인장이 직접 담근 된장으로 끓인 찌개와 콩비지찌개는 단품 메뉴로 판매해도 손색이 없을 정도다.

매운 것을 잘 먹지 못하는 어린이 입맛까지 사로잡기 충분해 가족 나들이 시 들르기 좋은 맛집이다.

🍴추천메뉴

오리주물럭 35,000원(小)

보리밥정식 9,000원(2인 이상)

오리주물럭	
大	55,000원
中	45,000원
小	35,000원
추가1인분	15,000원

보리밥정식
9,000원
(2인이상)

소 주	4,000원
맥 주	4,000원
음료수	2,000원

우리 업소에서 사용하는 쌀,보리
김치(배추,고추가루),오리고기는
국내산 입니다.

두발횟집

Info

⊙ 충남 보령시 해수욕장4길 140, 주차 가능
☎ 041-934-6940
₩ 모듬회 코스 45,000원(1인)
🕐 12:00~21:30, 월요일 휴무

🍴 즉석에서 요리한 다채로운 숙성회 코스를 맛볼 수 있는 집

〈두발횟집〉은 숙성회 전문점이며 메뉴는 코스요리 한 가지이다. 숙성회를 사용하기 때문에 예약은 필수. 가격대가 다소 부담스러울 수 있지만 흔히 접할 수 없는 숙성회에 코스로 다양한 바다 음식을 맛볼 수 있다는 점을 감안하면 충분히 그 값을 하는 식당이다.

모듬회 코스 1인 45,000원

▲ **현대건설** | 행정중심복합도시 금빛노을교 및 5생활권 외곽도로
☆**박홍철 소장님 추천 맛집**

🍴023🍴

송월토속촌

📎 **Info**

📍 세종시 부강면 부강외천로
190-4

☎ 044-275-7262

₩ 자글자글찌개
9,000원(공기밥 별도)

🕐 11:00~21:00

🍴 **짜글짜글한 김치찌개가 맛있는 집**

　　신도시인 세종시에는 주로 최근에 새로 생긴 식당들이 많아 깊은 맛을 내는 토속식당을 찾기가 어렵다. 〈송월토속촌〉은 세종시에서 찾기 힘든 토속 맛집 중 한 곳! 김치찌개와 제육볶음을 전문으로 하는데 시골의 정취와 풍미를 느낄 수 있는 맛집이다. 편안하고 부담스럽지 않으면서 깊은 맛을 느끼고 싶을 때 꼭 추천하고 싶은 맛집이다.

흑돼지두루치기 35,000원

자글자글찌개 9,000원(공기밥 별도)

024

청학동 해장국

📎 **Info**

📍 충남 보령시 대천항로 328, 주차 가능
☎ 0507-1433-1592
₩ 8,000~55,000원대
🕐 06:00~21:00, 연중 무휴

🍴 맛과 가성비를 모두 갖춘 한식당

〈청학동 해장국〉의 대표 메뉴는 바다의 신선한 재료를 이용한 바다밥상이다. 바다밥상에는 직접 손질한 우럭구이와 바지락탕 등이 나오고, 바다정식을 시키면 전복장, 게장, 물회가 같이 나온다. 이 밖에도 소불고기 전골, 제주등갈비찜, 생삼겹살 같은 다양한 메뉴가 있다. 더불어 해장에 좋은 바지락탕, 소머리국밥, 뼈다귀해장국, 육개장, 황태콩나물해장국은 아침 식사로 가능하다. 기본적으로 손맛이 있는 집으로 모든 메뉴가 맛있고, 관광지 근처에 있는 식당임에도 가격이 저렴해 맛과 가성비를 모두 잡은 식당이다.

뼈 해장국 8,000원

|025|

김화자
막창소곱창

📎 **Info**

📍 충주시 연수상가길 37, 주차 어려움

☎ 043-843-9991

₩ 한우 곱창구이 21,000원(250g)

🕐 17:00~22:00, 일요일 휴무

🍴 활기찬 분위기, 신선한 재료의 소곱창집

한우 곱창구이 21,000원(250g)

〈김화자 막창소곱창〉은 항상 대기인원으로 북적이고, 특히 저녁 시간에는 줄을 서야 입장할 수 있는 충주의 숨은 맛집이다. 곱창구이 전문점으로 왁자지껄함 속에서 활기가 넘치는 곳이다. 간이나 천엽 등은 채 다 먹지 못하고 남기고 갈 정도로 푸짐히 내온다. 그날 준비한 재료가 소진되면 추가 주문은 할 수 없지만, 그 덕분에 음식의 신선도는 여타 곱창구이집 대비 최고다. 어떤 메뉴를 주문해도 좋지만 제일 빨리 소진되는 곱창은 꼭 먼저 주문하길 권한다.

충주시청 인근에 위치하여 교통편도 좋고, 근처에 다른 편의시설들도 있어 이용이 편리하다.

한우 대창구이 21,000원(250g)

PART 4
경 상

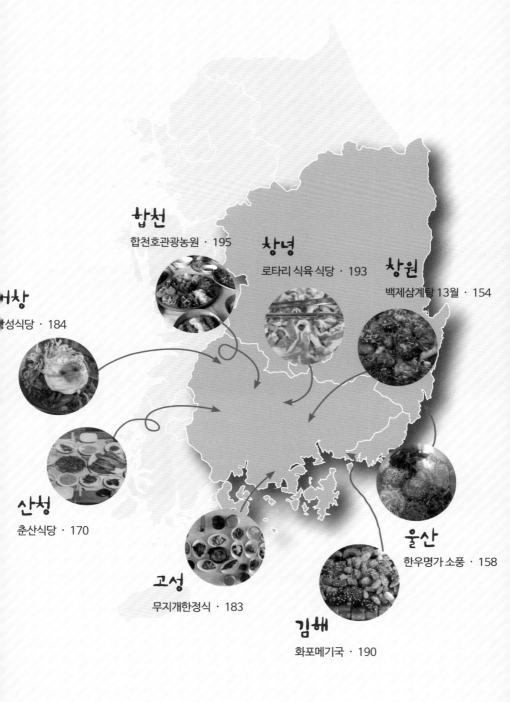

001

백제삼계탕
13월

📎 Info

📍 경남 창원시 진해구 태백서로
　47번길19, 주차 가능
☎ 055-543-2522
₩ 10,000~50,000원
🕐 11:20~21:00

백제삼계탕 13月	
한방삼계탕	15,000
옻 삼 계 탕	18,000
전복삼계탕	19,000
산삼삼계탕	19,000
궁중삼계탕	25,000
한방안동찜닭	
· 中(1~2인분)	29,000
· 大(3~4인분)	40,000
소 갈 비 찜	
· 中(1~2인분)	40,000
· 大(3~4인분)	50,000
산채비빔밥 (2인이상)	10,000
오골계 / 촌닭 / 오리백숙 (하루전날 예약요리)	싯가

🥄 고즈넉한 한옥에서 즐기는 삼계탕

　　전통 한옥에 넓은 정원, 야외 공간을 갖추고 있는 〈백제
삼계탕 13월〉은 맛과 멋 여기에 정성 가득한 손맛까지 느
낄 수 있는 삼계탕 맛집이다. 정원에선 낮은 담 너머로 진
해 바다가 펼쳐져 보이고 식당 내부에서도 내다보이는 고풍스러운 분위
기와 정갈함 덕인지 왠지 더 품격 있는 기분까지 들게 한다.

　　또 주메뉴인 삼계탕은 진한 육수에 닭 한 마리가 통째로 들어 있어 양과 질에서 만
족스럽고 담백하고 깔끔한 맛이 다시 찾고 싶어지는 곳이다. 정원에서 시원한 수정과
한 잔으로 청량하게 식사를 마무리할 수 있다.

🍴추천메뉴

한방안동찜닭 29,000원(中)

한방삼계탕 15,000원

온천 약돌한우·돼지정육식당

Info

📍 경북 문경시 문경읍 온천2길 38, 주차 가능

☎ 054-572-5710

₩ 5,000~35,000원

🕘 09:00~23:00, 연중 무휴

🍽 문경 특산, 맛있는 약돌돼지

돼지고기, 그중에서도 문경 특산물인 약돌돼지는 기름기가 적고 담백한 맛이 일품이다. 약돌(거정석)은 약리적 효과가 있는 암석으로 국내에서 유일하게 문경시 가은읍 일원에만 분포하는 것으로 알려져 있다. 약돌을 먹인 돼지고기는 면역 기능 증진 및 중금속 배출 효과가 있어 질병에 강하기 때문에 항생제 같은 약품 사용이 매우 적다고 한다. 자연히 고기의 품질도 우수할 수밖에 없다.

그중 〈온천 약돌 한우·돼지정육식당〉은 문경새재 도립공원과 문경온천 인근에 자리하고 있어 등산 및 온천욕 후에 이용하기에 매우 편리하다. 무엇보다 인심 좋은 사장님과 깨끗한 식당 관리가 인상적이며 밑반찬이 맛깔나다. 정육식당 특성상 저렴한 가격에 신선한 고기를 먹을 수 있는 것도 큰 장점이다.

추천메뉴

약돌돼지

약돌한우

메인메뉴

살치살	(생고기포함)	6,000원	
	물순대 2,000원 별도		
소불고기	1인분		
돼지갈비	1인분		
막창	1인분	9,000원	
오돌뼈	1인분	9,000원	
육회			
육사시미			
명태찜	대	35,000원	
	중	30,000원	
	소	25,000원	

식사류		주류	
김치찌개	7,000원	소 주	4,000원
청국장	7,000원	맥 주	4,000원
순두부	7,000원	오미자 막걸리	4,000원
된장찌개	7,000원	막걸리	3,000원
육회비빔밥		음료수	1,000원
냉면	6,000원		
콩국수	6,000원		
물국수	5,000원		
막국수	6,000원		
콩국수	6,000원		
물국수	5,000원		
막국수	6,000원		

점심특선 (12시~2시)

명태찜 + 영양돌솥밥	(공기밥1개 포함)	12,000원
돼지 두루치기 + 영양돌솥밥	(공기밥1개 포함)	12,000원
소고기 전골		

한우명가 소풍

📎 **Info**

📍 울산광역시 울주군 서생면
　연산3길 22-16, 주차 가능
☎ 052-239-8697
₩ 9,000~30,000원
🕐 09:00~21:00, 일요일 휴무

🍴 담백한 갈비찜이 맛있는 울산 맛집

〈한우명가 소풍〉은 점심 정식 메뉴인 갈비찜이 유명한 식당이다. 담백한 맛의 갈비 찜은 간이 강하지 않아 호불호 없이 누구나 좋아할 수 있는 메뉴이고, 육회비빔밥 역시 신선한 재료들을 사용하여 맛있게 든든한 한끼를 즐길 수 있는 곳이다.

오래된 한옥을 개조하여 운치가 있으며 자리는 좌식과 테이블 중에 선택할 수 있 다. 자리 사이 간격이 넓고 칸막이가 설치되어 있어 약간은 분리된 느낌으로 여유로운 식사가 가능한 점도 이 식당을 추천하는 이유다.

깔끔하고 정갈한 식단으로 지역 주민들에게 입소문이 자자한 〈한우명가 소풍〉. 고 즈넉한 풍경 속에서 영양 듬뿍 갈비찜과 육회비빔밥으로 든든히 속도 채우고 마음도 채우시길 권한다.

추천메뉴

육회비빔밥 10,000원

갈비찜 10,000원

|004|

성우막창

📎 **Info** 🍳

📍 경남 울산시 울주군 온산읍
덕신리 276-31번지 102호,
주차 가능

☎ 052-238-9162

₩ 7,000~35,000원

🕙 10:00~23:00

🍴 20년 전통의 막창 맛집

〈성우막창〉은 사장님이 20년간 막창을 직접 손질하고 천연재료로 숙성하여 잡내 없이 쫄깃쫄깃한 막창을 즐길 수 있는 곳이다. 그 맛이 일품이며 가격도 착해 비용 부담 없이 즐길 수 있다. 밑반찬에도 소홀하지 않은데 돌미역무침이나 도라지무침 등 한정식집 못지않게 다양한 반찬이 신선한 재료로 만들어져 나온다.

삶은 **돼지막창** 9,000원

곱창전골 30,000원(大)

청목 신신짬뽕

📎 **Info**

📍 경북 울진군 울진읍
울진중앙로 40, 주차 가능

☎ 0507-1400-2278

₩ 5,000~30,000원

🕐 11:00~08:00(14:00~17:00
브레이크 타임), 월요일·명절
당일 휴무

🍴울진에서 유일하게 줄 서서 먹는 짬뽕집!

〈청목 신신짬뽕〉은 국물 맛으로 유명한데, 그중에서도 불향이 살아있는 걸쭉하고 진한 차돌박이 짬뽕은 양도 푸짐하고 맛이 일품이다. 또 저렴한 가격으로 맛있는 멘보샤를 맛볼 수도 있다. 탕수육이나 볶음밥 같은 메뉴도 기대 이상이니 울진에서 한 번 들러볼 만하다. 현지인뿐만 아니라 여행객들도 즐겨 찾는 맛집이다.

차돌박이 짬뽕 10,000원

수제멘보샤 6,000원

일직식당

Info

📍 경북 김천시 대항면 황학동길
   4-7, 주차 가능
☎ 054-436-6027
₩ 15,000~30,000원
🕐 08:00~22:00, 연중 무휴

🍴황악산 정기 받은 건강한 한정식

경북 김천시 황악산 자락에 위치한 〈일직식당〉은 30가지가 넘는 산채한정식을 맛볼 수 있는 건강한 한식당이다. 김천의 관광명소인 황악산, 직지사, 직지문화공원 등을 방문한 관광객들이 반드시 방문한다는 유명한 식당으로, 인근에 수많은 한식당이 밀집되어 있지만 그중에서도 가장 인기가 많은 식당이다.

〈일직식당〉의 가장 큰 매력은 상다리가 부러질 듯한 다양한 가짓수의 반찬과 건강하고 신선한 맛. 1인 15,000원의 산채한정식부터 1인 20,000원의 모듬산채정식, 1인 30,000원인 일직특선 등의 한상메뉴가 있고, 불고기, 더덕구이, 송이구이, 능이버섯회 같은 단품 메뉴도 있다.

⛥ 추천메뉴

간장불고기 15,000원(2인 이상)

산채한정식 15,000원(2인 이상)

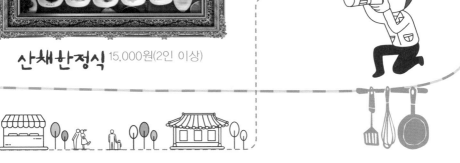

논산칼국수

📎 **Info** 🥢

📍 경북 의성군 금성면 탑리1길
47-1, 주차 가능

☎ 054-832-2339

₩ 칼국수 5,500원

🕐 10:30~19:00, 일요일 휴무

논산칼국수	
비빔밥	5,500
칼국수	5,500
공기밥	1,000
맛있는참	4,000
맥주	4,000
경주법주쌀막걸리	3,000
복분자	10,000
음료수	2,000

🍴의성의 소박함과 온정을 느낄 수 있는 칼국수집

마늘 수확철이면 의성 금성면에서는 〈논산칼국수〉에서 참을 시켜 드시는 분들이 많다. 〈논산칼국수〉는 밭에서 일하시는 마을 분들이 저렴하게 맛있고 풍족한 식사를 할 수 있는 대표적인 금성면 맛집이다. 메뉴와 반찬이 맛집으로 추천하기에는 조촐할 수도 있지만, 옛 식당에서 느낄 수 있는 소박함과 온정을 온전히 느낄 수 있는 식당이라 자부한다.

비빔밥 5,500원

칼국수 5,500원

008

대구횟집

Info

📍 부산시 강서구 명지동 1−657
☎ 051−271−2647
₩ 모듬회 90,000원(4인)

🍴정이 있는 맛있는 횟집

〈대구횟집〉은 코로나 시대에 걸맞은 안심식당(농림축산식품부 선정)으로 소재지 지자체의 인증을 받은 곳이다. 식품 안전뿐 아니라 맛도 뛰어난 집인데 기본적으로 세팅되는 찬으로 묵은지가 별미다. 또한 곁들여 나오는 금방 조리한 김치전, 계란찜 맛도 일품! 메인 메뉴인 자연산 모듬회는 '회가 달다'는 말을 실감할 수 있는 맛이고, 이후 나오는 매운탕 역시 부른 배가 언제였냐 싶게 감탄하며 먹게 된다.

모듬회 90,000원(4인)

삼가식육식당

📎 **Info**

📍 경남 합천군 삼가면 일부5길 14, 주차 가능

☎ 055-933-8947

₩ 12,000~14,000원(100g)

🕐 11:00~19:00, 목요일 휴무

🍴삼가면 한우골목 최고 맛집

〈삼가식육식당〉은 합천 삼가면의 한우골목에 위치해 있고 주변 20~30여 곳의 한우 전문 식당들 중에서 가장 손님이 많이 몰리는 유명한 맛집이다. 무엇보다 아주 저렴한 가격에 맛좋은 한우를 먹을 수 있다. 고기를 다 먹은 후 불판에 된장찌개를 끓여 밥을 말아 먹으면 그 맛이 또 별미다.

고급구이 14,000원(100g)

울산단골식당

Info

⌖ 경상북도 청송군 청송읍
약수길 53

☎ 054-873-2701

₩ 20,000~45,000원

⚷ 주왕산 아래 최고의 보양식집

주왕산 산행 후 먹는 달기약수로 끓인 닭백숙은 산행으로 지친 몸을 회복시켜주는 최고의 보양식이다. 또한 닭백숙과 곁들여 먹는 닭불고기는 다른 지역에서는 먹을 수 없는 새로운 맛의 불고기다. 닭백숙이 아니더라도 찜닭, 오리백숙, 더덕구이 같은 요리들도 있어 메뉴 선택의 폭이 넓다. 밑반찬 역시 깔끔하고 맛있다.

닭불고기 20,000원

토종닭백숙 35,000원

011

정가네 아구찜

Info

📍 경북 포항시 남구 포스코대로
425, 주차 가능

☎ 054-283-8049

₩ 13,000~60,000원

🕐 08:30~20:30,
일요일 휴무

🍴 생아구의 쫀득하고 깊은 맛이 일품

사계절 아구가 잡히는 포항은 아구를 재료로 한 요리가 특히 맛있다. 〈정가네 아구찜〉 역시 탕에서부터 찜, 수육 등 아구 본연의 맛을 느낄 수 있는 아구 전문 요리를 선보이고 있는데, 특히 생아구를 사용해 살이 아주 쫀득하고 깊은 국물 맛이 인상적이다.

싱싱한 해물을 푸짐하게 맛볼 수 있는 〈정가네 아구찜〉을 추천한다.

아구탕 13,000원

아구찜 30,000~50,000원

청림식당

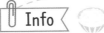

📎 Info

📍 부산시 동구 진시장로 13
☎ 051-642-5697
₩ 더덕불고기쌈밥 12,000원
🕐 11:30~21:00,
일요일 휴무

차림상

민물 더덕장어구이 국내산(1번분) 35,000	민물 더덕장어구이+불고기세트 (1인분) 25,000
더덕 불 고 기 쌈밥 (1인분) 12,000	추어탕 (국내산) 10,000
더덕동동주 한되 8,000 반되 4,000	더덕불고기 대 30,000 (100g) 소 20,000

🍴 더덕의 참맛을 느낄 수 있는 곳

〈청림식당〉은 부산 진시장에 위치한 식당으로 TV에 소개될 정도로 유명한 맛집이다. 대표 메뉴는 더덕불고기로 양념한 더덕을 구운 맛이 일품이다. 쌈도 푸짐하게 나와 한끼 식사로도 충분하다. 밑반찬들도 정갈하고 맛있으며 밥과 함께 나오는 시래기국은 고소하고 깊은 맛이 난다. 더덕의 참맛을 느낄 수 있는 〈청림식당〉을 적극 추천한다.

더덕불고기쌈밥 12,000원

춘산식당

📎 **Info**

📍 경남 산청군 금서면 친환경로
2605번길 6-6, 주차 가능

☎ 055-972-4991

₩ 춘산정식 12,000원(2인 이상)

🕐 12:00~19:00, 둘째·넷째
월요일 휴무

🍴산청 명물 흑돼지 석쇠구이 맛집

산청IC 근처에 있어 산청 관광길에 들르기 편한 깔끔한 한정식 식당. 산청의 특산품인 흑돼지 석쇠구이를 맛볼 수 있다. 생선구이와 곁들여 나오는 각종 채소가 일품이다. 근처에 산청 관광명소인 동의보감촌이 위치하여 식사 후 산청 주요 관광명소를 방문하기에 좋다.

춘산 특정식 16,000원(3인 이상)

014

경용회식당

Info

📍 경북 울진군 후포면
정실1길 52, 주차 가능

☎ 054-788-3556

₩ 아구찜, 아구탕
40,000~70,000원

이시가리 1kg	150,000~	우럭매	大 60,000
	특大 150,000		中 50,000
모 듬 회	大 120,000		
(자연산)	中 100,000	광어물회 (철 철철 대학)	15,000
	小 80,000	광 어 횟 밥	15,000
	大 120,000	도다리물회	20,000
도다리회	中 100,000	도다리횟밥	20,000
	小 80,000	공기밥 별도	1,000
		사 리	1,000
아 구 찜	특大 70,000		
	大 60,000	소 주 4,000
	中 50,000	맥 주 4,000
	小 40,000	음료수 2,000
아구탕	특大 70,000		
	大 60,000		
	中 50,000		
	小 40,000	경용회식당　Tel. 05　3556

생생한 생아구요리 전문

〈경용회식당〉의 아구 요리는 매일 공수되는 싱싱한 생아구와 아삭하게 식감이 살아
있는 콩나물, 매콤한 양념이 어우러진 환상적인 맛의 조합으로 밥도둑 역할을 제대로
해주는 메뉴이다. 여느 아구탕집에선 맛볼 수 없는 육수와 생
아구의 조합, 충분한 양의 아구와 아구애(간)로 속풀이 최
애 메뉴이다. 후포의 특미인 꽁치젓
을 곁들여 먹으면 그야말로 타의
추종을 불허하는 맛. 꽁치젓을
처음 먹어보는 사람도 부담 없
이 먹을 수 있다.

아구찜 50,000원(中)

아구탕 50,000원(中)

015

동아전복

📎 **Info** 🐟

📍 대구광역시 중구 서성로
21-2, 주차 가능

☎ 053-255-1235

₩ 15,000~160,000원

🕙 10:00~20:20, 일요일 휴무

동 아 전 복

전 복 회 (1kg)	160,000
전복구이 (1kg)	160,000
전 복 찜 (1kg)	160,000
전복야채볶음	70,000
전 복 죽	
특전복죽	15,000
전복회덮밥	24,000
전복무침회	24,000
	40,000

📍 자연산 전복요리점

대구에서 전복요리로 유명한 〈동아전복〉이다. 구룡호의 40년 전통 전복죽 할머니의 손맛을 이어받아 1999년에 개업을 하고 현재까지 자연산 전복을 이용한 전복요리의 전통을 지켜오고 있다.

대표 메뉴는 전복죽과 전복회덮밥. 전복의 내장이 듬뿍 들어가 고소하고 진한 풍미의 전복죽을 즐길 수 있으며, 전복회덮밥은 슬라이스된 싱싱한 전복과 배, 오이, 참기름, 김가루가 어우러져 꼬득꼬득한 식감과 함께 바다의 신선함을 느낄 수 있다.

전복구이 160,000원

전복죽 15,000원

전복회덮밥 24,000원

반송정 국시

> **Info**
>
> 📍 경북 포항시 북구 송라면
>   해안로 2798, 주차 가능
> ☎ 054-251-0632
> ₩ 메밀소바 8,000원,
>   비빔쟁반소바 12,000원
> 🕐 11:00~20:00(15:00~18:00
>   브레이크타임), 화요일 휴무

🍴 줄 서서 먹는 소바 맛집

〈반송정 국시〉는 더운 여름날 가기 좋은 메밀국수 맛집이다. 이 가게의 주요 메뉴는 메밀소바, 비빔쟁반소바, 김밥 등. 〈반송정 국시〉는 네이버 블로그에 포항 맛집으로 소문이 나서 손님이 끊이지 않는데, 특히 추천하고 싶은 메뉴는 카케소바와 김밥 또는 비빔쟁반소바와 김밥이다.

메밀소바 8,000원

카케소바 9,000원
김밥 2,500원

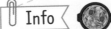

언덕집

📎 **Info**

📍 경남 양산시 중앙로 278,
   주차 가능

☎ 055-367-6271

₩ 10,000~20,000원

🕐 11:00~21:00, 명절 휴무

🍴 자연산 추어탕과 정갈한 한정식을 한 번에

〈언덕집〉은 양산시에서 선정한 2020년 양산 6대 맛집에 선정된 식당이다. 양산 도심에 위치하여 접근성이 좋으며 넓은 주차 공간을 확보하고 있어 방문에 부담이 없다.

주메뉴는 추어탕인데 담백한 맛, 얼큰한 맛 두 가지 중 골라 먹을 수 있다. 추어튀김은 미꾸라지를 통째로 튀겨내 바삭하고 고소한 식감을 느낄 수 있다.

추어튀김 20,000원(大)

자연산 추어탕수육 정식 12,000원

018

일번지횟집

📎 **Info**

📍 경북 포항시 북구 송라면
　동해대로 3356-11. 주차 가능

☎ 054-262-1996

₩ 물회 15,000~30,000원

🕐 09:00~21:00, 연중 무휴

🍴 바다를 바라보며 식사할 수 있는 물회 맛집

　　포항에서 30년 이상 운영해온 숨은 맛집이다. 사장님이 이 지역의 유지라 신선한 횟감을 인근 항구에서 수시로 제공받고 있어 해산물의 신선도는 최상이다. 특히 바로 옆 스쿠버 다이빙 강습소가 있어서 바로 앞바다에서 잡은 해삼 등이 싱싱하게 제공되고 있다.

　　점심 메뉴로 좋은 물회는 신선한 횟감과 어패류가 한 그릇에 담겨 나오는데 여기에 국물을 부어 밥을 말아 먹으면 깔끔하고 전혀 비리지 않다. 부담스럽지 않은 한끼 식사로 이 식당을 대표하는 메뉴다. 또 생선 지리, 매운탕 맛도 뛰어나다!

019

옛마당

Info

📍 대구시 달성군 다사읍
   다사로 529

☎ 053-591-0411

₩ 9,000~55,000원

🕐 10:00~22:00

🍴 깔끔하고 맛 좋은 백숙 맛집

화학조미료를 사용하지 않은 깔끔하고 깊은 맛이 느껴지는 요리를 원한다면 〈옛마당〉을 추천한다. 메인 메뉴인 능이닭백숙은 큼직한 뼈들을 다 발라서 제공해 먹기 편하다. 이미 큰 뼈를 발라냈음에도 큰 그릇에 살코기가 가득 찰 정도로 양이 푸짐하다. 백숙 고기에 이 집만의 특별소스를 곁들이면 그 맛이 환상적이다.

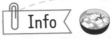

020

이현복어

📎 **Info**
👤 대구 서구 북비산로 48-2
☎ 053-555-7100
₩ 복불고기 12,000원
🕐 10:00~22:00, 연중 무휴

복불고기
12,000원

복튀김
25,000원(中)

복지리 9,000원

🥄 대구 10미(味), 복어요리 맛집

대구를 대표하는 10가지 맛인 대구 10미 중에서 복어불고기는 매콤한 양념과 콩나물, 양파, 대파를 곁들여 빨갛게 볶아 먹는 스타일로 갓 숨죽은 아삭아삭한 콩나물과 부드러운 복어살이 입안에 섞이며 색다른 맛을 연출한다. 복지리는 개인별로 나오며 콩나물 무침을 곁들이면 일품이다. 〈이현복어〉는 고기가 쫀득하며 부드럽고 싱싱한 콩나물의 시원한 맛으로 든든하게 속을 채워준다.

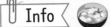

021

제주복국

> **Info**
>
> 📍 부산 영도구 절영로 481,
>   주차 가능
> ☎ 051-405-5050
> ₩ 매운탕, 지리 11,000~25,000원
> 🕐 10:00~20:30(15:00~17:00
>   브레이크타임), 토·일·공휴일
>   09:00~21:00

🍴 바다 내음 가득, 부산 대표 복국집

전국에 많은 복국집이 있겠지만 바다의 고향 부산에서 먹는 〈제주복국〉의 맛은 남다르다. 추천메뉴인 까치복 지리는 맑은 국물에 콩나물이 올려져 나와 술 먹은 다음 날 해장으로 최고다. 언제 가도 신선한 복어의 부드러운 식감, 깊은 맛이 감동적이다. 지리 말고도 매운탕, 수육, 복초회, 복튀김 등 메뉴가 있다.

까치복 지리 17,000원

참새미 시골밥상

Info

📍 경북 포항시 북구 송라면
동해대로 2757, 주차 가능

☎ 054-244-1144

₩ 두루치기 9,000원(2인 이상),
김치찌개 8,000원(2인 이상)

🕐 10:00~20:20,
명절 휴무

생오리	40,000	소주	4,000
삼겹살	9,000	맥주	4,000
소고기찌개	10,000	막걸리	3,000
시래기찌개+된장에 한식	8,000	음료수	2,000
김치찌개	8,000	공기밥추가	1,000
두루치기	9,000	된장+밥	2,000

아는 사람만 가는 숨은 맛집

영덕에서 포항으로 가는 7번 국도에 있는 숨은 맛집이다. 집밥이 그립거나 두루치기
가 먹고 싶을 때 꼭 찾아가는 집. 메뉴는 두루치기, 시래기찌개와 된장찌개, 생오리 구이
등으로 단출하나 한 번 가본 사람은 꼭 다시 찾게 되는 곳이다.

두루치기 9,000원(2인 이상)

김치찌개 8,000원(2인 이상)

023

포구 나무집

📎 Info

📍 부산광역시 금정구 조리2길 13-7, 주차 가능

☎ 051-508-1446

₩ 10,000원(120g)

🕐 10:00~22:00

🍴 부산 갈매기살의 끝판왕

부산 외곽, 상수원보호구역이자 개발제한구역에 위치한 〈포구 나무집〉은 경치 좋고 공기 맑은 곳에서 갈매기살 숯불구이를 제대로 즐기기에 최적의 식당이다.

고기는 갈매기살 단 한 종류! 메뉴는 소금구이와 양념구이 두 가지뿐이다. 메뉴를 갈매기살로 특화해 맛과 질을 높이고 음식 기다리는 시간을 최소화했다.

특히, 갈매기살 부위는 돼지고기 한 마리당 300~400g 정도밖에 생산되지 않아 희소가치가 높고, 소고기의 안창살 부위에 해당하는 부위로 쫄깃하게 씹히는 맛이 으뜸이다. 이런 갈매기살을 숯불에 구워 먹으면 은은하게 숯향이 배어 그 맛이 일품이다. 부담 없이 맛있는 갈매기살을 즐기고 싶다면 〈포구 나무집〉을 강력 추천한다. 오직 갈매기살로만 승부하는 부산 갈매기살 맛집이다.

추천메뉴

갈매기살 양념구이 10,000원(120g)

갈매기살 소금구이 10,000원(120g)

024

만남의 식당

📎 Info 📷

📍 강원 삼척시 새천년도로 84, 주차 가능

☎ 033-574-1645

₩ 10,000~15,000원

🕗 08:00~15:00, 월요일, 명절 휴무

🍴 곰치해장국이 유명한 삼척 현지인들의 맛집

　　삼척항 〈만남의 식당〉은 김칫국에 곰치를 넣은 곰치해장국이 대표 메뉴이다. 곰치의 살과 내장이 큰 대접 한가득 푸짐하게 들어 있어서 제대로 된 곰치의 맛을 느낄 수 있다.

　　입속에 넣자마자 씹을 시간도 없이 넘어가는 곰치살과 개운하고 시원한 국물 맛이 일품! 아침식사로도 음주 후 해장 메뉴로도 최고다.

대구해장국 10,000원

곰치해장국 15,000원

무지개한정식

> **Info**
>
> 📍 경남 고성군 고성읍
>   중앙로 32-7
> ☎ 055-674-7758
> ₩ 한정식 11,000원(2인 이상)
> 🕐 12:00~20:00, 비정기 휴무

🍴 제철음식으로 차려 내는 시골밥상집

지역 토박이 분들이 자주 찾는 숨은 맛집이다. 겉보기에 허름하여 '괜찮은 곳인가?'라는 생각도 들게 하지만 막상 식당 안에 들어서면 주말이나 점심시간엔 자리가 모두 차 있을 정도다. 2인이 기본상이며 나물, 조림, 회, 해산물, 찌개, 생선구이, 과일, 누룽지까지 푸짐하게 먹을 수 있다.

철마다 회 종류도 달라지고 반찬 종류도 달라진다. 제철음식을 저렴한 가격에 먹을 수 있는 〈무지개한정식〉을 추천한다.

한정식 11,000원(2인 이상)

026

창성식당

📎 **Info**

📍 경남 거창군 거창읍 대동리 811-2, 주차 가능
☎ 055-944-2575
₩ 비빔짬뽕 7,000원
🕐 11:30~19:00, 월요일 휴무

🍽 거창 명물, 비빔짬뽕 맛집

비빔짬뽕은 오직 거창군에서만 맛볼 수 있는 별미다. 다양한 해산물과 채소를 빠르게 볶아내 만든 소스 위로 계란반숙 후라이를 곁들여 함께 비벼 먹는 짬뽕이다. 일반 짬뽕과는 전혀 다른 비주얼과 맛을 선사하는 비빔짬뽕. 거창군의 여러 중식당 중에서도 군민들에게 특히 사랑받는 맛집 〈창성식당〉을 추천한다.

비빔짬뽕 7,000원

볶음밥 6,000원

027

육일 원조 명태탕

📎 **Info**

📍 부산시 사상구 감전동
   501-22

☎ 051-316-6166

₩ 10,000원

🕐 11:30~15:00,
   일요일 휴무

🍴 40년 전통의 명태탕 맛집

공업지역에 위치해 외관이 누추해 보일 수는 있지만 누가 전날의 속쓰림을 풀고 싶다고 하면 바로 여기 40년 전통의 명태탕 맛집 〈육일 원조 명태탕〉을 소개한다.

메뉴는 명태탕 단 한 가지! 명태를 우려낸 뽀얀 국물에 무, 대파, 고추 그리고 미나리가 어우러져 쓰린 속을 개운하게 해준다.

식초를 약간 가미하면 또 국물 맛이 한층 풍성해지는데, 한 번 이 집의 매콤하고 칼칼한 국물 맛을 본 사람은 그 맛을 잊을 수 없게 된다.

명태탕 10,000원

028

이랑수산

📎 Info

📍 경남 김해시 금관대로
1367, 주차 가능

☎ 055-336-8804

₩ 해물칼국수 1인
9,000원대(2인 이상)

🕐 11:00~23:00,
둘째·넷째 월요일 휴무

🍴 줄 서서 먹는 해물 요리 맛집

〈이랑수산〉은 김해 연지공원에 위치한 해물 요리 전문점이다. 푸짐하고 맛있는 해물탕과 사리로 넣어 먹는 국수가 별미라서 줄 서서 기다렸다 먹어야 할 만큼 인기가 높다. 생국수와 해물칼국수, 해물파전도 유명하고 특히 골뱅이무침과 홍합탕이 맛있다. 합리적인 가격에 싱싱한 해산물을 실컷 먹을 수 있는 해물 요리 맛집이다.

해물칼국수 9,000원 (2인 이상) 해물파전 8,000원

029

헛제사밥 까치구멍집

📎 **Info**

📍 경북 안동시 석주로 203,
   주차 가능
☎ 054-855-1056
₩ 헛제사밥 10,000~11,000원
   양반상 18,000원
🕐 11:00~20:00, 월요일 휴무

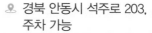

🍴 안동 대표 향토 음식점

〈헛제사밥 까치구멍집〉은 제사가 없을 때 먹는 제사 음식, 비빔밥, 전, 탕국 등 경상도의 제수음식들이 한상차림으로 나오는 안동을 대표하는 향토 음식점이다. 제사 때나 먹을 수 있는 음식들을 아무때나 먹는다고 하여 '헛제사밥'이라는 이름이 붙었는데 이 집은 경북 '백년가게' 15곳에 선정된 맛과 청결, 서비스가 인정된 맛집이다.

헛제사밥 10,000원   **양반상** 18,000원

이층횟집

> **Info**
>
> 📍 경남 창원시 마산합포구 진동면
>   미더덕로 345-1, 주차 가능
> ☎ 055-271-3456
> ₩ 식사 10,000~20,000원대
> 🕐 11:00~19:30, 첫째·셋째
>   월요일 휴무

갓 잡은 미더덕의 진미를 느낄 수 있는 곳

미더덕도 회로 먹는다는 사실을 아시는지? 창원시 진동면은 전국 미더덕 생산량의 80% 이상을 차지하고 4월이면 미더덕축제가 열릴 정도의 미더덕 성지라고 할 수 있다. 이곳에서 갓 잡은 싱싱한 미더덕을 갈아 넣은 덮밥은 따로 별다른 재료를 추가하지 않아도 있는 그대로 별미다. 은은하게 번지는 미더덕 향만으로도 금세 밥 한 그릇을 뚝딱 해치우게 된다. 바다를 밥에 비벼 먹는다면 이런 맛이지 않을까?

오독오독 씹히는 식감을 느끼고 싶다면 미더덕 회나 무침을 추가하자. 봄철에만 먹을 수 있는 딱새도 이 집의 별미이니 봄철에 방문하는 것을 추천한다.

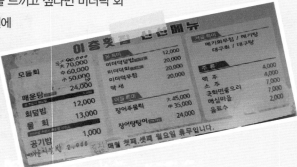

추천메뉴

미더덕회 20,000원
미더덕무침 20,000원

미더덕덮밥 12,000원

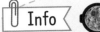

화포메기국

📎 Info

📍 김해시 한림면 한림로 252,
　주차 가능

☎ 055-342-6266

₩ 메기국 8,000원,
　장어구이 25,000원

🕐 10:00~21:00,
　첫째·셋째 일요일 휴무

🍴 3대째 이어져 오고 있는 메기국집

　〈화포메기국〉은 3대째 이어오는 역사와 전통을 자랑하는 식당으로 김해관광 추천 음식점에 선정되어 있는 곳이다. 추어탕과 매운탕을 섞어놓은 듯한 맛의 메기국은 메기살이 듬뿍 들어 있고 얼큰하면서도 시원하고, 걸쭉한 맛이 특징이다.

　메기국은 속이 따뜻해지고 건강해지는 음식으로 생선 특유의 비린맛이 전혀 없어 남녀노소 누구라도 밥 한 그릇 뚝딱 해치우게 하는 밥도둑 보양음식이다. 故노무현 대통령의 단골집으로도 유명하며, 몸보신에 좋은 장어와 함께 메기국으로 건강도 맛도 챙길 수 있는 김해 대표 맛집이다.

♀♂ 추천메뉴

장어구이 25,000원

메기국 8,000원

김해관광
추천음식점
맛집100선

화포 메기국

메 기 국 8,000	주 류	
장 어 구 이 25,000 (1인분(마리)기준)	고창복분자	10,000
	소　　　　주	4,000
	맥　　　　주	4,000
	막 걸 리	3,000
	봉 하 막 걸 리	4,000
	음　료　수	1,000

·휴일 : 매월 첫째, 셋째 일요일
·영업시간 : 오전 11시부터～오후 9시까지
·항시 주차 및 애완이 감사합니다
055-342-6266

추가반찬은
셀프입니다.

🍴032🍴

스쿠버의 집

Info

📍 경북 포항시 남구 문예로 130, 주차 불가

☎ 054-272-1773

₩ 10,000~150,000원

🕐 17:00~24:00, 일요일 휴무

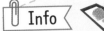

🍴신선한 해산물 천국

　　여느 횟집에서 맛볼 수 없는 신선한 해산물을 다양하게 경험할 수 있는 최고의 맛집이다. 기본 안주로 석화, 굴, 홍해삼, 멍게, 미역, 조개, 소라, 산낙지 같은 자연산 제철 해산물이 한 상 가득 차려 나와 찾아오는 이들의 입을 떡 벌어지게 만든다. 기본 안주가 너무 훌륭해 메인 요리와 구분이 안 될 정도. 마무리로 나오는 매운탕은 이미 부른 배도 잊고 밥 한 공기 뚝딱 사라지게 만드는 마술을 보여준다.

모듬스페셜 130,000원(大)

033

로타리 식육 식당

📎 Info 〈

📍 경남 창녕군 영산면 동리
324-4, 주차 가능

☎ 055-536-3551

₩ 생삼겹살 8,000원(150g)

🕙 10:00~21:00

🍴 지역 주민들이 많이 찾는 가성비 좋은 식당

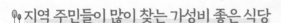

〈로타리 식육 식당〉은 믿을 만한 품질로 지역 주민들이 주로 찾는 맛집이다. 봄철이면 미나리와 삼겹살 혹은 가브리살, 가을철에는 송이와 소고기가 일품이다. 사장님의 푸짐한 서비스가 기대 이상이니 꼭 한 번 방문하길 추천한다.

생삼겹살 8,000원(150g)

생가브리살 8,000원(150g)

034

영진돼지국밥

Info

- 부산 사하구 하신번영로 157번길 39, 주차 가능
- ☎ 051-206-3820
- ₩ 돼지국밥 7,500원
- ⏰ 09:30~21:00, 일요일 휴무

🍴 부산에서도 알아주는 탁월한 돼지국밥집

〈영진돼지국밥〉은 수많은 부산 돼지국밥집 중 단연 수위에 꼽을 수 있을 만한 집이다. 돼지냄새가 전혀 나지 않고 국물이 매우 진한데 양도 푸짐해 뜨거운 국밥 한 그릇을 먹고 나면 속이 든든하고 개운하다. 테이블 순환속도가 매우 빠르며, 주차장도 완비되어 있다. 지역 주민들 사이에서도 소문난 맛집으로 통한다.

돼지국밥 7,500원

수육백반 10,000원

합천호관광농원

📎 Info

📍 경남 합천군 대병면
합천호수로 310
☎ 055-932-0036
₩ 16,000~25,000원

오곡밥정식 16,000원

🍴 주변 경관이 수려하고 음식이 정갈한 한정식집

합천호 인근 합천댐 조망권에 위치한 오곡밥을 기본으로 하는 한정식집이다. 평균 12~15가지 반찬이 제공되는데 전체적으로 음식이 깔끔하고 맛있다. 식사 후 카페 이용 시에는 50% 할인이 되어 저렴하게 티타임을 가질 수 있는 것도 장점이다. 봄에는 벚꽃, 가을에는 황매산 철쭉이 수려하여 맛과 정취 모두 만족스러운 집이다.

오곡밥소고기정식 20,000원

대마등

Info

📍 부산시 강서구 르노삼성대로
574, 주차 가능

☎ 051-208-6464

₩ 40,000~60,000원

🕐 11:30~21:30,
첫째·셋째 월요일 휴무

🍴 경치와 함께 즐기는 갈미조개 전문 식당

통유리로 되어 멋진 뷰를 자랑하는 〈대마등〉은 부산 명지에서만 맛볼 수 있는 갈미조개를 수려한 경치와 함께 즐길 수 있다. 갈미조개를 샤브샤브로 맛볼 수 있는데, 끓는 육수에 살짝 담가 데쳐낸 조개를 간장 소스나 초장에 찍어 먹으면 그 맛이 일품이다. 쫄깃한 식감의 갈미조개는 씹는 재미도 있다. 담백한 맛의 국물이 정말 진국인데, 후식 칼국수 또한 일품이다. 대패삼겹살과 갈미조개를 콩나물과 김치와 같이 구워 먹는 갈삼구이 맛도 만족스럽다. 김과 무쌈을 깔고 그 위에 갈미조개 한 점, 대패삼겹살 한 점 그리고 구운 콩나물과 김치를 함께 싸 먹으면 단맛과 짠맛이 잘 어우러져 그 맛이 환상적이다.

추천메뉴

조개샤브샤브 50,000원(大)

갈삼구이 50,000원(大)

하얀 초원의 집

Info

📍 울산광역시 울주군 삼동면
삼동로 324, 주차 가능

☎ 052-254-6077

₩ 40,000~80,000원

🕐 10:30~20:30
(재료 소진 시 마감, 예약 필수),
월요일 휴무

🍴 보리밥과 언양불고기의 환상 조합

〈하얀 초원의 집〉은 깔끔한 분위기에서 건강한 보리밥과 울주군 하면 빼놓을 수 없는 언양불고기 맛이 일품인 곳이다. 보리밥에 각종 채소와 고추장을 곁들인 후 슥슥 비벼 한입 머금으면 그 건강함이 고스란히 몸에 스며드는 기분이다. 언양불고기는 1⁺⁺ 최상급 한우갈비를 엄선하여 참숯에 구워 내니 그 맛과 향이 식욕을 돋우어 환절기에 입맛을 잃은 이들은 물론 남녀노소 할 것 없이 밥 한 공기를 뚝딱 비워 내게 만든다. 보리비빔밥과 언양불고기로 부족하다면 한우김치찌개도 맛보기를 추천한다. 김치찌개에 한우고기를 인심 좋게 듬뿍 넣어 주니 그 맛이 더없이 만족스럽다.

🍴 추천메뉴

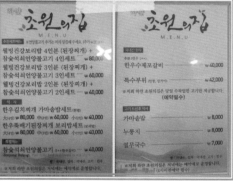

한우김치찌개 40,000원(2인)

참숯석쇠언양불고기 40,000원

보리밥+언양불고기 40,000원(2인 세트)

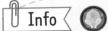

황대감 약도라지 백숙

┃ Info

📍 경남 합천군 가회면 서부로 1563
☎ 055-931-1870
₩ 8,000~60,000원
🕐 08:00~20:00

6년근 도라지와 부드러운 닭의 조합

〈황대감 약도라지 백숙〉은 사장님이 직접 재배한 6년근 약도라지로 푹 끓인 약도라지 백숙이 대표 메뉴다. 약도라지에서 우러나온 국물 맛이 개운하면서 담백한데, 그야말로 맛있는 진한 약 한 사발 먹은 것과 진배없다.

백숙 말고도 도라지와 도라지로 만든 각종 상품들도 판매하고, 약도라지로 담근 도라지술도 한잔씩 내어주시니 한 번 들러보시길 추천한다.

♀♀추천메뉴

차 림 표

식사류		주 류	
약도라지 백숙	60,000원	소 주	4,000원
오리약도라지 백숙	60,000원	맥 주	4,000원
옛날촌닭무우국	60,000원	막 걸 리	3,000원
상황버섯전복 삼계탕 (사계절보양식)	15,000원	음 료 수	2,000원
닭 개 장	8,000원		
비 빔 밥	8,000원		

정성을 다해 모시겠습니다.
닭,오리,쌀,배추,고춧가루(합천)

약도라지 백숙 60,000원

바래

Info

📍 부산시 중구 중앙대로81번길 4,
유료 주차

☎ 051-468-7006

₩ 점심식사 8,000~15,000원대,
안주류 10,000원~100,000원대

🕐 10:00~22:00

🍴 남해바다 그대로의 맛을 식탁으로

바다가 아름다운 경상남도 남해에서는 예부터 우리 어머니들이 척박한 환경에서도 바다를 생명으로 물때에 맞추어 해조류와 해산물을 채취하여 자식들의 주린 배를 채웠다고 한다. 이를 남해 토속 말로 '바래'라고 하며, 남해가 고향인 사장님이 아련한 추억의 맛과 어머니의 따스한 정성이 스민 맛을 손님들에게 보여주고자 〈바래〉을 열어 운영 중에 있다. 규모가 큰 여느 횟집 같은 화려하고 정갈한 느낌은 없지만, 주로 남해 산 제철 해산물을 내 남해바다 그대로의 맛을 느낄 수 있는 식당이다. 청정 남해바다에 서 갓 잡은 싱싱한 해산물을 부담 없이 즐기고 싶은 사람들에게 추천한다.

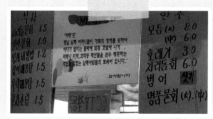

♀♀ 추천메뉴

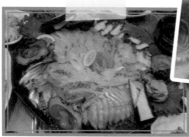

돌멍게 소주잔!

모듬회 80,000원(大)

생선구이 8,000원

연탄불 휘날리며

📎 Info 🍲

📍 경북 울진군 울진읍
   월변2길 9, 주차 가능
☎ 054-783-8295
₩ 8,000~13,000원대
🕐 17:00~02:00, 연중 무휴

🍴 맛, 친절, 서비스 3박자가 맞아떨어지는 고깃집!

〈연탄불 휘날리며〉는 울진에서 연탄을 사용하여 즐기는 딱 한 곳의 고깃집이다. 사장님의 친절함과 음식 맛은 두말할 것도 없고, 서비스로 나오는 사이드 메뉴 청국장찌개, 콘치즈, 뽀그리 라면 1회 무료(추가는 금액 부담)는 메인 메뉴급 맛이다.

아이들을 위한 놀이방이 식당 안에 있어 가족 단위 외식 장소로 안성맞춤이다. 울진에서 저렴한 가격에 맛있는 고기를 먹을 수 있는 곳이라 평일, 주말 할 것 없이 손님들이 항상 많지만 꼭 추천하고 싶은 곳이다.

추천메뉴

초벌 삼겹 11,000원

청국장 1회 서비스(3인분 이상)

계란찜 3,000원

라면 1회 서비스(3인분 이상)

PART 5

전 라

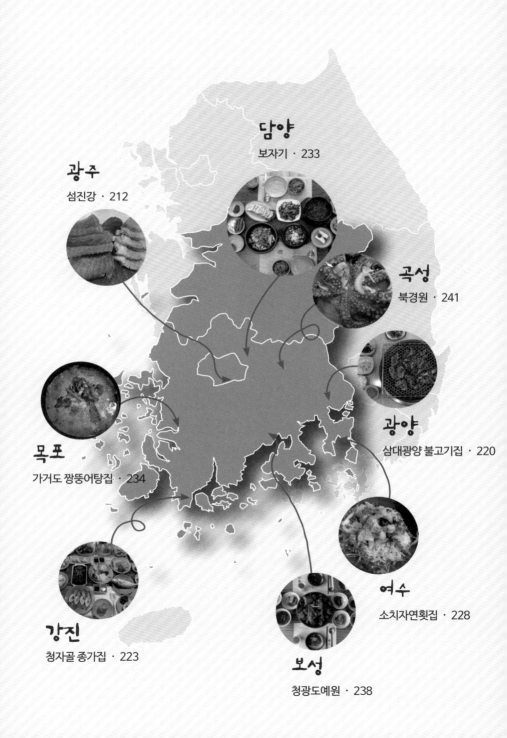

001

비응반점

📎 Info

📍 전북 군산시 비응로 64,
　　주차 가능

☎ 063-461-4140

₩ 해물짬뽕 7,000원,
　　갑오징어탕수육 20,000원(小)

🕐 09:00~19:00, 월요일 휴무

🍴갑오징어 탕수를 먹을 수 있는 곳, 군산의 짬뽕 명가

　　전국 유명 짬뽕집이 포진해 있는 군산은 조금 과장해 표현하면 감히 '짬뽕의 도시'라고 해도 좋을 정도다. 그중에서도 비응항 인근에 위치한 '비응반점'의 짬뽕 맛은 군산 앞바다에서 잡아 올린 싱싱한 해산물이 푸짐히 들어가 진한 풍미가 최고다. 특히, 이 집의 시그니처 메뉴로 '갑오징어 탕수육'을 꼽을 수 있는데, 두툼한 갑오징어는 여느 탕수육에서는 느낄 수 없는 쫀득하고 부드러운 식감을 자랑한다. 고기가 들어간 탕수육에선 맛볼 수 없는 고소함은 마지막 한 점이 없어질 때까지 처음 느낌 그대로 감동 그 자체다. 비응항 낚시인들에게 맛집으로 소문난 〈비응반점〉의 갑오징어 탕수육과 해물짬뽕을 강추한다.

추천메뉴

갑오징어탕수육 20,000원(小)

해물짬뽕 7,000원

섬진강

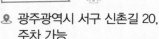

📎 Info

📍 광주광역시 서구 신촌길 20,
주차 가능

☎ 062-374-4119

₩ 갈치구이정식 22,000원,
갈치조림 22,000원

🕐 11:30~21:00, 명절 휴무

당일 배송된 싱싱한 해산물을 먹을 수 있는 곳

광주 서구에 위치한 해산물 전문 식당 〈섬진강〉은 130,000원(섬진강정식), 160,000원(섬진강정식 특)으로 다양하고 싱싱한 해산물을 푸짐하게 맛볼 수 있다. 정식을 시키면 민어회, 생고기, 육회, 병어조림, 병어무침, 멍게, 문어숙회, 조개, 해삼, 육전, 명태전, 전복, 홍어회 등이 나오는데 하나하나 진미가 아닌 음식이 없을 정도다.

주메뉴뿐만 아니라 곁들여 나오는 반찬도 하나같이 맛깔나고 정갈하다. 특히 또 다른 메뉴인 갈치조림은 싱싱한 갈치이기에 가능한 국물 맛이 아주 깊이가 있다.

광주에서 제대로 된 남도 음식을 즐기고 싶다면 〈섬진강〉을 추천한다.

추천메뉴

갈치조림 22,000원

섬진강 정식(특)	160,000
(3~4인기분) 1상	
섬진강 정식	130,000
(3~4인기분) 1상	
갈치구이정식(1인분)	22,000
갈치조림(1인분)	22,000
병어조림(1인분)	22,000

섬진강정식 130,000원(3~4인분)

GS건설 | 하동화력기존부두접안능력증대공사
☆**함문원 소장님 추천 맛집**

003

동화루

📎 **Info**

📍 전남 광양시 옥곡면 옥진로 688, 주차 가능

☎ 061-772-0056

₩ 짬뽕 8,000원, 탕수육 15,000원(小)

🕐 11:00~20:00(15:00~17:00 브레이크타임), 일요일 휴무

🍴짬뽕의 최강 맛집

〈동화루〉는 광양 5일장이 서는 시장통에 위치한 중식 맛집이다. 이곳의 대표 메뉴는 뭐니 뭐니 해도 해물짬뽕! 홍합, 꽃게 등 해산물이 풍부한 짬뽕으로 그 얼큰하고 담백한 국물은 여느 짬뽕의 달인과 겨누어도 손색없는 맛과 향이다.

또 하나의 비장의 메뉴는 바로 찹쌀탕수육으로 매우 바삭하고 고기 냄새가 전혀 안 나는 것이 특징이다.

점심시간의 경우 11시 이전에 가지 않으면 줄도 못 서게 될 정도로 아는 사람들은 다 아는 광양의 대표 맛집이다.

탕수육 15,000원(小)

특밥 7,000원

004

은하횟집

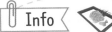 Info

📍 전남 여수시 돌산읍 계동해안길
   39-5, 주차 가능
☎ 061-644-3276
₩ 60,000~120,000원
🕐 11:00~21:00

자연산 해산물의 향연

〈은하횟집〉은 메뉴가 따로 없으며 인원수에 따라 코스로 제공된다. 싱싱한 자연산 해산물로 모든 메뉴가 무척 싱싱하고 풍미가 더할 나위 없다. 주인이 직접 개발한 장이 특별한데 회 맛을 한층 끌어올려준다. 곁들여 나오는 반찬도 다양하고 하나같이 맛이 좋다. 여수 오동도를 방문한다면 꼭 들러보기를 추천한다.

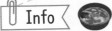

005

한일옥

🍴 맑고 깊은 맛이 나는 소고기뭇국 맛집

　　이미 방송에도 여러 차례 소개될 정도로 군산 소고기뭇국으로 유명한 〈한일옥〉이다. 이 집의 대표 메뉴 소고기뭇국 '무우국'뿐 아니라 닭개장과 김치찌개 역시 손님들의 사랑을 받고 있는 메뉴다. 무우국의 특징은 역시 푸짐한 소고기에 깊은 국물 맛! 이 국물 맛을 보기 위해 전국에서 손님들이 몰려들 정도다.

　　〈한일옥〉 바로 맞은편에는 영화 '8월의 크리스마스'를 촬영한 '초원사진관'이 자리해 있고, 인근엔 군산의 대표적인 적산가옥 히로쓰가옥도 있으니 맛 좋은 음식도 즐기고 아름다운 도시 군산의 멋과 정취도 느껴보시길 적극 추천한다.

추천메뉴

육회비빔밥 9,000원

무우국 9,000원

006

은빛가든

> **Info**
> 📍 전라북도 김제시 하흥로 468-12, 주차 가능
> ☎ 063-546-6605
> ₩ 35,000~50,000원
> 🕐 10:00~21:00, 명절 휴무

🍴 김제 최고의 한식당

쌀알이 굵고 찰지며 윤기가 흐르는 김제 지평선쌀은 섬유질이 풍부해 장운동에 좋으며, 그 쌀로 갓 지은 밥을 보고 있자면 군침이 절로 돌 정도다. 이런 맛 좋은 지평선쌀로 지은 밥에 김제 현지인들의 추천 맛집 1순위 〈은빛가든〉의 얼큰한 국물을 곁들이면 금상첨화. 맑은 백산저수지에서 직접 잡아 올린 민물매운탕과 토종닭으로 만든 닭도리탕의 깊은 맛은 심금을 울릴 정도다.

점심, 저녁 할 것 없이 항상 붐비는 식당이며 주인의 말을 들어보자면, 손님들께 제공되는 모든 밑반찬 또한 손수 준비한다. 믿고 즐길 수 있는 김제 최고의 식당이다.

차 림 표	30년전통-은빛가든 MENU
메기탕 大 45,000 / 中 40,000 / 小 35,000	빠가탕 大 50,000 / 中 45,000 / 小 40,000 · 닭도리탕 大 45,000 (국내산) / 小 40,000
새우탕 大 45,000 / 中 40,000 / 小 35,000	오리주물럭 50,000 (국내산)(900g) · 옻 닭 50,000 (국내산)
	묵은지 닭도리탕 50,000 (국내산) · 백 숙 50,000 (국내산)
	묵은지등갈비 50,000 (국내산)
공 기 밥 1,000 / 가마솥밥 2,000	◆모든 메뉴에서 공기밥 및 가마솥밥은 별도 계산합니다.

◆저희 업소는 남은 음식물을 재활용하지 않습니다.
◆원산지:배추김치(배추:국내산,고춧가루:국내산,등국산), 쌀:국내산 (커피는 셀프)

♨추천메뉴

닭도리탕 40,000원(小)

빠가탕 45,000원(中)

기본 제공

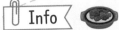

007

삼대광양 불고기집

Info

📍 전남 광양시 광양읍
서천1길 52, 주차 가능

☎ 061-763-9250

₩ 17,000~24,000원

🕐 11:00~21:30(일요일 11:00~20:00),
명절 휴무

한우불고기 24,000원

🍴 3대를 잇는 대한민국 원조 불고기집

3대째 대를 이어가고 있는 대한민국 원조 광양 불고기집!
불고기 하나만으로 3대째 가업을 유지하고 있는 이 가게만
의 노하우와 대를 이어온 장인정신이 배어 있는 식당이다.

90여 년을 황동화로와 구리석쇠에 참숯으로 불고기를 구
워 옛맛을 그대로 살려내고 있다. 식당 앞에 길게 늘어선 줄
은 이 식당이 다른 설명이 필요 없는 최고의 식당임을 말해
준다.

성내식당

📎 Info

📍 전남 해남군 해남읍
명문길 19-1, 주차 가능

☎ 061-533-4774

₩ 20,000~35,000원

🍴솜사탕 같은 소고기 샤브샤브

얇고 연한 소고기를 끓는 국물에 살랑살랑 흔들어 익혀서 야채와 함께 소스에 찍어 먹는 근사한 국물요리 샤브샤브. 해남에는 샤브샤브 국물에 솜사탕처럼 사르르 녹는 소고기와 버섯을 비롯한 각종 야채를 듬뿍 넣어 먹을 수 있는 〈성내식당〉이 있다.

샤브샤브에 들어가는 버섯은 콜레스테롤을 줄여주는 구아닌산을 다량 함유하고 있어 성인병 예방에도 좋다니, 〈성내식당〉에서 솜사탕처럼 연한 소고기와 함께 맛보기를 추천한다.

생고기 35,000원(250g)

샤브샤브 20,000원(120g)

이순신 복어

📎 **Info**

📍 전남 광양시 항만13로 23-7
☎ 061-795-2332
₩ 10,000~60,000원

🍴 해장에 최고인 복어 맛집

〈이순신 복어〉는 시원하고 맑은 복어국물이 일품이며 복어지리에 곁들여진 미나리의 향긋함과 콩나물의 아삭한 식감이 입맛을 끌어올린다.

함께 나온 밑반찬은 정갈하고 깔끔하며 주인의 정성이 가득 들어 있다.

청결하고 깔끔하게 정돈된 식당 분위기와 주인의 친절함도 〈이순신 복어〉를 다시 찾게 되는 이유다. 광양을 대표하는 복어 맛집 〈이순신 복어〉를 추천한다.

010

청자골 종가집

Info

📍 전남 강진군 군동면
종합운동장길 106-11, 주차 가능
☎ 061-433-1100
₩ 80,000(2인)~160,000원(4인)
🕐 11:30~20:30, 명절 휴무

고급스러운 분위기에서 즐기는 남도 한정식

〈청자골 종가집〉은 전통 기와집에 넓은 마당과 아름다운 조경으로 기분이 좋아지는 식당이다. 30~40여 가지 반찬이 제공되는 강진군의 대표 남도 한정식집이다.

한정식은 홍어삼합을 비롯해 보리굴비, 각종 해산물, 돼지불고기, 여러 가지 나물류 등 다양한 종류의 음식으로 구성되어 있다. 음식 맛이나 분위기가 가족 모임이나 손님 접대 등 목적으로 방문하기 좋다. 식사 후 넓은 마당을 산책할 수 있는 것도 이 집을 다시 찾을 이유가 된다.

수라상 160,000원(4인)
80,000원(2인)

011

호림이네

Info

📍 전라북도 전주시 완산구
춘향로 5152

☎ 063-285-4007

₩ 다슬기돌솥밥 18,000원

🕐 11:30~21:00, 월요일 휴무

🍴 어쩌다 먹어본 서울 사람은 있어도
안 먹어본 전주 사람은 없다는 다슬기 명가

다슬기 전문 식당 〈호림이네〉는 전주에서 남원으로 가는 방향 국도에 위치해 있다. 다슬기가 푸짐하게 들어간 다슬기돌솥밥, 시원하게 끓여낸 다슬기탕이 유명한데 거기에 전통음식 명장인 김영숙 대표가 직접 담그는 계절 따라 나오는 나물 장아찌 반찬이 일품이다. 다슬기탕을 시키면 나오는 기본 돌솥밥을 나물에 비벼 먹으면 업어 가도 모른다는 돌솥비빔밥까지. 명장이 우리 아이가 먹는다는 신념으로 정성을 다해 차려 내는 한 상을 받아보자. 다슬기요리의 진품명품 맛! 〈호림이네〉서 만끽할 수 있다.

추천메뉴

다슬기돌솥밥 18,000원

다슬기탕 15,000원

약재백숙 80,000원

012

만나가든

Info

📍 전북 완주 삼례읍 수계리
159-1, 주차 가능

☎ 063-262-3481

₩ 메기구이 50,000원(4인)

🍴장어구이보다 더 고소하고 담백한 메기구이

메기구이는 장어구이보다 훨씬 더 고소하고 담백하다. 구이를 먹고 나면 탕은 서비스로 제공된다. 밑반찬은 모두 텃밭에서 키운 유기농 채소이고, 여기에 주인의 손맛이 버무려져 하나같이 맛이 좋다. 후식으로 나오는 검은콩국수 맛이 별미인데 검은콩국수 한 그릇으로 맛과 영양 모두 챙길 수 있다. 가정집에서 소박하게 운영하는 집으로 많은 인원을 동시에 수용하지는 못하고, 메기구이는 1시간 전에는 예약을 해야 한다.

메기구이 50,000원

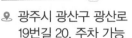
송정골

Info

📍 광주시 광산구 광산로
19번길 20, 주차 가능

☎ 062-943-8282

₩ 굴비정식 12,000원(2인 이상)

🕐 11:00〜21:00
(15:00〜16:30 브레이크타임),
둘째 주 일요일 휴무

🍴가성비의 끝판 왕, 보리굴비 떡갈비

〈송정골〉 정식은 꼬막초무침, 보리굴비, 떡갈비 등이 한 상 푸짐하게 차려져 나오는데, 꼬막초무침은 각종 야채와 양념이 버무려져 입맛이 살아나고, 보리굴비는 직원이 먹기 좋게 발라주시는데 비린 맛이 없으며 적당히 짭조름하다. 두툼하게 잘 구워져 나오는 떡갈비는 벌써 보기에도 먹음직스러운데 육즙이 가득하고 맛이 담백하다. 이 외에도 간장게장, 계란말이, 콩나물, 미역국이 같이 차려지는데 1인 12,000원(2인 이상)이라 가성비의 끝판왕이라 할 수 있다. 육전은 고소하고 곁들이는 소스와 잘 어우러져 식사는 물론 술안주에도 제격이라 할 수 있다.

광주 송정역에서 도보 5분 거리에 있다. 〈송정골〉은 내부가 깔끔하고 안쪽에 룸이 있어 각종 모임 장소로도 좋다.

|014|

소치자연횟집

📎 Info

📍 전남 여수시 신덕동 소치
607-6, 주차 가능

☎ 061-686-5989

₩ 17,000~38,000원대

🕐 11:30~21:00, 부정기 휴무

🍴 남해의 정기를 받은 전설의 물회맛집

토목인은 일평생 대한민국 이곳저곳을 누비며 살아가고, 그 덕에 지역 맛집들의 음식을 접할 수 있는 기회가 잦다. 전남 여수에 위치한 〈소치자연횟집〉은 기회를 넘어 인생의 즐거움과 전환점을 선사해주었다.

모든 메뉴의 횟감은 여수 앞바다에서 잡힌 제철 재료로 신선도는 두말할 필요 없고, 재료 본연의 맛이 그대로 살아있어 마치 바다를 입안에 옮겨놓은 듯하다. 추천하고 싶은 메뉴는 단연 물회! 글로는 이루 표현이 어려운 정도다. '물회는 동해'라는 고정관념을 깨부수는 것은 물론, 명실상부 전남 동부권 최고의 맛집이라 말하고 싶다. 탁 트인 남해 바다를 전경으로 최고의 물회를 맛보길 권한다.

추천메뉴

물회 17,000원

탕·구이정식 20,000원

015

홍아네

Info

📍 광주광역시 서구 마륵복개로
   150번길 7, 주차 가능
☎ 062-384-9401
₩ 보리굴비백반 25,000원
🕙 11:00~19:30, 공휴일 휴무

🍴 고택에서 만나는 정갈한 남도 백반

광주 상무지구 인근에 위치한 〈홍아네〉는 세월의 흔적이 묻어 있는 한옥 식당이다. 원래 한옥의 느낌을 고스란히 담고 있는 〈홍아네〉는 옛날 시골집에 놀러가 할머니가 해주시는 밥상을 받는 듯한 향수에 빠지게 한다.

보리굴비백반, 흑산홍어삼합, 황석어탕 같은 남도의 토속 음식을 맛볼 수 있으며 음식 하나하나가 깊은 맛을 가지고 있어 무엇을 선택하든 만족도 높은 식사를 즐길 수 있다. 매일 아침 사장님이 직접 장을 봐온 신선한 재료들이 음식의 맛을 더욱 높여주며, 식당 입구에 자리 잡은 오픈형 주방은 손님들에게 맛에 대한 신뢰를 심어준다.

추천메뉴

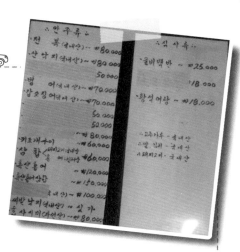

황석어탕 18,000원

보리굴비백반 25,000원

016

계곡가든
꽃게장

📎 **Info**

📍 전북 군산시 개정면 금강로 470, 주차 가능
☎ 063-453-0608
₩ 간장게장 30,000원
🕐 11:00~20:30, 연중 무휴

🍴 군산 토박이 추천 간장게장 맛집

〈계곡가든 꽃게장〉은 군산 토박이가 추천하는 꽃게 요리 맛집이다. 간장게장과 양념게장 정식이 주메뉴로 꽃게탕, 꽃게찜 등 싱싱한 꽃게를 재료로 한 꽃게 요리를 모두 먹어볼 수 있다. 게살이 싱싱하고 쫀득한데 정식을 주문하면 곁들여 나오는 반찬 역시 가짓수가 많고 하나하나 맛없는 반찬이 없다. 방문객의 편의를 위해 칫솔과 치약 레몬물을 준비해둔 것만 봐도 이 집 사장님의 정성을 알 수 있다.

간장게장정식 30,000원(1인)

017

보자기

Info

📍 전남 담양군 대전면 신룡길 73, 주차 가능

☎ 061-382-5525

₩ 우렁쌈밥정식 13,000원

🕐 11:00~21:00(16:00~17:00 브레이크타임, 20:20 주문 마감), 월요일 휴무

곰보배추 우렁쌈밥정식		13,000
곰보배추 우 렁 쌈 밥		10,000
곰보배추 죽순우렁이회		30,000 (大)
		20,000 (소)
곰보배추 돼지고기수육		30,000 (大)
		20,000 / 10,000 (소)
곰보배추 오리한방백숙		50,000
모 두 부		7,000

🍴건강함이 느껴지는 쌈밥정식

'수요미식회'에 나온 지역 맛집이다. 대표 메뉴인 곰보배추 우렁쌈밥정식을 시키면 기관지에 좋다는 곰보배추와 다른 쌈 채소들이 풍성하게 나온다. 죽순이 곁들여 나오는 죽순우렁이회와 곰보배추 돼지고기수육도 인기메뉴다. 영양 많은 오리한방백숙은 잡내가 없이 맛이 진하며 모두부는 입가심으로 많이 찾는다.

대기 인원이 많아 번호표를 뽑고 기다려야 하니 예약은 필수이다. 미감이 뛰어난 사람이면 다들 인정하는 〈보자기〉를 적극 추천한다.

돼지고기 수육 30,000원

우렁쌈밥정식 13,000원

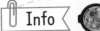

018

가거도
짱뚱어탕집

> **Info**
>
> 📍 전남 목포시 고하대로 624, 주차 불가
> ☎ 061-242-6433
> ₩ 짱뚱어탕 9,000원 ♥

🍴 숙취 해소와 스태미나에 좋은 짱뚱어탕집

〈가거도 짱뚱어탕집〉은 노부부가 운영하는 흔치 않은 짱뚱어탕집이다. 숙취 해소와 스태미나식으로 알려진 짱뚱어탕 한 가지 메뉴로 승부하는 이곳은 100% 국내산, 자연산 짱뚱어를 재료로 하기에 신선하고 맛이 깊으며 영양 또한 풍부하다. 목포 시민들 사이에서는 이미 유명한 맛집이다!

짱뚱어탕 9,000원

019

부안초밥집

Info

📍 전북 부안군 부안읍
부풍로 57, 주차 가능

☎ 063-581-1070

₩ 8,000~24,000원

🕐 11:00~21:00,
첫째·셋째 월요일 휴무

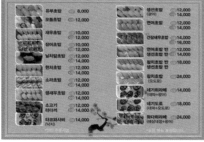

🍴 부안 최고의 핫 플레이스

'국제 그랑프리 라이브 스시 대상', '해양수산부장관상'을 수상한 주방장이 직접 경영하는 〈부안초밥집〉은 맛과 친절함, 청결함과 가성비로 전북 부안군의 최고 맛집임이 확실하다. 부안의 특산물인 뽕잎과 말린 오디를 넣어 만든 초밥 사리에, 재료를 아끼지 않아 두툼한 생선살이 올라간 초밥은 종류에 따라 쫄깃하기도, 부드럽기도, 입에서 살살 녹기도 한다.

모듬초밥 12,000원

참치초밥 24,000원

순천만 다락원

📎 Info

📍 전남 순천시 순천만길
   225-4, 주차 가능

☎ 061-742-9500

₩ 8,000~28,000원

🕐 09:30~21:30, 월요일 휴무

🍴이베리코 명품 흑돼지를 맛볼 수 있는 곳

〈순천만 다락원〉은 세계 4대 진미인 이베리코 명품 흑돼지를 맛볼 수 있는 숯불정육식당이다. 캠핑을 하는 느낌을 받을 수 있는 단독동도 있고, 넓은 홀도 마련되어 있어 회식 또는 단합대회로 이용하기도 좋다.

쉽게 접할 수 없는 이베리코 흑돼지는 스페인 햄 하몽을 생산하기 위해 사육되는 스페인의 돼지 품종으로 특유의 풍미가 특징이다.

정갈한 밑반찬과 숯불에 구워 먹는 이베리코 흑돼지를 저렴한 가격에 먹을 수 있는 〈순천만 다락원〉을 적극 추천한다.

🍴 추천메뉴

이베리코 흑돼지 세트 60,000원(4인 기준)

청광도예원

> **Info**
>
> 📍 전남 보성군 보성읍 사동길 52-11, 주차 가능
> ☎ 061-853-4125
> ₩ 20,000~60,000원
> 🕙 10:00~21:00, 둘째·넷째 월요일 휴무

🍴 남도의 맛과 녹차향을 머금은 보성 한정식집

보성의 자랑 '대한다원' 초입에 위치한 〈청광도예원〉은 이미 여러 곳에서 소개되고 입소문도 무성할 정도로 유명한 한정식 맛집이다. 사장님 남편 분이 도자기를 굽는 도예가라서 식당 이름을 '청광도예원'으로 지었다고 한다.

많은 한정식 집들이 별로 젓가락이 가지 않는 밑반찬으로 가짓수를 늘려서 20~30첩을 자랑하지만, 〈청광도예원〉의 녹차정식은 반찬마다 남기기 아까울 정도로 정갈하고 맛이 좋다. 닭볶음탕도 유명한 메뉴인데 차려 내는 상을 보면 먼저 푸짐한 양에 놀라고, 토종닭임에도 부드럽고 고소한 식감에 또 놀라게 된다. 남도의 맛과 녹차 향을 머금은 곳, 자연과 예술이 어우러진 〈청광도예원〉을 추천한다.

토종닭볶음탕 60,000원

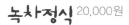

녹차정식 20,000원

022

오팔식당

Info

📍 전남 진도군 임회면
십일시길 27, 주차 가능
☎ 061-543-5858
₩ 8,000~70,000원
🕐 불특정~21:00

🍴 진도의 숨은 낙지 및 백반 맛집

서울, 경기, 수도권의 낙지 전문점 낙지볶음이 대개 고춧가루 범벅으로 정작 낙지 고유의 맛을 느끼기 어렵다면, 〈오팔식당〉 낙지볶음은 시중의 낙지볶음과는 차원이 다르다. 탱글탱글한 낙지를 한입 베어 물면 낙지 육즙이 쭉 뿜어 나올 정도로 적당히 잘 볶아 나온다. 또한 자극적이지 않은 맵기로 부담 없이 먹기 좋다. 참기름, 참깨를 뿌려 내는 낙지 탕탕이 맛도 일품이다. 매일 색다른 메뉴로 차려지는 백반은 마치 정성 가득한 집밥을 먹는 것 같다. 아직은 많이 알려지지 않은 진도의 숨어 있는 맛집으로 강력 추천한다.

북경원

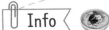

Info

📍 전남 곡성군 석곡면
   석곡로 24, 주차 가능

☎ 061-362-3106

₩ 짬뽕류 6,000~16,000원

🕐 11:00~19:30, 첫째·셋째 월요일,
   둘째·넷째 일요일 휴무

🍴 깊은 국물 맛의 해물 짬뽕 맛집

〈북경원〉은 영화 '곡성'으로 유명세를 탄 곡성군 석곡면의 숨은 맛집이다. 이곳의 유일한 단점은 짬뽕을 주문하면 다른 곳보다 오래 기다려야 한다는 것인데, 짬뽕 국물을 미리 만들어 놓는 것이 아니라 주문과 동시에 요리를 시작하기 때문이다. 그러나 충분히 기다릴 가치가 있다. 맵기만 한 여느 짬뽕과는 다른 깊은 국물 맛을 느낄 수 있기 때문이다.

기본 짬뽕인 해물짬뽕도 해물 양이 푸짐하지만 특별 메뉴인 갑오징어짬뽕, 문어짬뽕, 전복짬뽕을 주문하면 주재료 한 마리가 통째로 들어가 있는 특별한 짬뽕을 즐길 수 있다.

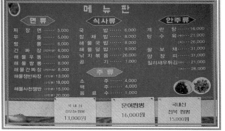

문어짬뽕 16,000원

갑오징어짬뽕 13,000원

진가진연구소

| 024 |

📎 Info

📍 전북 익산시 평동로 668, 주차 가능

☎ 063-856-9207

₩ 식사 12,000~25,000원대

🕘 09:00~21:00(재료 소진 시 영업 종료), 연중 무휴

🍴정성 가득한 찐 갈비탕 맛집

〈진가진연구소〉는 매일 아침 16시간 이상 핏물을 빼고 나서 삶아낸 초벌육수를 버리고, 그리고 나서 깨끗하게 씻은 고기를 딱 한 번만 푹 진하게 우려내는 갈비탕 맛집이다. 여기에 밥은 매일 도정한 최고 등급의 햅쌀에 항암, 항염증 효과가 뛰어난 강황가루를 첨가해 지은 것이다. 김치도 모두 국내산으로 하루 두 번 주인이 직접 담가 낸다. 그야말로 음식에 건강과 정직, 정성이 담뿍 들어 있다. 이미 현지인들에게는 찐 맛집으로 소문이 자자한 집이다.

술안주 / 모임메뉴

미니 수육(1~2인 기준) 15,000원
장과 함께 즐기는 실속메뉴

수육 전골(2~3인 기준) 40,000원
소 한 마리의 모든 부위를 한 상에 프리미엄 보양식의 으뜸!

뿔소 갈비찜(2~3인 기준) 40,000원
입존 갈갈 술을 부르는 맛!

소 갈비찜(2~3인 기준) •기본맛(개운한 매운맛) 40,000원
                          •순한맛
온 가족이 즐길 수 있는 가족 메뉴, 진가진 고유의 갈비 양념 레시피

고기 추가 20,000원
냉면사리 2,000원
우동사리 2,000원
떡 사 리 2,000원
볶 음 밥 3,000원

어린 아이부터 어르신까지 3代가 함께 즐길 수 있는 안전하고 맛있고 건강한 음식
바른밥의 기준 밥상은 역시! 진가진

식사메뉴

우탕 15,000원 (특)18,000원
소 한 마리의 모든 부위가 다 들어간 프리미엄 보양식

꼬리곰탕 20,000원 (특)25,000원
면역력 UP! 원기회복 UP! 몸보신의 완판왕!!

무릎도가니탕 13,000원 (특)16,000원
100% 무릎도가니만을 사용한 진짜 도가니탕!

한우 우족탕 13,000원 (특)16,000원
콜라겐이 풍부해 피부와 혈관건강에 좋은 100% 국내산 우족

얼큰 소머리국밥 10,000원 (특)13,000원
칼칼하고 개운한 소머리국밥

뚝배기 갈비찜 15,000원 (특)18,000원
양념, 밥알, 입존 최고의 밥도둑!

진짜 갈비탕 12,000원 (특)15,000원
차돌우린 진심 갈비탕 최강자! 진가진 오리지널 갈비탕

양지 설렁탕 10,000원 (특)13,000원
양지 살코기를 담백한 맛의 설렁탕

설렁탕 9,000원 (특)12,000원
한우 향소 머릿고기와 사골 육수로 고기양이 강한 설렁탕

•소면을 원하시면 말씀해 주세요.
•후추초로 직접 갈아드립니다.
후추가 필요하시면 말씀해 주세요.

전메뉴 포장 가능합니다.(일산 전지역 쿽 가능·전국택배 가능)
진가진은 식재료에 돈을 아끼지 않습니다. 좋은 식재료가 좋은 음식을 만듭니다.

소소한 풍경

대한토목학회
출판위원장이
추천하는 숨은 맛집!

🍴 소소한 풍경

부암동에 자리한 숨은 맛집이다.

가정집을 개조해 만든 식당으로 마치 집에서 식

사하는 듯 편안한 기분을 느끼게 하는 집이다. 처음

방문한 지 20년쯤 되었는데, 여전히 차분하고 편안한 식사가

필요할 때면 이 집을 찾곤 한다. 와인을 들고 가 한식과 곁들여 먹을 수 있

고, 혹시 비싼 코스를 시키려고 하면 굳이 "아니에요. 이것으로 드세요." 하고 바꿔주

는 코스가 아주 착한 중간 가격의 요리이다. 코스 요리 중 일미는 마지막 내오는 가지

찜 요리이다! 이유는 어렸을 때 어머님께서 해주시던 가지찜 맛은 이 집 아니면 만날

수가 없다. 함께 동행한 친구들도 자동으로 단골이 되는 집이다. 주차대수는 2대. 바

로 옆에는 우리나라 현대미술 작가인 김환기 화백의 환기미술관이 있어 문화생활도

즐기고 나서 좋은 음식과 함께 그 여운을 곱씹어도 좋을 듯싶다. 날씨가 좋은 날이면

마당에서의 식사를 추천한다. 한 폭의 그림 속 풍경으로 자리할 수 있을 것이다.

📍 서울 종로구 자하문로40길 75
☎ 02-395-5035
₩ 코스 24,000~80,000원

⍢ 모도우

고기를 품위 있게 맛있게 구워 먹고 싶다면, 이 집을 추천하고 싶다. 〈모도우〉라는 이름이 마치 일식을 연상시키지만 '빈틈없이 야무진 사람'의 순우리말인 '모도리'와 소 '우(牛)'의 합성어로 지은 이름이다. 시내에서 맛있는 고깃집을 찾다가 우연히 알게 된 집인데, 처음 방문했을 때 참 인상적이어서 3일 연달아 찾게 된 집이다. 경복궁 인근에 위치해 있는데, 우리 세대라면 "한국일보 자리에 들어선 빌딩 지하에 있다."라고 하면 간단히 설명이 된다. 이후로도 몇 차례 손님을 대접할 일이 있었는데, 100% 찬사가 이어졌던 집이다. 특히 이 집에서 고기와 곁들여 구워주는 올리브가 인상적인데, '올리브를 구워 먹는다?' 이 맛이 상상하는 것 이상이다. 고기가 당기는 날 강북에서 격과 맛을 모두 충족할 수 있는 집을 찾는다면 단연 〈모도우〉이다.

> 📍 서울 종로구 율곡로 6
>   트윈트리타워 B동 M층
> ☎ 02-6016-6916

¶↓ 스시겐

2호선 합정역 2번 출구에서 한 블럭 들어간 골목에 자리한 작은 일식집이다. 원래 〈스시겐〉은 동교동 린나이 본사 빌딩 지하에 있었다. 여기에 사연이 있는데, 린나이 기업의 회장님이 자신이 가장 즐기던 유명 호텔의 일식 셰프를 설득해 기업 본사 지하에 자리를 내주면서 〈스시겐〉의 역사가 시작된 것이다. 꽤 오래된 이야기로 얼마 전 린나이 빌딩의 주인이 바뀌면서 지금 자리한 합정동으로 옮기고, 연로한 셰프가

제자인 현 셰프에게 넘기게 되었다. 〈스시겐〉은 가격도 음식 맛도 착하고 훌륭하다. 이 집에서 가장 즐기는 식사는 지라시! 메뉴판의 일명 꽃초밥이 바로 지라시다. 유학 시절 싼값에 즐기던 지라시를 우리나라에서 처음 유일하게 발견한 곳이 바로 〈스시겐〉이었다. 요즘은 다른 많은 일식당에서 메뉴로 내고 있지만 그럼에도 이 집 지라시는 꼭 한 번 맛보길 권한다. 코스로는 '마쯔'를 추천한다. 사진은 특꽃초밥(지라시).

📍 서울 마포구 양화로7길 6-12
☎ 02-3144-7733

⚑ 민스키친

연희동에서 갈 만한 조용한 음식점을 찾는다면 단연 〈민스키친〉을 추천한다. 이곳에선 한 번도 메뉴를 보고 시킨 적이 없다. "실장님, 맛있는 것 주세요."가 늘 나의 메뉴이다. 메뉴를 고를 필요도 없는 믿음이 가는 곳. 화학조미료를 전혀 사용하지 않고 직접 담근 장을 사용한다. 재료 본연의 맛을 살리기 위해 최선을 다한다는 셰프의 신조가 그대로 담겨서인지 맛도 탁월하지만, 속도 편해 늘 만족스럽다. 실력 있는 셰프의 손맛으로 탄생한 색다른 한정식을 맛볼 수 있는 곳, 퓨전 한식 다이닝 〈민스키친〉이다. 단품요리, 코스 메뉴, 반상 메뉴 등 다양한 메뉴 선택이 가능하고, 아직 방문하지는 못했지만 강남점과 경기점, 광교점도 있다. 발렛 주차가 가능하고, 예약은 필수이다.

📍 서울 서대문구 연희맛로 7
☎ 02-324-5511

대한토목학회 출판위원장이 추천하는 맛집은 이 책을 가지고 가셔서 위원장님 이름을 말씀하시면 서비스를 제공받으실 수 있습니다.

KSCE 출판 주인장이
추천하는 숨은 맛집!

조금

- 서울 종로구 인사동길 60
  크라운빌딩1층
- 02-734-0783
- 조금솥밥 17,000원
  꼬치류 3,000~17,000원

40여 년이 훌쩍 넘은 일본식 노포
정갈한 일본식 솥밥에 생맥주 한잔

하루 날 잡고 낮술부터 즐기자면 인사동을 추천한다. 〈조금〉
에서 조금 늦은 점심을 먹으며 생맥주 한잔을 곁들이고 근처
〈푸른 별 주막〉에서 막걸리에 태백김치와 손두부를 곁들이고
7080 추억의 노래까지 듣고 있자면 한 달은 행복하다.

*출판사 주인장 Tip 하나 : 인사동 전통문화거리는 별다른 추천이 필요 없
을 만큼 정신 없는 나날 중 하루 휴가 내어 한적하게 바람 쐬기 너무 좋
은 곳입니다. 걸어가다 이름 없는 디자이너들의 작품도 한두 개씩 구입
해주세요. ^^*

🌳푸른 별 주막

- 서울 종로구 인사동16길
  17-1
- 02-734-3095
- 생두부와 태백김치
  15,000원
  생두부와 여수 갓김치
  18,000원

엄마 생각

인사동 낮술의 성지! 인사동에서 하루를 보낼 수 있다면 〈조금〉 솥밥을 거쳐 〈푸른 별 주막〉을 추천한다. 엄마 손맛 강원도 태백김치에 직접 만드는 손두부, 여기에 막걸리까지. 말이 필요 없음! 7080 추억의 음악과 인테리어는 덤! 이런 곳에서 학창 시절이 안 떠오르면 간첩.

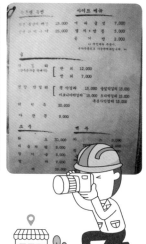

♈ 우화식당

- 서울 중구 충무로
  11길 18-4
- 02-2277-4997
- 소고기전 10,000원,
  생굴보쌈 25,000원
  (겨울 한정),
  코다리찜 25,000원

나만 알고 싶은 숨은 고수 맛집!
빨간 두꺼비 3병은 마셔줘야 함

1안주 2소주 원칙. 양도 많고 저렴한 편이라 1안주 1소주는 절대 안 된다. 안주를 더 시키고 싶어도 소주를 더 안 먹으면 안 내주신다. 사장님 포스가 엄청나고 테이블도 4개밖에 없는 허름한 집이지만, 언제나 가고 싶고 나만 알고 싶은 숨은 맛집이다.

여자 손님들은 대놓고 싫어하시지만 한 번 단골이 되면 그냥 엄마, 할머니 같다. 여자 손님들을 싫어하는 이유는 술은 안 먹고 안주발만 세운다고~. ^^ 여기는 테이블이 몇 개 없어서 술도 안 먹고 자리 차지하고 있는 건 실례라는 점!

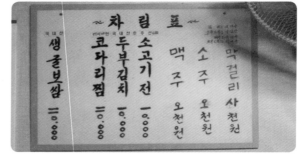

🍴 주주바

- 서울특별시 마포구
  도화길 50
- 02-713-0370
- 맥주 6,000원 ~

환상적인 칵테일쇼!

생일이벤트! 장금이 분장을 한 플레이어가 오나라 대장금 배경음악에 맞춰 미역국을 들고나온다. ^^

칵테일 맛은 말할 것도 없고, 주인장 포함 플레이어들의 칵테일쇼가 환상이다. 강남으로 스카웃돼서 가출(?)했다가 여기 주인장의 인품 때문에 다시 돌아온 플레이어들이 대다수!

게다가 칵테일이나 양주, 보드카, 맥주에 곁들일 수 있는 안주 또한 예술이다. 한 번 단골이 되면 절대 헤어나올 수 없는 찐 단골집이다.

🍴 행주산성
원조 국수집

- 경기 고양시 덕양구
  행주로17번길 10
- 031-974-7228
- 잔치국수 5,000원

잔치국수는 우주를 통틀어 최고다!

한강을 따라 라이딩하는 자전거족들이라면 이 집 한 번 안 거쳐 갔을 사람이 없다고 해도 과언이 아니다.

단돈 5,000원에 내오는 국수의 양이 둘이 먹어도 부족함이 없을 정도. 그야말로 맛깡패 양깡패. 행주산성 명물 맛집이다!

본문에 싣지 못한
현장 소장님 Pick 숨은 맛집들

이 책을 위해 전국 각지의 현장 소장님들께서 200여 군데의 맛집을 추천해주셨습니다. 다만 그중 맛집이 중복된다거나, 식당에서 추천을 거부한 경우, 정보 확인 과정에서 현재 영업 유무가 확실치 않은 경우 등 부득이하게 본문에 싣지 못한 맛집들이 있습니다. 비록 본문에는 싣지 못했지만, 보내주신 추천 맛집의 리스트만이라도 공유하고자 합니다. 이 책을 위해 소중한 정보를 제공해주신 현장 소장님과 참여와 성원을 독려해주신 건설사와 관계자 분들께 다시 한 번 감사의 마음을 전합니다.

• 서울 삼성동 •
원주추어탕 | 최규봉 소장님

• 경남 거제 •
목간구이&꽉오리센타 | 장대은 팀장님

• 경남 하동 •
하동솔잎한우프라자 | 문남규 상무님

• 강원 삼척 •
부일막국수 | 김충환 소장님

• 경북 영덕 •
백경횟집 | 금동화 소장님

• 제주 연동 •
앞뱅디식당 | 김종률 소장님

• 경기 안성 •
무궁각 | 조태영 소장님

• 강원 동해 •
추암횟집대게 | 이선룡 소장님

• 경기 수원 •
다래식당 | 이명규 소장님

• 충남 천안 •
슈엔 | 박용수 소장님

• 강원 양양 •
설악횟집 | 조희곤 소장님

• 대우건설 •

• 경기 평택 •
안성마춤한우촌 | 안병원 소장님

• 경기 평택 •
태성 추어탕 | 안병원 소장님

• 경기 평택 •
파주옥 | 안병원 소장님

• 경기 안성 •
무궁각 | 안병원 소장님

• 경기 안성 •
그루터기 | 안병원 소장님

• 대구 북구 •
국수마을 | 김창수 소장님

• 강원 삼척 •
해돈이 식당 | 도승현 소장님

동부건설

• 경기 남양주 와부읍 •
개성집

• 경기 시흥 •
본가 만두전골전문점

• 충남 태안 •
토담집

• 경북 경주 •
토담가마솥국밥

• 경남 함양 •
수동메기 매운탕

• 강원 삼척 •
만남의 식당

• 부산 •
할매재첩국부산본점

• 강원 강릉 •
신성원식당

• 강원 인제 •
피아시추어탕

• 강원 춘천 •
샘밭막국수

DL E&C

• 경북 울릉 •
신비섬횟집 | 신정환 소장님

• 전남 담양 •
담양애꽃 | 이강수 소장님

• 전남 나주 •
나주곰탕 하얀집 | 한상민 소장님

• 목포 •
해촌 | 이원규 소장님

• 포항 북구 •
반송정국시 | 손동교 소장님

 코오롱글로벌(주)

• 강원 태백 •
현대실비 | 홍순우 소장님

 롯데건설

• 경남 진주 •
화원삼계탕 | 이정권 소장님

• 경남 마산 •
춘천참숯닭갈비 | 이상원 소장님

• 경남 김해 •
아량복불갈비 | 이헌무 소장님

• 부산 동구 •
고래촌 | 석상훈 소장님

• 전북 부안 •
계화회관 | 정희채 소장님

• 전북 김제 •
동산로스정육점 | 박상영 소장님

• 강원 원주 •
우리소 | 박성수 소장님

• 강원 원주 •
목향 | 박성수 소장님

 한화건설

• 부산 사상 •
양산도집 | 이윤재 소장님

 현대건설

• 부산 강서 •
대마등 | 송충선 소장님

• 강원 동해 •
한우설렁탕 | 나희주 소장님

찾아보기

그들만 알고 있는 슈퍼 레스토랭

초판 인쇄 2021년 10월 14일
초판 발행 2021년 10월 20일

저자 대한토목학회 출판도서위원회
출판위원장 임윤묵(연세대학교 교수)
발행인 전지연
발행처 KSCE PRESS

등록번호 제2017-000040호
등록일 2017년 3월 10일
주소 (05661) 서울 송파구 중대로25길 3-16, 대한토목학회
전화번호 02-407-4115
홈페이지 www.kscepress.com
인쇄 및 보급처 도서출판 씨아이알(Tel. 02-2275-8603)

ISBN 979-11-91771-09-1 (13980)
정가 20,000원